COLLECTION
FOLIO/HISTOIRE

Jacques Le Goff

Histoire
et mémoire

Gallimard

Jacques Le Goff est né à Toulon en 1924. Il est agrégé d'histoire, ancien élève de l'Ecole normale supérieure, ancien membre de l'Ecole française de Rome. Il a étudié aux universités de Prague et d'Oxford (Lincoln College). Sa carrière s'est déroulée à la Faculté des lettres et sciences humaines de Lille, au Centre national de la recherche scientifique et, depuis 1960, à la VIe Section de l'Ecole pratique des hautes études (Ecole des hautes études en sciences sociales depuis 1975), dont il a été président, après Fernand Braudel, de 1972 à 1977 et où il est directeur d'études. Il a publié de nombreux ouvrages, tous traduits dans plusieurs langues étrangères, parmi lesquels Les intellectuels au Moyen Age *(Le Seuil, 1957),* La civilisation de l'Occident médiéval *(Arthaud, 1964),* La bourse et la vie *(Hachette, 1986) et, chez Gallimard,* Pour un autre Moyen Age *(1977),* La naissance du Purgatoire *(1981) et* L'imaginaire médiéval *(1986). Dans la tradition de l'école des* Annales *(il est codirecteur de la revue), il reste fidèle à l'idée d'une histoire totale. Il est un pionnier dans le domaine de l'anthropologie historique et de l'histoire des mentalités. Il s'est intéressé à la méthodologie historique et a dirigé, avec Pierre Nora,* Faire de l'histoire *(3 vol., Gallimard, 1974, rééd. Folio, 1986), et, avec Roger Chartier et Jacques Revel,* L'histoire nouvelle *(Retz, 1978). Il a présidé de 1983 à 1985 la Commission nationale pour la rénovation de l'enseignement de l'histoire et de la géographie. Il anime, depuis 1968, l'émission* Les lundis de l'histoire *sur France-Culture et a reçu le prix Diderot-Universalis (1986). Il est conseiller de l'*Encyclopaedia Britannica*. Il a reçu le Grand Prix national d'histoire (1987).*

PRÉFACE
À L'ÉDITION FRANÇAISE

Les textes présentés ici ont d'abord paru en traduction italienne dans différents volumes de l'*Encyclopédie* éditée par la maison d'édition turinoise Giulio Einaudi, de 1977 à 1982. Ce sont les plus significatifs d'un ensemble de dix articles publiés dans cette *Encyclopédie*. Leurs thèmes sont : *histoire, mémoire, antique/moderne, passé/présent*. Ils étaient accompagnés des articles *progrès/réaction, âges mythiques, eschatologie, décadence, calendrier, document/monument*. Les dix articles ont été publiés dans un livre-recueil, toujours en italien, chez Einaudi, à Turin, en 1986, sous le titre *Histoire et mémoire (Storia e Memoria)*.

Les quatre textes édités ici (*Histoire, Mémoire, Antique/moderne, Passé/présent*) forment une réflexion d'ensemble sur l'histoire. Ils ont d'abord, comme il est normal dans une encyclopédie, une préoccupation d'information. C'est, dans une première perspective, une histoire de l'histoire, ou plutôt une histoire des démarches historiques, des mentalités historiques, du métier d'historien. Pour l'approfondir, j'ai d'abord réfléchi sur les rapports entre l'histoire « objective » vécue par les hommes, qu'ils la fassent ou qu'ils la subissent, et la discipline, pour ne pas dire la

« science », historique par laquelle des professionnels (et, à un moindre degré, des amateurs), les historiens, cherchent à maîtriser cette histoire vécue pour la penser et l'expliquer.

Il fallait, au début de la recherche, examiner les rapports entre l'*histoire* et la *mémoire*. Des tendances naïves récentes semblent presque identifier l'une avec l'autre et même préférer en quelque sorte la mémoire, qui serait plus authentique, plus « vraie » à l'histoire qui serait artificielle et qui consisterait surtout en une manipulation de la mémoire. Il est vrai que l'histoire est un arrangement du passé, soumis aux structures sociales, idéologiques, politiques dans lesquelles vivent et travaillent les historiens, il est vrai que l'histoire a été et est encore, ici et là dans le monde, soumise à des manipulations conscientes de la part de régimes politiques ennemis de la vérité. Le nationalisme, les préjugés de toutes sortes pèsent sur la façon de faire de l'histoire et le domaine en plein développement de l'histoire de l'histoire (forme critique et évoluée de la traditionnelle historiographie) est en partie fondé sur la prise de conscience et l'étude de ces liens de la production historique avec le contexte de son époque et avec celui des époques successives qui en modifient la signification. Mais la discipline historique, qui a reconnu ces variations de l'historiographie, n'en doit pas moins rechercher l'objectivité et rester fondée sur la croyance en une « vérité » historique. La mémoire est la matière première de l'histoire. Mentale, orale ou écrite, elle est le vivier où puisent les historiens. Parce que son travail est le plus souvent inconscient, elle est en fait plus dangereusement soumise aux manipulations du temps et des sociétés qui pensent que la discipline historique elle-même. Cette discipline vient d'ailleurs à son tour alimenter la mémoire et rentre dans le grand processus dialectique de la mémoire et de l'oubli que vivent les individus et les sociétés. L'historien doit être là pour rendre compte de ces souvenirs et de ces oublis, pour les transformer en une matière pensable, pour en faire un objet de savoir. Trop privilégier la mémoire c'est s'immerger dans le flot indomptable du temps.

J'ai aussi regardé la signification pour l'histoire de couples de concepts opposés qui sont au centre du travail de l'historien. Celui de *passé/présent* est fondamental car l'activité de la mémoire et de l'histoire se fondent sur cette distinction qui apparaît dans l'histoire du savoir collectif comme elle le fait — sur d'autres bases et en d'autres formes — dans la psychologie de l'enfant. Couple essentiel car le travail de l'histoire s'accomplit dans un va-et-vient continuel du passé au présent et du présent au passé. Il appartient à l'historien de définir les règles pertinentes de ce jeu, de dire à quelles conditions la méthode « régressive », chère à Marc Bloch, est légitime et féconde, de maintenir la distance et l'épaisseur qui nous séparent du passé, même et surtout si nous pensons avec Croce que « l'histoire est toujours contemporaine ». Il faut aussi veiller à ce que le hasard éclaire et n'enchaîne pas. L'histoire de l'histoire en particulier doit être, comme l'a dit mon ami Girolamo Arnaldi, une « libération du passé » et non ce « fardeau de l'histoire » dont a parlé Hegel.

Cette distinction qu'opèrent aussi bien la conscience commune que l'historien entre passé et présent est rarement neutre. Pour les uns le passé est âge d'or, temps exemplaire d'innocence et de vertus, époque des grands ancêtres, pour les autres il est barbarie, archaïsme, repaire de vieilleries dépassées et démodées, époque de nains physiques et mentaux. Quant au présent, par corollaire, il est soit le temps bienheureux du progrès, de la créativité et de la civilisation, soit le temps dangereux des innovations irréfléchies ou le temps lamentable du déclin. Jugements à l'appui duquel les tenants de telle ou telle opinion finissent toujours par trouver dans l'histoire ou dans l'actualité des arguments pour leur thèse. Certes, le monde occidental est en train de sortir d'une longue phase d'idéologie du progrès qui semble avoir arrêté, pendant deux siècles, le xviie et le xviiie, la dialectique de l'ancien et du moderne mais même ces siècles vécus et pensés sous le signe du progrès ont connu des contestataires traditionalistes, « antirévolutionnaires » ou « réactionnaires » et il était important d'étudier cette chaîne de modernités successives, ces querelles renaissantes des anciens et des modernes qui ont scandé la mentalité historique de l'Occident.

J'ai bien entendu conduit cette étude surtout dans le domaine de la pensée et de la production historique de l'Occident que je connais un peu moins mal que celles d'autres civilisations et qui ont manifesté plus de sensibilité au mouvement de l'histoire. Mais je me suis efforcé de regarder — de seconde main — vers les attitudes des autres sociétés à l'égard de l'histoire, y compris ces sociétés dites « sans histoire » que les historiens ont longtemps abandonnées aux ethnologues et aux anthropologues. Il était d'autant plus nécessaire de se tourner au-delà de l'Occident que les vicissitudes de notre époque nous ont rendus plus sensibles aux différences, à la pluralité et à l'autre.

Dans les vastes perspectives que j'aperçois pour la science historique et qui sont évidemment liées à l'évolution de l'histoire « objective » de l'humanité, je distingue deux tâches essentielles, de longue haleine et qui sont encore balbutiantes. La première c'est une histoire comparée, seule capable de donner un contenu pertinent aux exigences en apparence contradictoires de la pensée historique : la recherche de la globalité d'une part, le respect des singularités de l'autre, le repérage des régularités d'un côté, l'attention au jeu du hasard et de la rationalité de l'autre, l'articulation des concepts et des histoires. Et par-delà doit se profiler, comme le souhaitait Michel Foucault, l'ambition — lointaine — d'une histoire générale.

Le lecteur doit ici deviner que si ma préoccupation première en écrivant ces textes a été d'informer sur l'évolution du travail de l'histoire et du métier d'historien, je les ai aussi nourris de mes expériences, de mes héritages, de mes choix. J'ai eu la chance de réfléchir, de travailler et d'enseigner dans le milieu qui a probablement le plus contribué dans notre siècle au renouvellement de l'histoire, celui de ce qu'on appelle l' « Ecole des Annales », la revue fondée en 1929 par Marc Bloch et Lucien Febvre, et dirigée ensuite par Fernand Braudel, de 1956 à 1969. J'ai eu aussi le privilège d'être appelé par Pierre Nora à élaborer avec lui les trois volumes de *Faire de l'Histoire* (1974) qui, grâce au concours de nombreux historiens, débordant le milieu des *Annales*, a donné des points de repère et tracé des pistes pour l'élargissement du champ de l'histoire.

Ce n'est pas ici le lieu de rappeler ce que fut cette aventure ni de prendre position sur la crise des sciences sociales, de l'histoire et de l'école des « Annales » dont on parle ici ou là avec plus ou moins de connaissance, de bonne foi et de compétence. Je prendrai position ailleurs soit à titre personnel, soit avec mes amis des *Annales* qui fêteront leurs soixante ans l'année prochaine. Je dirai simplement ici que l'histoire qui est la référence de ces textes est ce qu'on a appelé *l'anthropologie historique* où l'histoire s'aide des méthodes de l'anthropologie pour atteindre les niveaux les plus profonds des réalités historiques matérielles, mentales, politiques tout en sauvegardant l'unité structurée de l'humanité et du savoir [1].

Il est clair cependant que les textes qu'on va lire portent la marque du contexte dans lequel ils ont été écrits. La pensée historique occidentale a été frappée de plein fouet par la crise du progrès, notion mise à mal par les abominations du XXᵉ siècle mieux connues grâce aux médias, nouvelle source de documentation historique. Du goulag aux tortures, des camps d'extermination nazis à l'apartheid et au racisme, des horreurs de la guerre à celles de la famine, il fallait renoncer à la fierté d'un progrès linéaire, continu et global, surtout incarné par les avancées spectaculaires de la science et de la technologie. Une meilleure connaissance des sociétés de tous les continents, du Tiers monde, et de leur histoire, faisait sombrer l'idée d'un modèle unique de développement des sociétés humaines.

Sur le plan moins dramatique de la méthodologie de l'histoire, on a assisté d'une part à ce qu'on a appelé la brisure de « l'histoire en miettes » et d'autre part aux « retours » de formes traditionnelles de l'histoire : retour de la « narration », retour de l' « événement », retour de la « chronologie », retour du « politique », retour de la « biographie ». Je dirai simplement ici que si des autocritiques et des révisions doivent s'accomplir dans le territoire des historiens, pour que celui-ci s'ouvre à de nouvelles fécondités, les « retours » légitimes ne doivent pas ressembler à celui des émigrés de la Révolution Française qui n'avaient « rien oublié et rien appris ». L'histoire a besoin de mutations et non de réactions. Pour accomplir celles qui sont nécessaires et résister à celles qui seraient des régressions, les historiens doivent s'armer de lucidité, de vigilance et de courage.

Le front de l'histoire — malgré le progrès des consensus — est toujours celui d'un combat. Un combat d'idées — pour mieux « faire de l'histoire ».

Janvier 1988

PRÉFACE
À L'ÉDITION ITALIENNE
DE 1986

Le concept d'histoire semble poser aujourd'hui six types de problèmes :

1) Quels rapports y a-t-il entre l'histoire vécue, l'histoire « naturelle » sinon « objective » des sociétés humaines et l'effort scientifique pour décrire, penser et expliquer cette évolution : la science historique ? Cette différence a, en particulier, permis l'existence d'une discipline ambiguë : la philosophie de l'histoire. Depuis le début de ce siècle, et surtout depuis une vingtaine d'années, se développe une branche de la science historique qui étudie son évolution à l'intérieur du déroulement historique global : l'historiographie ou histoire de l'histoire.

2) Quelles relations l'histoire a-t-elle avec le temps, avec la durée, qu'il s'agisse du temps « naturel » et cyclique du climat et des saisons ou du temps vécu et naturellement enregistré par les individus et les sociétés ? D'une part, pour domestiquer le temps naturel les diverses sociétés et cultures ont inventé un instrument fondamental qui est aussi une donnée essentielle de l'histoire : le calendrier ; de l'autre, les historiens aujourd'hui s'intéressent toujours davantage aux rapports entre histoire et mémoire.

3) La dialectique de l'histoire semble se résumer dans une opposition ou un dialogue passé/présent (et/ou présent/passé). Cette opposition n'est pas en général neutre mais sous-entend ou exprime un système de valorisation comme par exemple dans les couples antique/moderne, progrès/réaction. De l'Antiquité au XVIIIe siècle s'est développée autour du concept de décadence une vision pessimiste de l'histoire qui s'est exprimée dans certaines idéologies de l'histoire au XXe siècle. Avec les Lumières, s'est au contraire affirmée une vision optimiste de l'histoire à partir de l'idée de progrès qui connaît dans la seconde moitié du XXe siècle une crise. L'histoire a-t-elle donc un sens ? Y a-t-il un sens de l'histoire ?

4) L'histoire est incapable de prévoir et de prédire l'avenir. Comment se situe-t-elle alors par rapport à une nouvelle « science » : la futurologie ? En réalité, l'histoire cesse d'être scientifique quand il s'agit du commencement et de la fin de l'histoire du monde et de l'humanité. Quant à l'origine, elle s'exprime dans le mythe : la création, l'âge d'or, les âges mythiques ou, sous une apparence scientifique, la récente théorie du *big bang*. Quant à la fin, elle cède la place à la religion, et en particulier aux religions du salut qui ont construit un « savoir des fins ultimes », l'eschatologie ou aux utopies du progrès dont la principale est le marxisme qui juxtapose une idéologie du sens et de la fin de l'histoire (le communisme, la société sans classe, l'internationalisme). Cependant, au niveau de la pratique des historiens, se développe une critique du concept des origines et la notion de genèse tend à se substituer à l'idée des origines.

5) Au contact des autres sciences sociales, l'historien a tendance aujourd'hui à distinguer diverses durées historiques. Il y a une renaissance de l'intérêt pour

l'événement, mais, en sens inverse, séduit surtout la perspective de la longue durée. Celle-ci conduit certains historiens soit à travers la notion de structure, soit grâce à un dialogue avec l'anthropologie, à avancer l'hypothèse de l'existence d'une histoire « presque immobile ». Mais peut-il y avoir une histoire immobile et quels sont les rapports de l'histoire avec le structuralisme (ou les structuralismes) ? N'y a-t-il pas aussi peut-être un plus large mouvement de « refus de l'histoire » ?

6) A l'idée de l'histoire comme histoire de l'homme, s'est substituée l'idée de l'histoire comme science des hommes en société mais existe-t-il, peut-il exister seulement, une histoire de l'homme ? Il s'est déjà développé une histoire du climat, ne devrait-on pas faire aussi une histoire de la nature ?

*

1) Depuis sa naissance dans les sociétés occidentales, naissance traditionnellement située dans l'Antiquité grecque (Hérodote au Ve siècle avant J.-C. serait, sinon le premier historien, du moins le « père de l'histoire ») mais qui remonte, en fait, à un passé plus éloigné dans les empires du Proche ou Moyen-Orient et l'Extrême-Orient, la science historique se définit par rapport à une réalité qui n'est ni construite, ni observée comme dans les mathématiques, les sciences de la nature et les sciences de la vie, mais sur laquelle on « enquête », on « témoigne ». Telle est la signification du terme grec *historié* et sa racine indo-européenne *wid* — *weid* — (voir). L'histoire a donc commencé par être un récit, le récit de celui qui peut dire : « j'ai vu, j'ai entendu dire ». Cet aspect de l'histoire-récit, de l'histoire-témoignage n'a jamais cessé d'exister dans le

développement de la science historique. Paradoxalement, on assiste aujourd'hui à la critique de ce type
d'histoire par désir de substituer l'explication à la
narration, mais aussi en même temps à la renaissance
de l'histoire-témoignage à travers le « retour de l'événement » (Nora) lié aux nouveaux *media*, à l'apparition
des journalistes parmi les historiens et au développement de « l'histoire immédiate ».

Cependant, depuis l'Antiquité, la science historique,
en recueillant des *documents écrits*, et en les transformant en témoignages, a dépassé la limite du demi-
siècle ou du siècle atteinte par les historiens, témoins
oculaires et auriculaires et par la transmission orale
du passé. La constitution de bibliothèques et
d'archives a ainsi fourni les matériaux de l'histoire. On
a élaboré des méthodes de critiques *scientifiques*,
conférant ainsi à l'histoire un de ses aspects de *science*
au sens technique, à partir des premiers pas incertains
du Moyen Age (Guenée), mais surtout depuis la fin du
XVIIe siècle avec Du Cange, Mabillon et les Bénédictins
de Saint-Maur, Muratori, etc. Il n'y a pas, en effet,
d'histoire sans *érudition*. Mais de même qu'on a fait au
XXe siècle la critique de la notion de fait historique qui
n'est pas un objet donné car il résulte de la construction de l'historien, de même fait-on aujourd'hui la
critique de la notion de document qui n'est pas un
matériau brut, objectif et innocent, mais qui exprime
le pouvoir de la société du passé sur la mémoire et sur
l'avenir : le document est monument (Foucault, Le
Goff). En même temps, le domaine des documents s'est
élargi. L'histoire traditionnelle le réduisait aux textes
et aux produits de l'archéologie, une archéologie trop
souvent séparée de l'histoire. Aujourd'hui les documents s'étendent à la parole, à l'image, aux gestes. Il se
constitue des *archives orales*, on récolte des *ethnotextes*.

L'archivage même des documents a été révolutionné par le recours à l'ordinateur. L'*histoire quantitative*, de la démographie à l'économie et même à l'histoire culturelle, est liée aux progrès des méthodes statistiques et de l'informatique appliquée aux sciences sociales.

La distance existant entre la « réalité historique » et la science historique a permis aux philosophes et aux historiens de proposer, de l'Antiquité à nos jours, des systèmes d'explication globale de l'histoire (pour le xxe siècle, et dans des sens extrêmement différents, on peut rappeler Spengler, Weber, Croce, Gramsci, Toynbee, Aron, etc.). La majeure partie des historiens manifeste une méfiance plus ou moins marquée à l'égard de la philosophie de l'histoire, mais cependant ils se détournent du positivisme triomphant dans l'historiographie allemande (Ranke) ou française (Langlois et Seignobos) à la fin du xixe et au début du xxe siècle. Entre l'idéologie et le pragmatisme se situent les partisans d'une histoire-problème (Febvre).

Pour saisir le déroulement de l'histoire et en faire l'objet d'une vraie science, les historiens et les philosophes depuis l'Antiquité se sont efforcés de trouver et de définir des lois de l'histoire. Les tentatives les plus poussées et qui ont connu à cet égard le plus grand échec sont les vieilles théories chrétiennes du *providentialisme* (Bossuet) et le marxisme vulgaire qui s'obstine, bien qu'on ne parle pas dans Marx (au contraire de ce qui arrive à Lénine) de lois de l'histoire, à faire du matérialisme historique une pseudo-science du déterminisme historique chaque jour davantage démentie par les faits et par la réflexion historique.

En revanche, la possibilité d'une lecture rationnelle a posteriori de l'histoire, la reconnaissance de certaines régularités dans le cours de l'histoire (fonde-

ment d'un *comparatisme* historique des diverses
sociétés et des diverses structures) l'élaboration de
modèles qui refuse l'existence d'un modèle unique
(l'élargissement de l'histoire au monde entier dans sa
complexité, l'influence de l'ethnologie, la sensibilité
aux différences et au respect d'autrui vont dans ce
sens) permettent d'exclure le retour de l'histoire à un
pur récit.

Les conditions dans lesquelles travaille l'historien
expliquent en outre pourquoi s'est posé et se pose
toujours le problème de l'*objectivité* de l'historien. La
prise de conscience de la construction du fait historique, de la non-innocence du document a jeté une
lumière crue sur les procédés de manipulation qui se
manifestent à tous les niveaux de la construction du
savoir historique. Mais cette constatation ne doit pas
déboucher sur un scepticisme fondamental quant à
l'objectivité historique ni sur un abandon de la notion
de *vérité* en histoire. Au contraire, les progrès continus
dans le démasquage et la dénonciation des mystifica-
tions et des falsifications de l'histoire permettent
d'être relativement optimiste à cet égard.

Ceci n'empêche pas que l'horizon d'objectivité qui
doit être celui de l'historien ne doit pas occulter le fait
que l'histoire est *aussi* une pratique sociale (de Certeau) et que si l'on doit condamner les positions qui sur
la ligne d'un marxisme vulgaire ou d'un réactionna-
risme tout aussi vulgaire confondent science historique et engagement politique, il est légitime d'observer
que la lecture de l'histoire du monde s'articule sur une
volonté de le transformer (par exemple dans la tradition révolutionnaire marxiste, mais aussi dans d'autres perspectives comme celles des héritiers de Tocqueville et de Weber qui associent étroitement analyse
historique et libéralisme politique).

La critique de la notion de fait historique a conduit en outre à la reconnaissance de « réalités historiques » ignorées pendant longtemps par les historiens. A côté de l'histoire politique, de l'histoire économique et sociale, de l'histoire culturelle est née une histoire des *représentations*. Celle-ci a revêtu des formes diverses : histoire des conceptions globales de la société ou histoire des *idéologies*, histoire des structures mentales communes à une catégorie sociale, à une société à une époque, ou histoire des *mentalités*, histoire des productions de l'esprit liée non au texte, à la parole ou au geste, mais à l'image ou histoire de l'*imaginaire* qui permet de traiter le document littéraire et le document artistique comme des documents historiques à part entière à condition de respecter leur spécificité, histoire des conduites, des pratiques, des rituels qui renvoie à une réalité cachée sous-jacente ou histoire du *symbolique* qui conduira peut-être un jour à une histoire *psychanalytique* dont les preuves de statut scientifique ne semblent pas encore réunies. La science historique elle-même enfin avec le développement de l'*historiographie* ou *histoire de l'histoire* est placée dans une perspective historique.

Tous ces nouveaux secteurs de l'histoire représentent un enrichissement notable à condition que soient évitées deux erreurs. Au lieu de subordonner les réalités de l'histoire des représentations à d'autres réalités, les seules auxquelles on reconnaîtrait un statut de cause première (réalités matérielles, économiques), il faut renoncer à la fausse problématique de l'infrastructure et de la superstructure. Mais aussi ne pas privilégier les nouvelles réalités, ne pas leur conférer à leur tour un rôle exclusif de moteur de l'histoire. Une explication historique efficace doit reconnaître l'existence du symbolique au sein de toute réalité historique (y compris l'économique) mais aussi confronter les représentations historiques avec les réalités qu'elle représente et que l'historien appréhende au moyen d'autres documents et d'autres méthodes. Par exemple confronter l'idéologie politique avec la pratique et les événements politiques. Toute histoire doit être une *histoire sociale*.

Enfin, le caractère « unique » des événements historiques, la nécessité pour l'historien de mêler récit et explication, ont fait de l'histoire un genre littéraire, un art en même temps qu'une science. Si cela a été vrai de l'Antiquité au XIXᵉ siècle, de Thucydide à Michelet, cela l'est moins au XXᵉ siècle. La technicité croissante de la science historique a rendu plus difficile à l'historien d'être aussi un écrivain. Mais il y a toujours une *écriture de l'histoire*, qui ne doit pas se réduire au style de l'historien.

2) Le matériau fondamental de l'histoire c'est le temps. Depuis longtemps donc, la chronologie joue un rôle essentiel comme fil conducteur et comme auxiliaire de l'histoire. L'instrument principal de la chronologie est le calendrier qui va bien au-delà du champ de l'historien puisqu'il est le cadre temporel fondamental du fonctionnement des sociétés. Le calendrier révèle l'effort accompli par les sociétés humaines pour domestiquer le temps « naturel », le mouvement naturel de la lune ou du soleil, du cycle des saisons, de l'alternance du jour et de la nuit. Mais ses articulations les plus efficaces, l'heure et la semaine, sont liées à la culture non à la nature. Le calendrier est le produit et l'expression de l'histoire, il est lié aux origines mythiques et religieuses de l'humanité (fêtes), aux progrès technologiques et scientifiques (mesure du temps), à l'évolution économique, sociale et culturelle (temps du travail et temps du loisir). Il manifeste l'effort des

sociétés humaines pour transformer le temps cyclique de la nature et des mythes, de l'éternel retour, en un temps linéaire, scandé par des groupes d'années : lustre, olympiade, siècle, ère, etc. A l'histoire sont intimement liés deux progrès essentiels : la définition de point de départ chronologique (fondation de Rome, ère chrétienne, hégire, etc.) et la recherche d'une *périodisation*, la création d'unités égales, mesurables de temps : jour de 24 heures, siècle, etc. Aujourd'hui, l'application de l'histoire aux données de la philosophie, de la science, de l'expérience individuelle et collective tend à introduire à côté de ces cadres mesurables du temps historique la notion de durée, de temps vécu, de temps multiples et relatifs, de temps subjectifs ou symboliques. Le temps historique retrouve à un niveau très sophistiqué le vieux temps de la mémoire qui déborde l'histoire et l'alimente.

3-4) L'opposition passé/présent est essentielle à l'acquisition de la conscience du temps. Pour l'enfant « comprendre le temps » signifie se libérer du présent » (Piaget). Mais le temps de l'histoire n'est pas celui du psychologue ni celui du linguiste. Toutefois, l'examen de la temporalité dans ces deux sciences confirme le fait que l'opposition présent/passé n'est pas une donnée naturelle mais une construction. D'autre part, la constatation que la vision d'un même passé change selon les époques et que l'historien est assujetti au temps dans lequel il vit, a conduit soit à un scepticisme quant à la possibilité de connaître le passé, soit à un effort pour éliminer quelque référence que ce soit au présent (illusion de l'histoire romantique à la Michelet — la « résurrection intégrale du passé » — ou de l'histoire positiviste à la Ranke — « ce qui a réellement eu lieu »). En effet l'intérêt du passé, c'est d'éclairer le présent. Le passé est atteint à partir du présent (méthode régressive de Bloch). Jusqu'à la Renaissance, et même jusqu'au XVIIIᵉ siècle, les sociétés occidentales ont valorisé le passé, le temps des origines et des ancêtres leur apparaissant comme un temps d'innocence et de bonheur. Elles ont imaginé des âges mythiques, âge d'or, paradis terrestre. L'histoire du monde et de l'humanité apparaissait comme une longue décadence. Cette idée de décadence a été reprise pour exprimer la phase finale de l'histoire des sociétés et des civilisations. Elle s'insère dans une pensée plus ou moins cyclique de l'histoire (Vico, Montesquieu, Gibbon, Spengler, Toynbee) et elle est en général le produit d'une philosophie réactionnaire de l'histoire, un concept de peu d'utilité pour la science historique. Dans l'Europe de la fin du XVIIᵉ siècle et de la première moitié du XVIIIᵉ, la polémique sur l'opposition antique/moderne née à propos de la science, de la littérature et de l'art, a manifesté une tendance à un renversement de la valorisation du passé. Antique est devenu synonyme de dépassé, et moderne de progressiste. En réalité, l'idée de progrès a triomphé avec les Lumières et s'est développée au XIXᵉ siècle et au début du XXᵉ, surtout en considération des progrès scientifiques et technologiques. Après la Révolution française, à l'idéologie du progrès s'est opposé un effort de réaction dont l'expression fut surtout politique mais qui se fondait sur une lecture « réactionnaire » de l'histoire. Au milieu du XXᵉ siècle, les échecs du marxisme et les révélations du monde stalinien et du goulag, les horreurs du fascisme et surtout du nazisme et des camps de concentration, les morts et les destructions de la Seconde Guerre mondiale, la bombe atomique — première incarnation historique « objective » d'une possible apocalypse —, la découverte de cultures différentes de l'occidentale ont conduit à une critique de l'idée de progrès (rappelons *La crise du progrès* de Friedmann dès 1936). La croyance en un progrès linéaire, continu, irréversible, qui se développe selon le même modèle dans toutes les sociétés, n'existe pratiquement plus. L'histoire qui ne domine pas l'avenir s'affronte à des croyances qui connaissent aujourd'hui un grand réveil : prophéties, visions généralement catastrophiques de la fin du monde, ou au contraire, révolutions illuminées comme celle qu'invoquent les millénarismes, soit dans les sectes des sociétés occidentales, soit dans certaines sociétés du Tiers-Monde. C'est le retour de l'eschatologie.

Mais la science de la nature, et en particulier la biologie, maintiennent une conception positive bien qu'atténuée du développement en tant que progrès. Ces perspectives peuvent s'appliquer aux sciences sociales et à l'histoire. Ainsi la génétique tend à reprendre l'idée d'évolution et de progrès en faisant cependant plus de place à l'événement et aux catastrophes (Thom). L'histoire a tout intérêt à substituer dans sa problématique l'idée dynamique de genèse à celle passive des origines que déjà Marc Bloch critiquait.

5) Dans l'actuelle rénovation de la science historique qui s'accélère, en tout cas du point de vue de la diffusion (l'impulsion principale est venue de la revue *Annales* fondée par Bloch et Febvre en 1929) une grande place est tenue par une nouvelle conception du temps historique. L'histoire se ferait selon des rythmes différents et le devoir de l'historien est avant tout de reconnaître ces rythmes. Ce n'est pas la strate superficielle, le temps rapide des événements qui serait le plus important, mais le niveau plus profond des réalités qui changent lentement (géographie, culture matérielle, mentalités, de façon générale les *struc-*

tures). C'est le niveau de la « longue durée » (Braudel). Le dialogue des historiens de la longue durée avec les autres sciences sociales et avec les sciences de la nature et de la vie, l'économie et la géographie hier, l'anthropologie, la démographie et la biologie aujourd'hui, a conduit certains d'entre eux à l'idée d'une histoire « presque immobile » (Braudel, Le Roy Ladurie). On a même avancé l'hypothèse d'une histoire immobile. Mais l'*anthropologie historique* part au contraire de l'idée que le mouvement, l'évolution se retrouve dans tous les objets de toutes les sciences sociales puisque leur objet commun, ce sont les sociétés humaines (sociologie, économie, mais aussi anthropologie). Quant à l'histoire, elle ne peut être qu'une science du changement et de l'explication du changement. Avec les divers structuralismes, l'histoire peut avoir des rapports fructueux à deux conditions, a) ne pas oublier que les structures qu'elle étudie sont dynamiques ; b) appliquer certaines méthodes structuralistes à l'étude des documents historiques, à l'analyse des *textes* (au sens large) non à l'explication historique proprement dite. On peut toutefois se demander si la mode du structuralisme n'est pas liée à un certain refus de l'histoire conçue comme dictature du passé, justification de la « reproduction » (Bourdieu), pouvoir de répression, mais même à l'extrême gauche on a reconnu qu'il serait dangereux de faire « table rase du passé » (Chesneaux). Le « fardeau de l'histoire » au sens « objectif » du terme (Hegel) peut et doit trouver son contrepoids dans la science historique comme « moyen de libération du passé » (Arnaldi).

6) En faisant l'histoire de leurs cités, de leurs peuples, de leurs empires, les historiens de l'Antiquité pensaient faire l'histoire de l'humanité. Les historiens chrétiens, les historiens de la Renaissance et des

Lumières (bien qu'ils reconnaissaient la diversité des « coutumes ») estimaient faire l'histoire de l'homme. Les historiens modernes observent que l'histoire est la science de l'évolution des sociétés humaines. L'évolution des sciences a amené à se poser la question de savoir s'il ne pourrait pas y avoir une histoire différente de celle de l'homme. Il s'est déjà développé une histoire du climat, ce qu'il y a de plus mouvementé dans la nature, elle ne présente cependant un intérêt à vrai dire certain pour l'histoire que dans la mesure où elle éclaire certains phénomènes de l'histoire des sociétés humaines (modifications des cultures, de l'habitat, etc.). On pense maintenant à une *histoire de la nature* (Romano), mais celle-ci confirmera certainement le caractère « culturel » donc historique de la notion de nature. Ainsi, à travers les accroissements continus de son territoire, l'histoire devient toujours co-extensive à l'homme.

Le paradoxe de la science historique aujourd'hui est que, alors que sous ses diverses formes (y compris le roman historique) elle connaît une popularité sans égal dans les sociétés occidentales et alors que les nations du Tiers Monde se préoccupent avant tout de se donner une histoire — ce qui d'ailleurs fera naître peut-être des types d'histoire très différents de ceux que les Occidentaux définissent comme tels —, si l'histoire est donc devenue un élément essentiel du besoin d'identité individuelle et collectif, aujourd'hui justement la science historique connaît une crise (de croissance ?). Dans son dialogue avec les autres sciences sociales, dans l'élargissement considérable de ses problèmes, de ses méthodes, de ses objets, elle se demande si elle n'est pas en train de se perdre.

N.B. — Les noms d'auteur entre parenthèses, avec éventuellement une date s'il faut distinguer entre les publications d'un même auteur, renvoient à la bibliographie.

Passé/présent

La distinction entre passé et présent est un élément essentiel de la conception du temps. C'est donc une opération fondamentale de la conscience et de la science historiques. Comme le présent ne peut se limiter à un instant, à un point, la définition de l'épaisseur du présent est un premier problème, conscient ou non pour l'opération historique. La définition de la période *contemporaine* dans les programmes scolaires d'histoire est un bon test pour cette définition du présent historique. Elle est par exemple révélatrice pour les Français de la place jouée par la Révolution Française dans la conscience nationale puisque l'histoire *contemporaine* commence officiellement en France en 1789. On pressent toutes les opérations, conscientes ou inconscientes que suppose cette définition de la coupure passé/présent au niveau collectif. On rencontre des coupures idéologiques de ce genre chez la plupart des peuples et des nations. Ainsi l'Italie a connu deux points de départ du « présent » dont le *télescopage* constitue un élément important de la conscience historique des Italiens d'aujourd'hui : le Risorgimento et la chute du fascisme. Mais cette définition du présent qui est en fait un programme, un *projet* idéologique se heurte souvent à un poids du passé beaucoup plus complexe. Gramsci a écrit à propos des origines du Risorgimento : « chez les Italiens, la tradition de l'universalité romaine et médiévale entrave le développement des forces nationales (bourgeoises) au-delà du domaine purement économique et municipal, c'est-à-dire que les « forces » nationales ne devinrent une « force » nationale qu'après la Révolution Française et la nouvelle position de la papauté en Europe... ». Ainsi la Révolution Française (comme la conversion de Constantin, l'Hégire, ou la Révolution russe de 1917) devient un marqueur de frontière entre passé et présent d'abord puis entre un « avant » et un « après ». La remarque de Gramsci fait mesurer combien le rapport au passé, ce que Hegel a appelé « le fardeau de l'histoire » est plus pesant pour certains peuples que pour d'autres (J. Le Goff, 1974). Mais l'absence de passé *connue et reconnue*, la minceur du passé peut être source de graves problèmes de mentalité, d'identité collectives : c'est le cas des jeunes nations, notamment des nations africaines (N. Assorodobraj). Un cas complexe est fourni par les Etats-Unis où se combinent la frustration d'un passé ancien, les apports différents et parfois opposés des passés anté-américains (surtout européens) des diverses composantes ethniques de la population nord-américaine, la surdétermination des événements relativement récents de l'histoire américaine (guerre d'indépendance, guerre de sécession, etc.) éloignés dans un passé mythifié et par conséquent toujours activement présent à l'état de mythe (P. Nora, 1966).

Les habitudes de la périodisation historique conduisent ainsi à privilégier les *révolutions*, les *guerres*, les changements de régime *politique*, c'est-à-dire l'histoire *événementielle*. On retrouvera ce problème à propos des nouveaux rapports entre présent et passé que l'histoire dite « nouvelle » s'efforce d'établir aujourd'hui. D'autre part la définition officielle, universitaire et scolaire, de l'histoire *contemporaine* dans certains pays comme la France oblige aujourd'hui à parler d'une *histoire du présent* pour parler du passé très récent, du présent historique (P. Nora, 1974).

La distinction passé/présent qui nous occupe ici est celle qui existe dans la conscience collective, plus particulièrement dans la conscience sociale historique mais il faut auparavant faire une remarque sur la pertinence de cette opposition et évoquer le couple présent/passé dans d'autres perspectives que celles de la mémoire collective et de l'histoire.

A vrai dire, la réalité de la perception et du découpage du temps par rapport à un avant et un après ne se limite pas, tant au niveau individuel que collectif à l'opposition présent/passé, il faut y ajouter une troisième dimension, le futur. Saint Augustin a exprimé d'une manière profonde ce système des trois visées temporelles en disant que nous ne vivons que dans le présent, mais que ce présent a plusieurs dimensions, « le présent des choses passées, le présent des choses présentes, le présent des choses futures ».

Il importe aussi, avant de considérer l'opposition passé/présent dans le cadre de la mémoire collective, de jeter un coup d'œil sur ce qu'elle signifie dans d'autres domaines : celui de la psychologie, et notamment de la psychologie de l'enfant, et celui de la linguistique.

1) *L'opposition passé/présent en psychologie*

Il serait erroné de transposer les données de la psychologie individuelle dans le domaine de la conscience collective et encore plus de comparer l'acquisition de la maîtrise sur le temps par l'enfant à l'évolution des conceptions du temps à travers l'histoire. Mais l'évocation de ces domaines peut fournir un certain nombre d'indications (en général de façon métaphorique), propres à éclairer tel ou tel aspect de l'opposition passé/présent au niveau historique et collectif.

Pour l'enfant « comprendre le temps, c'est s'affranchir du présent : non pas seulement anticiper l'avenir en fonction des régularités inconsciemment établies dans le passé, mais dérouler une suite d'états dont aucun n'est semblable aux autres et dont la connexion ne saurait s'établir que par un mouvement de proche en proche, sans fixation ni repos » (J. Piaget, 1946, p. 274). Comprendre le temps, « c'est essentiellement faire acte de réversibilité ». Dans les sociétés, la distinction du présent, du passé (et de l'avenir) implique aussi cette remontée dans la mémoire et cette libération du présent qui supposent une éducation, la constitution d'une mémoire collective au-delà, en amont, de la mémoire individuelle. La grande différence est en effet que l'enfant — malgré les pressions du milieu extérieur — se constitue en grande partie sa mémoire personnellement alors que la mémoire sociale historique reçoit ses données de la tradition et de l'enseignement. Mais en tant que construction organisée (cf. article *Mémoire*), le passé individuel se rapproche du passé collectif. « Par le jeu de ces organisations, notre horizon temporel arrive à se développer largement au-delà des dimensions de notre propre vie. Nous traitons les événements que nous fournit l'histoire de notre groupe social comme nous avons traité notre propre histoire. D'ailleurs, l'une et l'autre se confondent : l'histoire de notre enfance par exemple est celle de nos premiers souvenirs, mais aussi celle des souvenirs de nos parents, et c'est à partir des uns et des autres que se développe cette partie de nos perspectives temporelles » (Fraisse, p. 170).

Enfin — ce qui n'est pas automatiquement transposable dans le domaine de la mémoire collective, mais qui marque bien que le découpage du temps par l'homme est un système à trois directions et non deux seulement — l'enfant progresse simultanément dans la localisation dans le passé et le futur (Malrieu).

La pathologie des attitudes individuelles à l'égard du temps montre que le comportement « normal » est un équilibre entre la conscience du passé, du présent et du futur, avec une certaine prédominance de la polarisation vers le futur, craint ou désiré.

La polarisation vers le présent, caractéristique du très jeune enfant, qui même « reconstitue le passé en fonction du présent » (J. Piaget) du débile mental, du maniaque, de l'ancien déporté dont la personnalité a été perturbée, se rencontre assez généralement chez les vieillards et certaines personnes atteintes de folie de la persécution qui redoutent l'avenir. L'exemple le plus classique en est J.-J. Rousseau qui dit dans les *Confessions* que son « imagination effarouchée » qui ne lui faisait « prévoir que de cruels avenirs » le faisait se réfugier dans le présent : « Mon cœur, uniquement occupé du présent, en remplit toute sa capacité, tout son espace ».

L'opposition entre l'orientation vers le présent et l'orientation vers le passé fonde un des grands clivages de la caractérologie d'Heymans et Le Senne qui considèrent la *primauté* dans le premier cas et la *secondarité* dans le deuxième cas comme des structures du caractère humain (Fraisse, 199).

Chez d'autres malades l'angoisse face au temps

prend la forme soit d'une *fuite vers l'avenir* soit d'un *refuge dans le passé*. Dans ce dernier cas, c'est Marcel Proust qui paraît, en littérature, exemplaire.

2) *Passé/présent à la lumière de la linguistique*

L'étude des langues apporte un autre témoignage dont la valeur pour notre propos tient d'une part à ce que la distinction passé/présent (futur) y joue un rôle important, surtout dans les verbes et d'autre part au fait que la langue est un phénomène qui relève doublement de l'histoire collective : elle évolue — y compris dans l'expression des relations de temps — à travers les époques, elle est étroitement liée à la prise de conscience de l'identité nationale dans le passé : « l'histoire de France » a écrit Michelet, « commence avec la langue française ».

Première constatation : la distinction passé/présent (futur) qui semble naturelle est loin d'être universelle en linguistique. Déjà Ferdinand de Saussure le notait : « La distinction des temps, qui nous est si familière, est étrangère à certaines langues : l'histoire ne connaît pas même celle, pourtant fondamentale, entre le passé, le présent et le futur. Le proto-germanique n'a pas de forme propre pour le futur... Les langues slaves distinguent régulièrement deux aspects du verbe : le perfectif représente l'action dans sa totalité, comme un point, en dehors de tout devenir ; l'imperfectif la montre en train de se faire et sur la ligne du temps... » (de Saussure, p. 162). La linguistique moderne reprend cette constatation : « la distinction passé/présent/futur n'est pas un trait universel » (J. Lyons).

Certains linguistes insistent sur la construction du temps dans l'expression verbale, qui déborde largement les aspects verbaux et concerne le vocabulaire, la phrase, le style. On parle donc parfois de *chronogenèse* (G. Guillaume).

On retrouve l'idée fondamentale du passé et du présent comme construction, organisation logique et non comme donné brut.

Joseph Vendryès a beaucoup insisté sur les insuffisances de la catégorie grammaticale du temps et les inconséquences que présente dans chaque langue l'usage des temps. Il note par exemple que « c'est une tendance générale du langage que d'employer le présent en fonction du futur[1]... Le passé peut aussi s'exprimer par le présent ; dans les récits, c'est un usage fréquent qu'on désigne du nom de présent historique[2]... Le passé peut inversement servir à noter le présent[3]... en français le conditionnel passé peut s'employer en parlant de l'avenir : " si l'on me confiait cette affaire, je l'aurais bien vite terminée " ». (J. Vendryès, p. 118-121). La distinction passé/présent/(futur) est malléable et sujette à de nombreuses manipulations.

Un observatoire particulièrement intéressant est celui du temps du récit. Harald Weinrich a souligné l'importance de la *mise en relief* de tel ou tel temps dans le récit. Utilisant une étude d'E. de Félice sur des textes du Moyen Age, il a attiré l'attention sur l'*attaco di raconto* (l' « attaque du récit ») distinguant par exemple un début de récit en *fuit* (il y eut) d'un début en *erat* (il y avait). Le passé n'est donc pas que passé, il est, dans son fonctionnement textuel, antérieurement à toute exégèse, porteur de *valeurs* religieuses, morales, civiques, etc. C'est le passé fabuleux du conte : « *Il était une fois...* » ou « *En ce temps-là...* » ou le passé sacralisé des Evangiles : « *In illo tempore...* ».

André Miquel, étudiant, à la lumière des idées de

Weinrich, l'expression du temps dans un conte des Mille et une Nuits, y décèle la mise en relief d'un temps de l'arabe, le *mudi*, exprimant le passé, le parfait, l'accompli par rapport à un temps subordonné, le *mudari*, temps de la concomitance, de l'habitude, exprimant le présent (ou l'imparfait). Le passé étant une autorité, André Miquel peut se servir de cette analyse pour montrer que ce conte a pour but, pour fonction, de raconter à des Arabes dépossédés une histoire d'Arabes triomphants, de leur présenter un passé conçu comme source, fondement, garantie d'éternité[4].

La grammaire historique peut aussi mettre en évidence l'évolution de l'emploi des temps de verbe et des expressions linguistiques temporelles comme révélateur de l'évolution des attitudes collectives à l'égard du passé, fait social et historique. F. Brunot avait par exemple signalé qu'en ancien français (ixe-xiiie siècle), il y avait une assez grande confusion entre les temps, une certaine indistinction entre passé/présent/(futur), que du xie au xiiie siècle on assistait au progrès de l'imparfait, et qu'en revanche le *moyen français* (xive-xve siècle) voyait une détermination plus nette de la fonction exacte des temps[5]. Paul Imbs de même souligne que le langage, au cours du Moyen Age, en France du moins, devient de plus en plus clair, de plus en plus différencié pour exprimer la coïncidence, la simultanéité, la postériorité, l'antériorité, etc. Il repère aussi des façons différentes de concevoir et d'exprimer le rapport passé/présent selon les classes sociales : le temps des philosophes, des théologiens et des poètes oscille entre la fascination du passé et l'élan vers le salut futur — temps de décadence et d'espérance, le temps du chevalier est un temps de la vitesse mais qui tourne facilement en rond, confondant les temps, le temps du paysan est un temps de la régularité et de la patience, d'un passé dans lequel on cherche à maintenir le présent, le temps du bourgeois étant bien entendu celui qui distingue de plus en plus présent/passé/futur et qui s'oriente plus délibérément vers le futur[6].

Enfin Emile Benvéniste fait une importante distinction entre 1) temps physique, continu, uniforme, infini, linéaire, segmentable à volonté, 2) temps chronique ou temps des événements qui, socialisé, est le temps du calendrier, 3) temps linguistique dont le centre est le présent de l'instance de parole, le temps du locuteur. « Le seul temps inhérent à la langue est le présent axial du discours et ce présent est implicite. Il détermine deux autres références temporelles; celles-ci sont nécessairement explicitées dans un signifiant et en retour font apparaître le présent comme une ligne de séparation entre ce qui n'est plus présent et ce qui va l'être. Ces deux références ne reportent pas au temps, mais à des vues sur le temps, projetées en arrière et en avant à partir du point présent[7]. »

Or le temps historique s'exprimant le plus souvent sous forme de *récit*, aussi bien au niveau de l'historien que de la mémoire collective, il comporte une référence insistante au présent, une focalisation implicite sur le présent. Cela est évidemment surtout vrai pour l'histoire traditionnelle qui a longtemps été de préférence une histoire-récit, une narration. D'où l'ambiguïté même des discours historiques qui semblent privilégier le passé, tel le programme de Michelet; l'histoire comme « résurrection intégrale du passé ».

3) *Passé/présent dans la pensée sauvage*

La distinction passé/présent dans les sociétés
« froides » pour reprendre le vocabulaire de Claude
Lévi-Strauss est à la fois plus faible que dans les
sociétés « chaudes » et différente.

Plus faible parce que la référence essentielle au passé
est celle à un temps mythique, création, âge d'or [8] et
que le temps qui est censé s'être écoulé entre cette
création et le présent est en général très « aplati ».

Différente parce que « le propre de la pensée sauvage est d'être intemporelle ; elle veut saisir le monde
à la fois comme totalité synchronique et diachronique » (Lévi-Strauss, 1962, p. 348).

Par les mythes et les rituels, la pensée sauvage
établit une relation particulière entre passé et présent : « l'histoire mythique offre le paradoxe d'être
simultanément disjointe et conjointe par rapport au
présent... Grâce au rituel, le passé " disjoint " du
mythe s'articule, d'une part avec la périodicité biologique et saisonnière, d'autre part avec le passé
" conjoint " qui unit, tout au long des générations, les
morts et les vivants » (Lévi-Strauss, *ibid.* p. 313).

A propos de tribus australiennes, on distingue des
rites historiques ou commémoratifs qui « recréent
l'atmosphère sacrée et bénéfique des temps mythiques — époque du " rêve " disent les Australiens —
dont ils reflètent comme dans un miroir les protago-
nistes et leurs hauts faits » et qui « transportent le
passé dans le présent » et des *rites de deuil* qui « correspondent à une démarche inverse : au lieu de
confier à des hommes vivants la charge de personni-
fier de lointains ancêtres, ces rites assurent la recon-
version, en ancêtres, d'hommes qui ont cessé d'être

des vivants » et qui, par conséquent, transportent « le présent dans le passé » (Lévi-Strauss, p. 314).

Chez les Samo de Haute-Volta, les rites concernant la mort qu'on cherche à retarder par des sacrifices révèlent « une certaine conception d'un temps immanent, non soumis aux règles du découpage chronologique [9] » ou plutôt « de temporalités relatives ».

Chez les Nuer comme chez beaucoup de « primitifs » le passé se mesure selon les classes d'âge, un premier passé concernant les petits groupes et qui s'évanouit rapidement « dans les lointains mystérieux du temps jadis », un second passé constitue « le temps historique, séquence d'événements remarquables et importants pour une tribu » (inondations, épidémies, famines, guerres), qui remonte beaucoup plus haut que le temps historique des petits groupes mais se limite sans doute à une cinquantaine d'années, puis vient « un plan de traditions » où l'histoire « s'incorpore dans un complexe mythique », au-delà s'étend l'horizon du mythe pur, où se confondent « le monde, les peuples, les civilisations » qui « ont tous existé simultanément depuis le même immortel passé ». Pour les Nuer « la dimension du temps est peu profonde, ce qu'on peut recevoir comme histoire s'arrête à un siècle en arrière, et là tradition, en faisant bonne mesure, nous ramène seulement à dix ou douze générations dans la structure du lignage... on jugera du peu de profondeur du temps nuer quand on saura que l'arbre sous lequel l'humanité a reçu l'être était encore debout à l'ouest du pays nuer il y a quelques années !... » (Evans-Pritchard, 1940, p. 128-133).

Mais le sens d'un passé historique se cache au sein de la pensée sauvage pourtant profondément synchronique. Lévi-Strauss croit pouvoir le déceler chez les Aranda de l'Australie centrale à travers les *charinga*,

« objets en pierre ou en bois, de formes approximativement ovale avec des extrémités pointues ou arrondies,
souvent gravés de signes symboliques... » où il voit des
analogies frappantes avec nos documents d'archives.
« Les charinga sont les témoins palpables de la période
mythique... de même, si nous perdions nos archives,
notre passé ne serait pas pour autant aboli : il serait
pavé de ce qu'on serait tenté d'appeler sa saveur
diachronique. Il existerait encore comme passé ; mais
préservé seulement dans des reproductions, des livres,
des institutions, une situation même, tous contemporains ou récents. Par conséquent, lui aussi serait étalé
dans la synchronie » (Lévi-Strauss, *ibid.* p. 316-321).
Chez certains peuples de Côte-d'Ivoire, la conscience
d'un passé historique est déjà développée côte à côte
avec une multiplicité d'autres temps. Les Guéré semblent ainsi avoir cinq types différents de catégories
temporelles : 1) le temps mythique, temps de l'ancêtre
mythique après lequel existe un passé jusqu'au premier aïeul réel ; 2) le temps historique, sorte de
chanson de geste du clan ; 3) le temps généalogique qui
peut atteindre une profondeur de plus de dix générations ; 4) le temps vécu qui se subdivise en ancien
temps, temps très dur, des guerres tribales, des
famines, de l'insatiété, temps de la colonisation à la
fois libérateur et asservissant ; temps de l'Indépendance paradoxalement ressenti comme un temps d'op-
pression sous l'effet de la politique de modernisation ;
5) le temps projeté, temps de l'imagination de l'avenir
(A. Schwartz in *Temps et développement*, p. 60-61).

4) *Réflexions générales sur passé/présent dans la cons-cience historique*

Eric Hobsbawm a récemment (1972) posé les problèmes de la « fonction sociale du passé », le passé
étant défini comme la période antérieure aux événements dont un individu se souvient directement.

La plupart des sociétés ont considéré le passé comme
le modèle pour le présent. Mais il y a des interstices
dans cette dévotion au passé par où s'insinuent l'innovation et le changement.

Quelle est la part d'innovation que les sociétés
admettent dans leur attachement au passé ? Seules
quelques sectes parviennent à s'isoler pour résister
intégralement au changement. Les sociétés dites traditionnelles, en particulier paysannes, ne sont pas du
tout statiques comme on le croit. Mais si l'attachement
au passé peut admettre des nouveautés, des transformations, le plus souvent le sens de l'évolution qu'il
perçoit est celui d'une décadence, d'un déclin. L'innovation dans une société se présente sous forme d'un
retour au passé : c'est l'idée-force des « renaissances ».

Beaucoup de mouvements révolutionnaires ont eu
pour mot d'ordre et ambition le retour au passé, par
exemple la tentative de Zapata au Mexique pour
restaurer la société paysanne de Morelos dans l'état où
elle se trouvait quarante ans plus tôt en traçant un
trait sur l'époque de Porfirio Diaz et en retournant au
status quo ante. Il faut faire une place aux restaurations
symboliques comme par exemple la reconstruction de
la vieille ville de Varsovie dans l'état où elle était avant
les destructions de la Seconde Guerre mondiale. Une
revendication de retour au passé peut couvrir des
entreprises très nouvelles : le nom de « Ghana » trans-
fère l'histoire d'une partie de l'Afrique à une autre
géographiquement éloignée et historiquement toute
différente. Le mouvement sioniste a abouti non à la
restauration de l'ancienne Palestine juive, mais à un

état tout nouveau : Israël. Les mouvements nationalistes, jusqu'au nazisme et au fascisme, qui tendent à instaurer un « ordre » tout à fait nouveau, se présentent comme archaïsants, traditionalistes. Le passé est rejeté seulement quand l'innovation est jugée à la fois inéluctable et socialement désirable. Quand et comment les mots « nouveau » et « révolutionnaire » sont-ils devenus synonymes de « meilleur » et « plus désirable » ? Deux problèmes spéciaux concernent le passé comme généalogie et comme chronologie. Les individus qui composent une société éprouvent presque toujours le besoin d'avoir des ancêtres et c'est un des rôles des grands hommes. Les mœurs et le goût artistique du passé sont souvent singés et adoptés par les révolutionnaires. Quand à la chronologie elle demeure essentielle pour le sens moderne, historique du passé, car l'histoire est un changement orienté. Des chronologies historiques et non historiques coexistent et il faut admettre la persistance de formes diverses du sens du passé. Nous nageons dans le passé comme des poissons dans l'eau et ne pouvons lui échapper (Hobsbawm). François Châtelet, de son côté, étudiant la naissance de l'histoire dans la Grèce antique, a préalablement essayé de définir les traits caractéristiques de « l'Esprit historien ».

Il a d'abord présenté le passé et le présent comme des catégories à la fois identiques et autres.

a) « L'Esprit historien croit à la *réalité* du passé et considère que le passé, dans sa manière d'être et, dans une certaine mesure, dans son contenu, n'est pas par nature différent du présent. En reconnaissant le révolu comme *ayant été*, il admet que ce qui est arrivé jadis a existé, a eu lieu et date, exactement comme existe cet événement que j'ai actuellement sous les yeux... Cela veut dire, en particulier, qu'en aucune manière, il n'est permis de traiter ce qui s'est passé comme du fictif, comme de l'irréel, que la non-actualité du révolu (et de l'avenir) ne peut en aucune façon être identifiée à sa non-réalité » (Châtelet, p. 11).

b) Mais le passé et le présent se différencient aussi et même s'opposent : « Si le passé et le présent appartiennent à la sphère du *même*, ils sont aussi dans la sphère de l'altérité. S'il est vrai que l'événement passé est révolu et que cette dimension le constitue essentiellement, il est vrai aussi que sa " passéité " le différencie de tout autre événement qui pourrait lui ressembler. L'idée qu'il y a des répétitions dans l'histoire... qu' " il n'y a rien de nouveau sous le soleil ", celle même selon laquelle il y a des leçons du passé, ne peuvent avoir de sens que pour une mentalité non historienne » (Châtelet, I, p. 12).

c) Enfin, l'histoire, science du passé, doit avoir recours à des méthodes scientifiques d'étude du passé. « Il est indispensable que le passé, tenu pour réel et décisif, soit étudié avec sérieux dans la mesure où les temps révolus sont considérés comme devant retenir l'attention, où une structure lui est assignée, où des traces actuelles sont données, il faut que tout le discours parlant du passé puisse établir clairement pourquoi — en fonction de quels documents, de quels témoignages — il donne de telle succession d'événements, telle version plutôt que telle autre. Il convient, en particulier, qu'un grand soin soit apporté à la datation et à la localisation de l'événement, puisque celui-ci n'acquiert un caractère historique que dans la mesure où il reçoit de semblables déterminations » (Châtelet, I, p. 21-22).

Or, « ce souci de la précision dans l'étude de ce qui est arrivé jadis, n'apparaît clairement qu'au début du siècle dernier » et « l'impulsion décisive » est donnée par Leopold von Ranke (1795-1886), professeur à l'université de Berlin de 1825 à 1871 (Châtelet, I, p. 22).

5) *Evolution du rapport passé/présent dans la pensée européenne de l'Antiquité grecque au XIXᵉ siècle*[10]

On peut schématiser les attitudes collectives à l'égard du passé, du présent (et de l'avenir) en disant que dans l'Antiquité païenne prédominait la valorisation du passé avec l'idée d'un présent décadent, qu'au Moyen Age le présent est coincé entre le poids du passé et l'espérance d'un futur eschatologique, qu'à la Renaissance l'investissement se fait au contraire sur le présent et que du XVIIᵉ au XIXᵉ siècle, l'idéologie du progrès renverse la valorisation du temps vers l'avenir.

Le sentiment du temps dans la culture grecque se tourne soit vers le mythe de l'âge d'or, soit vers les souvenirs de l'époque héroïque. Même un Thucydide ne voit dans le présent qu'un futur passé[11] et fait entièrement abstraction du futur, même quand il le connaît pour se laisser absorber dans le moment passé[12]. L'historiographie romaine est dominée par l'idée de la moralité des anciens et l'historien romain est toujours plus ou moins un *laudator temporis acti*, un louangeur du passé, selon l'expression d'Horace. Tite-Live, par exemple, qui écrit dans le cadre de l'œuvre de « restauration » d'Auguste, exalte le « passé le plus reculé » et donne comme fil conducteur de son œuvre dans sa *Préface* la décadence du passé au présent : « ... que l'on suive ensuite en esprit, avec le relâchement insensible de la discipline, d'abord pour ainsi dire les lézardes de la moralité, puis sa ruine progressive, enfin son rapide écroulement, pour en arriver à notre temps... ».

Pierre Gibert étudiant la Bible à la naissance de l'histoire, a souligné une condition pour que la mémoire collective du passé devienne histoire : le sens de la continuité et croit le déceler dans l'institution de la monarchie (Saül, David, Salomon) : « C'est à l'institution monarchique qu'il faut attribuer le sens acquis par Israël de cette continuité dans la connaissance de son passé, car même s'il avait possédé, à travers le corpus de ses légendes, un certain sens de ce passé, même s'il en avait un certain souci d'exactitude, c'est seulement avec la monarchie qu'apparaît le sens d'une continuité sans rupture » (P. Gibert, p. 391). Mais avec la Bible, l'histoire juive est d'une part fascinée par ses origines (création puis alliance de Yahvé avec son peuple) et de l'autre tendue vers un avenir également sacré : la venue du Messie et de la Jérusalem céleste qui, avec Isaïe, s'ouvre à toutes les nations.

Le christianisme va s'efforcer, entre les origines, fortement assombries par le péché originel et la chute, et la « fin du monde », la parousie, dont l'attente ne doit pas troubler les chrétiens, de focaliser l'attention sur le présent. De saint Paul à saint Augustin, et aux grands théologiens du Moyen Age, l'Eglise chrétienne tâchera de concentrer l'esprit des chrétiens sur un présent qui, avec l'incarnation du Christ, point central de l'histoire, est le début de la fin des temps. Mircea Eliade, à travers divers textes pauliniens (I *Thess*, 4 : 16-17 ; *Rom*. 13 : 11,12 ; II *Thess*. 3 : 8-10 ; *Rom*. 13 : 1-7), montre les ambiguïtés de cette valorisation du présent : « Les conséquences de cette valorisation ambivalente du *présent* (en attendant la parousie, l'histoire continue et doit être respectée) ne tarderont pas à se faire sentir. Malgré les innombrables solutions proposées depuis la fin du Ier siècle, le

problème du *présent historique* hante encore la pensée
chrétienne contemporaine[13] ».

En fait, le temps médiéval coincera le présent entre
une rétro-orientation vers le passé et un futuro-tro-
pisme particulièrement fort chez les millénaristes[14].
Comme l'Eglise *freinait* ou condamnait les mouvements millénaristes, elle favorisait l'attention privilégiée au passé, renforcée par la théorie des six âges
du monde, selon laquelle le monde était entré dans
le sixième et dernier âge, celui de la décrépitude, de
la vieillesse. Guillaume de Conches au XIIᵉ siècle
déclare : « Nous ne sommes que les commentateurs
des anciens, nous n'inventons rien de nouveau ». Le
terme « antiquité » (*antiquitas*) est synonyme d'autorité (*auctoritas*), valeur (*gravitas*), grandeur, majesté
(*majestas*).

S. Stelling-Michaud a souligné que ballottés entre le
passé et l'avenir, les hommes du Moyen Age ont tenté
de vivre le présent intemporellement, dans un instant
qui serait un moment d'éternité. Saint Augustin y
avait engagé le chrétien dans les *Confessions* et dans *La
Cité de Dieu* (XII,12) : « Qui l'arrêtera, cette pensée
(flottant au gré des ondulations du passé et de l'avenir), qui l'immobilisera pour lui donner un peu de
stabilité, pour l'ouvrir à l'intuition de la splendeur de
l'éternité toujours immobile ? » (*Conf.* XI,11). Et
encore : « Vos années sont comme un seul jour... et cet
aujourd'hui ne fait pas place à un lendemain, pas plus
qu'il ne succède à un hier. Votre aujourd'hui, c'est
l'Eternité... » (*Conf.* XI,13). Et dans *La Cité de Dieu* :
« Comparé à un moment d'éternité, la durée la plus
longue n'est rien ».

Ce que Dante exprimera magnifiquement à l'aide de
l'image du *point* comme éclair d'éternité.

Un seul instant a plongé ma mémoire dans le sommeil
mieux que vingt-cinq siècles écoulés depuis la geste
qui étonna Neptune quand il vit l'ombre de l'Argo

(Paradis, XXXIII, 94-96) [15]

De même, les artistes du Moyen Age pris entre
l'attraction du passé, le temps mythique du Paradis et
la recherche du moment *prérogatif*, celui qui engage
vers l'avenir, salut ou damnation, ont cherché à exprimer surtout l'intemporel. Mûs par un « désir d'éternité » ils ont eu largement recours au symbole qui fait
communiquer les sphères, le passé, le présent et
l'avenir. Le christianisme est religion d'intercession (cf.
J. S. Morgan).

Le présent est encore grignoté par l'homme du Moyen
Age qui actualise constamment le passé, notamment le
passé biblique. L'homme du Moyen Age vit dans un constant anachronisme, ignore la couleur locale, affuble les
personnages antiques de costumes, de sentiments, de
comportements médiévaux. Les Croisés croyaient à Jérusalem châtier les vrais bourreaux du Christ. Mais peut-on
dire : « le passé n'est pas étudié en tant que passé, il est
revécu, ramené au présent » (P. Rousset, p. 631) ? N'est-
ce pas plutôt le présent qui est mangé par le passé, car
seul celui-ci donne son sens, sa signification au présent ?

Cependant, à la fin du Moyen Age, le passé est de plus
en plus saisi à travers le temps des chroniques, les progrès de la datation, de la mesure du temps marqué par
les horloges mécaniques. « Présent et passé se distinguent dans la conscience du Bas Moyen Age non seulement à travers leur aspect historique, mais à travers
une sensibilité douloureuse et tragique » (R. Glasser,
p. 95). Le poète Villon sent tragiquement cette fuite du
temps, cet éloignement irrémédiable du passé.

La Renaissance semble prise entre deux tendances contradictoires. D'une part les progrès dans la mesure, la datation, la chronologie permettent une mise en perspective historique du passé (P. Burke). D'autre part, le sentiment tragique de la vie et de la mort (A. Tenenti, 1957) peut conduire à l'épicurisme, à la jouissance du présent, que les poètes expriment de Lorenzo il Magnifico à Ronsard.

> *Gentilles dames, élégants jeunes gens*
> *Qui emplissez ce lieu de vos chants*
> *Dispensez joyeusement vos jours*
> *La jeunesse passe peu à peu* [16].

Le développement scientifique, à partir de Copernic, et surtout Kepler, Galilée, Descartes, fonde l'optimisme des lumières qui conduit à affirmer la supériorité des modernes sur les anciens (cf. l'article *Antique/moderne*) et l'idée de *progrès* devient le fil conducteur de l'histoire qui bascule vers l'avenir.

Le xixᵉ siècle est partagé entre l'optimisme économique des partisans du progrès matériel et les désillusions des esprits déçus par les lendemains de la Révolution et de l'Empire. Le romantisme se tourne délibérément vers le passé. Le pré-romantisme du xviiiᵉ siècle s'était intéressé aux ruines et à l'Antiquité. Le grand maître en fut Winckelmann (1717-1768), historien et archéologue allemand qui proposa l'art gréco-romain comme le modèle de « la » perfection (*Histoire de l'art chez les Anciens* 1764) et lança une célèbre collection archéologique, les *Monuments antiques inédits expliqués et illustrés* publiés à Rome en 1767. Ce fut l'époque des premières fouilles d'Herculanum et de Pompéi. La Révolution française consacra le goût pour l'Antiquité. Chateaubriand avec le *Génie du christianisme* (1802), Walter Scott avec ses romans historiques (*Ivanhoé*, 1819, *Quentin Durward*, 1823), Novalis avec son essai *La Chrétienté ou l'Europe* (1826), contribuent à orienter le goût du passé vers le Moyen Age. C'est la grande vogue de la mode *troubadour* au théâtre, en peinture, dans l'eau-forte, la gravure sur bois, la lithographie. La France offre pendant cette période une véritable « manufacture du passé » (F. Haskell) dans ses manifestations artistiques. On peut y distinguer trois temps forts. L'archéologue Alexandre Lenoir ouvrit au couvent désaffecté des Grands-Augustins, en 1792, un musée qui devint en 1796 le Musée des Monuments Français qui produisit une profonde impression sur beaucoup de contemporains, tel Michelet qui y découvrit le passé de la France. Napoléon donna ensuite la plus grande impulsion à la peinture d'histoire consacrée à l'histoire de France. De deux aux salons de 1801 et 1802 les tableaux traitant de l'histoire de France passèrent à 86 en 1814. Enfin, Louis-Philippe, en 1833, décida de restaurer Versailles et d'en faire un musée dédié « à toutes les gloires de France ». Le goût romantique pour le passé qui alimenta les mouvements nationalistes européens du XIXe siècle et fut en retour développé par le nationalisme, se porta aussi sur les antiquités juridiques et philologiques et sur la culture populaire. Le meilleur exemple de cette tendance est sans doute l'œuvre des frères Jakob (1785-1863) et Wilhelm (1786-1859) Grimm, auteurs aussi bien des célèbres *Contes d'enfants et du foyer* (1812) que d'une *Histoire de la langue allemande* (1848) et d'un *Dictionnaire allemand* (1852-1858).

6) *Le XXᵉ siècle entre la hantise du passé, l'histoire au présent et la fascination de l'avenir*

Le millénarisme est loin d'être fini dans l'Europe du XIXᵉ siècle. Il se cache même au sein de la pensée marxiste qui se veut scientifique et de la pensée positiviste : quand Auguste Comte dans sa *Sommaire appréciation de l'ensemble du passé moderne* (1820) voit le dépérissement d'un système théologique et militaire et l'aube du nouveau système scientifique et industriel, il se présente en nouveau Joachim de Flore.

De même, le XIXᵉ siècle, siècle de l'histoire, a, au-delà du romantisme, continué à faire vivre le passé médiéval (F. Graus).

Mais au début du XXᵉ siècle, la crise du progrès [17] qui s'ébauche entraîne de nouvelles attitudes à l'égard du passé, du présent et du futur.

D'une part, l'attachement au passé prend des formes d'abord exaspérées, réactionnaires, puis le second XXᵉ siècle, pris entre l'angoisse atomique et l'euphorie du progrès scientifique et technologique, se tourne à la fois vers le passé avec nostalgie et vers l'avenir avec crainte ou espoir. Cependant, à la suite de Marx, des historiens s'efforcent d'établir de nouveaux rapports entre présent et passé.

Marx avait dénoncé le poids paralysant du passé — d'un passé réduit à l'exaltation de « grands souvenirs » — sur les peuples, par exemple les Français : « Le drame des Français, aussi bien que des ouvriers, ce sont les grands souvenirs. Il est nécessaire que les événements mettent fin une fois pour toutes à ce culte réactionnaire du passé » (Lettre à César de Paepe, 14 septembre 1870). Ce culte du passé a été à la fin du XIXᵉ siècle et au début du XXᵉ siècle, un des éléments essentiels des idéologies de droite et une composante des idéologies fascistes et nazies.

Aujourd'hui encore, le culte du passé va avec le conservatisme social et Pierre Bourdieu le localise surtout dans les catégories sociales en déclin : « Une classe ou une fraction de classe est en déclin, donc tournée vers le passé, lorsqu'elle n'est plus en mesure de reproduire avec toutes ses propriétés de condition et de position... » (P. Bourdieu, p. 530).

D'un autre côté, l'accélération de l'histoire a amené les masses des nations industrielles à se raccrocher nostalgiquement à leurs racines ; d'où la mode *rétro*, le goût pour l'histoire et l'archéologie, l'intérêt pour le folklore, la vogue de l'ethnologie, l'engouement pour la photographie créatrice de mémoire et de souvenirs, le prestige de la notion de *patrimoine*.

Dans d'autres domaines, l'attention au passé et à la durée jouait un rôle grandissant, dans la littérature avec Proust et Joyce, dans la philosophie avec Bergson, dans une nouvelle science enfin : la psychanalyse. Le psychisme y est, en effet, présenté comme dominé par les souvenirs inconscients, par l'histoire enfouie des individus et notamment par le passé le plus éloigné, celui de la plus tendre enfance. Pourtant, l'importance accordée au passé par la psychanalyse a été niée par exemple par Marie Bonaparte (p. 73) citant Freud : « Les processus du système inconscient sont intemporels, c'est-à-dire, qu'ils ne sont pas ordonnés temporellement, ils ne sont pas modifiés par le temps qui passe, ils n'ont en somme aucun rapport au temps. La relation au temps est liée au travail du système conscient ».

Jean Piaget oppose au freudisme une autre critique : le passé que saisit l'expérience psychanalytique n'est pas un vrai passé mais un passé reconstruit : « Ce que nous donne cette opération, c'est la notion actuelle du sujet sur son passé et non pas une connaissance directe de ce passé... Et comme l'a dit Erikson, je crois, qui est un psychanalyste non orthodoxe mais auquel j'adhère pleinement, le passé est reconstruit en fonction du présent tout autant que le présent est expliqué par le passé. Il y a interaction. Tandis que pour le freudisme orthodoxe, c'est le passé qui détermine la conduite actuelle de l'adulte. Alors, ce passé, comment le connaissez-vous ? Vous le connaissez à travers des souvenirs qui sont eux-mêmes reconstitués dans un contexte, qui est le contexte du présent et en fonction de ce présent [18] ».

En définitive, la psychanalyse freudienne s'inscrit dans un vaste mouvement antihistorique, qui tend à nier l'importance du rapport passé/présent et qui a, paradoxalement, ses racines dans le positivisme. L'histoire positiviste qui par des méthodes de plus en plus scientifiques de datation et de critique des textes, paraissait permettre une bonne étude du passé, immobilisait l'histoire dans l'événement et éliminait la durée. En Angleterre, l'histoire oxonienne aboutissait, par d'autres voies, au même résultat. L'aphorisme de Freeman « l'histoire est la politique du passé et la politique est l'histoire du présent » pervertissait le rapport passé/présent. Gardiner (1829-1902), en déclarant : « celui qui étudie la société du passé rendra de grands services à la société du présent dans la mesure où il laissera celle-ci hors de compte », allait dans le même sens (Marwick, p. 47-48). Ou bien ces propos ne visent qu'à mettre en garde contre l'anachronisme et ils sont d'une grande banalité ou bien ils rompent tout lien rationnel entre présent et passé. Le positivisme a eu aussi une autre attitude qui, en France, notamment, aboutissait en fait à la négation du passé qu'on prétendait vénérer. C'est le « désir d'éternité » reparu sous une forme laïque. Otton de Freising au XIIe siècle avait pensé qu'avec la réalisation du système féodal contrôlé par l'Église, l'histoire était parvenue à ses fins et était arrêtée. Les historiens positivistes estimaient qu'avec la Révolution puis avec la République l'histoire, et d'abord l'histoire de la France, avait atteint son ultime progrès. Comme le dit avec pénétration Alphonse Dupront, au-delà de 1789 et de 1870 il n'y avait plus que l'éternité « tant la forme républicaine consacrait définitivement le génie révolutionnaire de la France ». Les manuels scolaires semblent considérer que l'histoire a désormais atteint son but et est parvenue à la stabilité pour toujours : « République et France, tels sont, mes enfants, les deux noms qui doivent rester gravés au plus profond de vos cœurs. Qu'ils soient l'objet de votre constant amour, comme aussi de votre éternelle reconnaissance ». Et Alphonse Dupront d'ajouter : « La marque d'éternité est désormais sur la France » (A. Dupront, p. 1466).

D'une autre façon, de nouvelles démarches scientifiques : la psychanalyse, la sociologie, le structuralisme, poussent à la quête de l'intemporel et cherchent à évacuer le passé. Philip Abrams a bien montré que si les sociologues (et les anthropologues) se réclamaient du passé, leur entreprise était en fait très an-historique : « L'essentiel n'était pas de connaître le passé, mais d'établir une idée du passé dont on pourrait se servir comme terme de comparaison pour comprendre le présent [19] ». Des spécialistes de sciences humaines ont réagi aujourd'hui contre cette élimination du passé. Par exemple, l'historien Jean Chesneaux s'est posé la question : Du passé faisons table rase ? C'est la tentation de beaucoup de révolutionnaires ou simplement de jeunes, soucieux de s'affranchir de toutes

contraintes, y compris celles du passé. Jean Chesneaux
n'ignore pas la manipulation du passé par les classes
dominantes. Aussi pense-t-il que les peuples, en particulier ceux du Tiers Monde, doivent « libérer le
passé ». Mais il ne faut pas le rejeter, il faut le faire
servir aux luttes sociales et nationales : « Si le passé
compte pour les masses populaires, c'est sur l'autre
versant de la vie sociale, quand il s'insère directement
dans leurs luttes » (J. Chesneaux, p. 32). Mais cet
enrôlement du passé dans la lutte révolutionnaire et
politique établit une confusion entre les deux attitudes
que peut avoir l'historien à l'égard du passé mais qu'il
ne doit pas confondre : son attitude scientifique
d'homme de métier et son engagement politique
d'homme et de citoyen.

L'anthropologue Marc Augé part aussi de la constatation de l'aspect répressif de la mémoire, de l'histoire,
du rappel à l'ordre du passé ou d'ailleurs de l'avenir :
c'est « le passé comme contrainte ». Quant au futur :
« Les messianismes et les prophétismes conjuguent
eux aussi la contrainte au futur antérieur, différant
l'apparition des signes qui exprimeront, le moment
venu, une nécessité ancrée dans le passé » (M. Augé, p.
149). Mais « que l'histoire ait un sens, c'est l'exigence
de toute société actuelle... dans tous les cas l'exigence
des sens passe par une pensée du passé » (p. 151-2). Ce
qu'il faut donc, c'est, en fonction du présent, des
relectures constantes du passé qui doit pouvoir être
constamment remis en cause.

Cette remise en cause du passé à partir du présent
c'est ce que Jean Chesneaux appelle « inverser le
rapport passé/présent » et dont il voit l'origine dans
Marx. Partant d'une affirmation de Marx dans les
Grundrisse : « La société bourgeoise est l'organisation
historique de la production la plus développée et la

plus diversifiée. Les catégories qui expriment les rapports de cette société et assurent la compréhension de
sa structure nous permettent en même temps de saisir
la structure et les rapports de production dans les
sociétés passées », Henri Lefebvre a souligné : « Marx a
clairement indiqué la démarche de la pensée historienne. L'historien part du présent... sa démarche est
d'abord récurrente. Il va du présent au passé. Après
quoi il revient vers l'actuel, dès lors analysé et connu,
au lieu d'offrir à l'analyse une totalité confuse » (H. Lefebvre, 1970).

De même, Marc Bloch a donné pour méthode à
l'historien un double mouvement : comprendre le
passé par le présent : « L'incompréhension du présent
naît fatalement de l'ignorance du passé. Mais il n'est
peut-être pas moins vain de s'épuiser à comprendre le
passé si l'on ne sait rien du présent » (M. Bloch, p. 47).
D'où l'importance de la méthode récurrente en histoire : « L'erreur, en effet, serait grave de croire que
l'ordre adopté par les historiens dans leurs enquêtes
doive nécessairement se modeler sur celui des événements. Quitte à restituer ensuite à l'histoire son mouvement véritable, ils ont souvent profit à commencer
par la lire, comme disait Maitland, " à rebours " ».

Cette conception des rapports passé/présent qui a
joué un grand rôle dans la revue *Annales*, fondée en
1929 par Lucien Febvre et Marc Bloch, a même inspiré
jusqu'à lui donner son nom la revue britannique
d'histoire *Past and Present* qui, dans son premier
numéro, en 1952, déclarait : « L'histoire ne peut pas
logiquement séparer l'étude du passé de celle du
présent et du futur... ».

Le futur, en même temps que le passé, attire
(cf. *L'historien entre l'ethnologue et le futurologue*) les
hommes d'aujourd'hui en quête de leurs racines et de

leur identité, les fascine plus que jamais. Mais les vieilles apocalypses, les vieux millénarismes renaissent, et une nouvelle nourriture, la science-fiction, les alimente. La *futurologie* se développe ; mais des philosophes ou des biologistes apportent à l'insertion de l'histoire dans le futur des contributions remarquables. Par exemple le philosophe Gaston Berger a scruté l'idée d'avenir et l'attitude prospective. Parti de la constatation que « les hommes n'ont pris conscience qu'assez tardivement de la signification du futur » (G. Berger, p. 227), et de la phrase de Paul Valéry : « nous entrons dans l'avenir à reculons », il a recommandé une conversion du passé vers l'avenir et une attitude à l'égard du passé qui ne détourne ni du présent ni non plus de l'avenir et qui aide au contraire à le prévoir et à le préparer.

A la fin de son livre *De la biologie à la culture* (1976), le biologiste Jacques Ruffié examine aussi la prospective et « l'appel du futur ». Pour lui, l'humanité est au bord d'un « nouveau bond évolutif » (J. Ruffié, p. 569). Peut-être sommes-nous à la veille d'une transformation profonde des rapports entre passé et présent.

En tout cas, l'accélération de l'histoire a rendu insupportable la définition officielle de l'histoire contemporaine. Il faut faire naître une véritable histoire contemporaine, une histoire du présent. Elle suppose qu'il n'y ait plus d'histoire seulement du passé, qu'on en finisse avec « une histoire » qui repose sur une coupure nette du présent et du passé et qu'on renonce à « la démission devant la connaissance du présent au moment précis où le présent change de nature et se charge des éléments dont s'empare la science pour connaître le passé[20] ».

Antique (ancien)/moderne

1 – UN COUPLE OCCIDENTAL ET AMBIGU

Bien qu'on puisse lui trouver dans d'autres civilisations et dans d'autres historiographies des équivalents, le couple « antique-moderne » est lié à l'histoire de l'Occident. Pendant la période pré-industrielle, du Ve au XIXe siècle, il scande une opposition culturelle qui, à la fin du Moyen Age et au temps des Lumières, fait irruption sur le devant de la scène intellectuelle. Au milieu du XIXe siècle, il se transforme avec l'apparition du concept de *modernité*, réaction ambiguë de la culture à l'agression du monde industriel. Dans le second XXe siècle, il se généralise en Occident, tandis qu'ailleurs et spécialement dans le Tiers Monde, il s'introduit à la faveur de l'idée de *modernisation*, née au contact de l'Occident.

L'opposition « antique-moderne » s'est développée dans un contexte équivoque et complexe. D'abord parce que chacun des termes et des concepts ne s'est pas toujours opposé à l'autre. *Antique* a pu être relayé par *ancien* ou *traditionnel*, *moderne* par *récent* ou *nouveau*. Ensuite, parce que chacun des deux a pu être accompagné de connotations laudatives, péjoratives ou neutres. Quand *moderne* apparaît en bas latin il n'a que le sens de *récent* qu'il conserve longtemps au Moyen Age : *antique* peut signifier « qui appartient au passé » et plus précisément à cette époque de l'histoire appelée en Occident depuis le XVIe siècle *Antiquité*, c'est-à-dire l'époque antérieure au triomphe du christianisme dans le monde gréco-romain, à la grande régression démographique, économique et culturelle du Haut Moyen Age — marquée par le recul de l'esclavage et une ruralisation intense.

Quand, à partir du XVIe siècle, l'historiographie dominante en Occident, celle des érudits puis des universitaires, découpe l'histoire en trois époques *antique*, *médiévale* et *moderne* (*neuere*, en Allemand), chaque adjectif ne renvoie souvent qu'à une période chronologique et *moderne* s'oppose plutôt à *médiéval* qu'à *antique*. Enfin, cette grille de lecture du passé ne correspond pas toujours à ce que les hommes de ce passé pensaient. Stefan Swiezawski parlant du schéma « via antiqua — via moderna » qui domine depuis le XIXe siècle l'analyse des historiens de la pensée de la fin du Moyen Age estime que ce modèle n'est « pas utilisable par l'historiographie doctrinale de cette époque sans de nombreuses réserves et restrictions » et ajoute : « Ce schéma n'est général ni dans le temps ni dans l'espace ; le concept de progrès et de vitalité alors en vigueur ne coïncide pas toujours avec ce qu'à l'époque on considère comme nouveau et le couple de concepts " moderne-ancien " comporte dès lors des ambiguïtés qui laissent l'historien perplexe [1] ».

Enfin la modernité peut se camoufler ou s'exprimer sous les couleurs du passé, de l'Antiquité entre autres. C'est le propre des *Renaissances* et singulièrement de la *Grande Renaissance* du xvie siècle. Aujourd'hui, la *mode rétro* est une des composantes de la modernité.

2 – DANS CE COUPLE
LE PRINCIPAL PROBLÈME
EST DU CÔTÉ DE MODERNE

Si *antique* complique le jeu parce qu'à côté du sens d'ancien il s'est spécialisé dans la référence à la période de l'Antiquité, c'est *moderne* qui dans le couple mène le jeu. L'enjeu de l'antagonisme *antique-moderne*, c'est l'attitude des individus, des sociétés, des époques à l'égard du passé, de leur passé. Dans les sociétés dites traditionnelles, l'antiquité est une valeur sûre, les Anciens dominent, vieillards dépositaires de la mémoire collective, garants de l'authenticité et de la propriété. Ces sociétés se tournent vers les conseils des Anciens, les Sénats, la gérontocratie tempérée par le recours au cocotier. Chez les Alladjan de Côte-d'Ivoire avant la colonisation, le chef suprême de la phratrie était le *nanan*, le plus ancien de la plus ancienne classe d'âge et les *akoubêoté*, chefs de villages, étaient probablement désignés automatiquement selon le critère de l'âge. Au Moyen Age, dans les pays de droit coutumier, l'ancienneté d'un droit attesté par les membres les plus âgés d'une communauté est un argument juridique de poids. Il ne faudrait pourtant pas croire que même dans les sociétés antiques ou archaïques, il n'y ait pas aussi une face néfaste de l'âge, de l'antiquité. A côté du respect de la vieillesse, il y a le mépris de la décrépitude. On a fait justice de la fausse étymologie qui rapprochait le mot grec *gérôn*, vieillard, du terme

géras, honneur. Emile Benveniste a rappelé que *gérôn*
devait être mis en rapport avec le sanscrit *jarati*, « être
décrépit » et ajoute : « Certes la vieillesse est entourée
de respect ; les vieillards forment le conseil des
anciens, le Sénat ; mais jamais les honneurs royaux ne
leur sont rendus, jamais un vieillard ne reçoit un
privilège royal, un *géras* au sens précis du terme [2] ».
Dans les sociétés guerrières, l'adulte est exalté par
opposition à l'enfant et au vieillard. Il en est ainsi dans
la Grèce ancienne, telle qu'elle apparaît chez Hésiode,
les âges d'or et d'argent sont des âges de vitalité, les
âges de bronze et des héros sont des âges de vitalité,
des âges qui ignorent la jeunesse et la vieillesse tandis
que l'âge de fer est celui de la vieillesse qui, si elle
s'abandonne à l'Hubris, s'achèvera par la mort frappant des hommes nés vieux avec les tempes blanches.
Par la métaphore des âges de la vie, *antique* participe
ainsi à l'ambiguïté d'un concept pris entre la sagesse et
la sénilité.

Mais c'est *moderne* qui engendre le couple et son jeu
dialectique. C'est en effet du sentiment de rupture avec
le passé que naît la conscience de modernité. Est-il
légitime pour l'historien de reconnaître du moderne là
où les gens du passé n'ont rien ressenti de tel ? A vrai
dire, les sociétés historiques, même si elles n'ont pas
perçu l'ampleur des mutations qu'elles vivaient, ont
éprouvé le sentiment du moderne et forgé le vocabulaire de la modernité dans les grands tournants de leur
histoire. Le mot *moderne* naît quand s'effondre
l'empire romain au Ve siècle ; la périodisation de
l'histoire en antique, médiévale et moderne s'instaure
en ce XVIe siècle dont Henri Hauser a souligné la
« modernité » ; Théophile Gautier et Baudelaire lan-
cent le concept de modernité dans la France du Second
Empire quand s'affirme la révolution industrielle ;

économistes, sociologues et politologues diffusent et discutent l'idée de modernisation au lendemain de la Seconde Guerre mondiale, dans le contexte de la décolonisation et de l'émergence du Tiers Monde. L'étude du couple *antique (ancien)-moderne* passe par l'analyse d'un moment historique qui secrète l'idée de *modernité* et, du même coup, crée, pour la dénigrer ou l'encenser — ou simplement la distinguer et l'éloigner —, une *antiquité*. Car on repère aussi bien une modernité pour la promouvoir que pour la vilipender.

3 – L'AMBIGUÏTÉ DE ANTIQUE (ANCIEN) : L'ANTIQUITÉ GRÉCO-ROMAINE ET LES AUTRES

Même si l'essentiel se joue du côté de *moderne*, le contenu historique acquis par *antique (ancien)* dans le monde de la culture occidentale a pesé lourd dans la lutte de *moderne* vers l'émergence dans l'univers des valeurs.

Certes, comme *moderne* a pu avoir le sens neutre de récent, *antique* a pu avoir le sens neutre de ancien ou renvoyer à une période autre que l'Antiquité gréco-romaine, période tantôt sublimée, tantôt dépréciée.

Ainsi le Moyen Age et la Renaissance parleront de *antique serpent (antiquus serpens)* pour le Diable et de *antique mère (antiqua mater)* pour la Terre dans un sens apparemment neutre, renvoyant simplement aux origines de l'humanité, mais avec une charge péjorative dans le premier cas, l'ancienneté du Malin ne faisant que renforcer sa malignité et sa novicité, celle

de la Terre lui conférant au contraire des vertus plus
hautes.

Pour le christianisme *ancien testament, ancienne loi*
(où *ancien(ne)* s'oppose d'ailleurs à *nouveau (nouvelle)*,
non à *moderne*), s'explique par l'antériorité de l'Ancien
Testament par rapport au Nouveau mais contient une
charge ambivalente. A première vue, comme la nouvelle loi a remplacé l'ancienne et que la charité
(*caritas*, amour) s'est substituée à la justice, à laquelle
elle est supérieure, l'*ancienne loi* est inférieure à la
nouvelle mais elle est aussi parée des prestiges de
l'ancienneté et des origines. Les géants de l'Ancien
Testament surpassent les hommes du Nouveau, même
quand on ne rabaisse pas ceux-ci à la taille de nains,
comme le fait au XIIe siècle un nouveau *topos* dont Jean
de Salisbury attribue la paternité à Bernard, écolâtre
de Chartres (« nous sommes des nains montés sur les
épaules de géants... ») et qu'un vitrail du XIIIe siècle de
la cathédrale de Chartres illustrera en juchant les
petits évangélistes sur les épaules des grands prophètes.

A l'époque même où *antique* désigne définitivement
l'Antiquité gréco-romaine et se charge de toutes les
valeurs que les hommes de la Renaissance y investis-
sent, les humanistes appellent écriture *antique* l'écriture, dite *caroline*, des Xe et XIe siècles. Salutati, par
exemple, cherche à se procurer des manuscrits d'Abélard « en antica ». C'est ainsi qu'au XVIe siècle, selon
Robert Estienne, « *à l'antique* » en français est péjoratif, car relatif à l'antiquité « grossière », c'est-à-dire à
l'antiquité *gothique*, au Moyen Age.

Mais, de façon générale, à partir de la Renaissance,
et spécialement en Italie, le terme *antique (antico)*
renvoie à une époque lointaine, exemplaire, malheureusement révolue. Le *Grande Dizionario della Lingua*

Italiana (article *antico*) donne les citations significatives de Pétrarque : « Virtù contra favore/prenderà l'arme, e fia 'l combatter certo,/ché *l'antiquo* valore/ne l'italici cor non è ancor morto[3] » ; l'Ariosto : « Oh, gran bontà de cavallieri *antiqui !*[4] » ; Vasari : « E di bellissima architettura in tutte le parti, per avere assai imitato *l'antico*[5] » ; Leopardi : « Quella dignità che s'ammira in tutte quelle prose che sanno *d'antico*[6] ».

Antique s'est en effet, dans la plupart des langues européennes, distancié de tous les termes voisins qui pouvaient valoriser l'ancienneté, en particulier de *vieux* qui a au contraire basculé du côté péjoratif. On a même, en France, au XVIᵉ siècle, selon La Curne de Saint-Palaye, mort en 1781, dans son *Dictionnaire historique de l'ancien langage français*, établi une curieuse hiérarchie chiffrée entre *antique, ancien* et *vieux :* « Antique renchérit sur ancien et celui-ci au-dessus de vieux ; pour estre antique, il fallait qu'il y ait mille ans, ancien deux cents, vieil plus de cents ans ».

Plus précisément, l'enjeu conceptuel que recèle l'opposition *antique/moderne* s'est transformé quand, à la Renaissance, *antique* en est venu à désigner principalement l'Antiquité gréco-romaine et une Antiquité que les humanistes considèrent comme *le* modèle à imiter. Pétrarque, déjà, s'écrie : « Toute histoire est-elle autre chose que la louange de Rome ? » (« Quid est enim aliud omnis historia quam Romana laus[7] ? »).

Ce qui va désormais conférer un caractère de lutte presque sacrilège au conflit de *moderne/antique* c'est que *antique* désigne une période, une civilisation qui n'a pas seulement le prestige du passé, mais aussi l'auréole de la Renaissance dont elle a été l'idole et l'instrument. Le combat d'*antique* et de *moderne* sera moins le combat du passé et du présent, de la tradition et de la nouveauté, que celui de deux formes de progrès, le progrès par ressourcement et éternel retour, le progrès circulaire qui met l'Antiquité au haut de la roue et le progrès par évolution rectiligne, le progrès linéaire qui privilégie ce qui s'éloigne de l'Antiquité. C'est l'antique sur quoi la Renaissance et l'Humanisme se sont appuyés pour faire la « modernité » du XVIe siècle qui va se dresser devant les ambitions du moderne. Le moderne va être amené à se donner pour « anti-humaniste », étant donné la quasi-identité entre humanisme et amour de la seule Antiquité valable, la gréco-romaine. De même, le moderne, dans sa lutte contre l'antique, sera conduit à s'allier avec les autres antiquités, celles précisément que l'antiquité gréco-romaine avait remplacées, détruites ou condamnées, les primitives et les barbares.

Mais, alors que *antique* triomphe tôt et aisément de ses voisins dans le champ sémantique de l'ancienneté, *moderne* reste longtemps aux prises avec des concurrents : la nouveauté et le progrès.

4 – MODERNE ET SES CONCURRENTS : MODERNE ET NOUVEAUTÉ, MODERNE ET PROGRÈS

Si *moderne* marque la prise de conscience d'une rupture avec le passé, il n'est pas chargé d'autant de sens que ses voisins *nouveau*, et en tant que substantif, *progrès*.

Nouveau implique une naissance, un commencement, qui, avec le christianisme, revêt un caractère presque sacré de baptême. C'est le *nouveau* Testament, c'est la *Vita Nova* d'un Dante qui naît avec l'amour.

Nouveau signifie plus qu'une rupture avec le passé, un oubli, un effacement, une absence de passé. Certes, le mot peut revêtir une acception presque péjorative, dans la Rome Antique, avec par exemple les *homines novi*, hommes sans passé, c'est-à-dire nés d'inconnus dans la hiérarchie sociale, non nobles, parvenus. Le latin chrétien médiéval accentue dans certaines expressions ce sens d'une nouveauté sacrilège qui ne se rattache pas aux valeurs primordiales des origines. Les « nouveaux apôtres » *(novi apostoli)* dont parle avec mépris au XIIᵉ siècle Abélard dans l'*Historia Calamitatum*, ce sont ces ermites, prédicateurs itinérants, chanoines réguliers, réformateurs de la vie monastique qui, aux yeux de l'intellectuel qu'il est, pétri de lectures et de souvenirs, ne sont que des caricatures sauvages, incultes, des vrais apôtres, ceux du passé, des vraies origines. Depuis l'Antiquité, le superlatif de *novus, novissimus* a pris le sens de dernier, catastrophique. Le christianisme pousse ce superlatif à un paroxysme de fin du monde. Le traité sur les périls, les calamités des derniers temps *(De periculis novissimorum temporum)* du maître parisien Guillaume de Saint Amour au milieu du XIIIᵉ siècle joue sur le double sens de *novissimus* qui désigne à la fois l'actualité la plus récente et la fin du monde. Mais *nouveau (novus)* a surtout le prestige du juste éclos, du nouveau-né, du pur.

De même, *moderne* est confronté à ce qui relève du *progrès*. Tant que ce terme qui se dégage du latin dans les langues romanes tardivement, au XVIᵉ siècle, se limite à un substantif, il entraîne plus ou moins *moderne* dans son sillage. Le *récent*, opposé au passé, prend ainsi sa place dans une ligne d'évolution positive, mais quand, au XIXᵉ siècle, le substantif engendre un verbe et un adjectif, *progresser, progressiste, moderne* se retrouve en quelque sorte en l'air, à côté de la trajectoire valorisante.

Ainsi, *moderne* aborde les temps de la révolution industrielle coincé entre le *nouveau* dont il n'a pas la fraîcheur et l'innocence et le *progressiste* dont il n'a pas le dynamisme. Il se retrouve face à *antico* dépourvu d'une partie de ses atouts. Mais avant d'examiner la fuite en avant de *moderne* vers la *modernité*, il convient de regarder ce que l'histoire a fait de l'opposition *antique (ancien)/moderne*, et d'analyser le *modernisme* avant la *modernité*.

5 – ANTIQUE (ANCIEN)/MODERNE ET L'HISTOIRE : QUERELLES DES ANCIENS ET DES MODERNES DANS L'EUROPE PRÉINDUSTRIELLE (VIᵉ-XVIIIᵉ SIÈCLE)

Des conflits de générations dressant des « modernes » contre des « anciens » étaient déjà apparus dans l'Antiquité. Horace (*Epi*, II, 1, 76-89) et Ovide (*Art d'aimer*, III, 121) s'étaient plaints du prestige des écrivains anciens, « antiqui », et réjouis de vivre dans leur temps, mais ils n'avaient pas de mot pour « moderne », n'employant pas *novus* en opposition à *antiquus*. C'est au vⁱᵉ siècle qu'apparaît le néologisme *modernus* formé sur *modo* (« récemment ») comme *hodiernus* (« d'aujourd'hui ») sur *hodie* (« aujourd'hui »). Cassiodore parle de « antiquorum diligentissimus imitator, *modernorum* nobilissimus institutor » (*Variae*, IV, 51). Selon l'heureuse expression de E. R. Curtius, *modernus* est « un des derniers legs du bas-latin[8] ». On peut considérer comme un signe de la renaissance caroligienne la prise de conscience de « modernisme » par certains de ses représentants, tel Walahfrid Strabo qui appelle l'époque de Charlemagne « *saeculum modernum* » (« siècle moderne »). Pour un autre auteur du IXe siècle la frontière ne passe pas entre Antiquité et ère chrétienne, mais entre les auteurs anciens (« *veteres* »), aussi bien les païens de l'Antiquité que les chrétiens des premiers siècles, notamment les Pères, et ceux de son temps.

C'est au Moyen Age, du XIIe au XVe siècle, qu'apparaissent deux vagues de conflits entre anciens et modernes. La première se produit au XIIe siècle. Comme l'a noté E. R. Curtius, il y a dans le domaine de la poésie latine après 1170 une véritable querelle des Anciens et des Modernes. Rappelant le mot de Bernard de Chartres sur les nains montés sur les épaules des géants, Alain de Lille condamne la « rudesse moderne » *(modernorum ruditatem)*.

Deux textes d'auteurs notoires de la seconde moitié du XIIe siècle insistant sur le modernisme de leur temps, l'un pour le déplorer, l'autre pour s'en féliciter, soulignent l'âpreté de la première querelle des Anciens et des Modernes. Jean de Salisbury s'écrie : « Voilà que tout devenait nouveau, on renouvelait la grammaire, on bouleversait la dialectique, on méprisait la rhétorique, et l'on promouvait de nouvelles voies pour tout le *quadrivium*, en se débarrassant des règles des anciens ». Mais l'opposition est entre *nova* (les « nouveautés » — sous-entendu pernicieuses) et *priores* (« les maîtres antérieurs »). Gautier Map dans le *De nugis curialium* (entre 1180 et 1192), lui, insiste sur une « modernité » qui est l'aboutissement d'un progrès séculaire : « J'appelle notre époque cette modernité, c'est-à-dire ce laps de cent ans dont la dernière partie existe encore, dont la mémoire récente et manifeste recueille tout ce qui est remarquable... Les cent ans qui se sont écoulés, voilà notre « modernité ». Et voilà le terme de *modernitas* qui attendra le XIXe siècle pour émerger dans les langues vulgaires.

L'opposition, sinon le conflit, persiste dans la scolastique du XIIIe siècle. Thomas d'Aquin et Albert le Grand considèrent comme antiques les maîtres vieux de deux ou trois générations qui ont enseigné à l'université de Paris jusque vers 1220-1230, date à laquelle la révolution intellectuelle de l'aristotélisme leur a substitué les *moderni* parmi lesquels ils se comptent.

Mais c'est au XIVe-XVe siècle qu'apparaissent, dans un même climat culturel sinon en liaison directe les uns avec les autres, plusieurs mouvements qui se réclament ouvertement de la nouveauté ou de la modernité et l'opposent explicitement ou implicitement aux idées et aux pratiques antérieures, anciennes.

D'abord, dans le domaine de la musique où triomphe l'*ars nova* avec Guillaume de Machaut, Philippe de Vitry (auteur d'un traité intitulé *Ars Nova*) et Marchetto de Padoue. Jacques Chailley[9] dit de cet art nouveau que c'est « une conception de musique pure où les mots n'étaient plus qu'un prétexte ». Puis dans celui de la théologie et de la philosophie où s'affirme la *via moderna* par opposition à la *via antica*. Cette voie moderne est suivie par des esprits fort différents mais qui s'engagent tous dans la direction ouverte par Duns Scot rompant avec la scolastique aristotélicienne du XIIe siècle et qui tous, plus ou moins, sont des *nominalistes* ou flirtent avec le nominalisme. De ces « *logici moderni* » ou « *theologi moderni* » ou « *moderniores* » les plus célèbres et les plus significatifs sont Ockham, Buridan, Bradwardine, Grégoire de Rimini, Wyclif. Il faut faire une place à part à Marsile de Padoue dont on a fait le précurseur de l'économie politique moderne, le premier théoricien de la séparation de l'Eglise et de l'Etat, de la laïcisation et qui, dans le *Defensor Pacis* (1324), tend à donner à *modernus* le sens d'*innovateur*. Cette époque est aussi celle de Giotto en qui on a vu au XVIe siècle le premier artiste « moderne ». Vasari en fait « che risuscito la moderna e buona arte della pittura[10] » et Cennino Cennini dans le *Libro dell'arte* le crédite d'avoir « changé l'art de peindre du grec au latin » et de s'être « adapté au moderne », c'est-à-dire d'avoir abandonné la convention pour la « nature », inventé un nouveau langage figuratif. Enfin, au XVe siècle, s'affirme dans le domaine religieux la *devotio moderna* qui est rupture avec la scolastique, la religion pénétrée de « superstition » du Moyen Age et revient aux Pères, à l'ascétisme monastique primitif, épure la pratique et le sentiment religieux, met au premier plan une religion individuelle et mystique.

La Renaissance perturbe cette émergence périodique du *moderne* opposé à l'*antique (ancien)*. En effet, c'est elle qui donne définitivement à *Antiquité* le sens de culture gréco-romaine païenne et privilégie cette culture. Le *moderne* n'a droit à la préférence que s'il imite l'*ancien*. C'est le sens du célèbre passage de Rabelais qui célèbre le renouveau des études anciennes : « Maintenant toutes disciplines sont restituées... ». Le moderne s'exalte à travers l'ancien.

Mais la Renaissance établit une périodisation essentielle entre époque antique et époque moderne. Dès 1341, Pétrarque distingue entre *storia antica* et *storia nova* (histoire *ancienne* et histoire *nouvelle*). Les langues choisiront plus tard tantôt *moderne* (*storia moderna* en italien) tantôt nouveau (« *neuere Geschichte* » en allemand). En tout cas, l'entente entre antique et moderne se fait sur le dos du Moyen Age.

Pétrarque place entre la *storia antica* et la *storia nova* les ténèbres (*tenebras*) qui s'étendent de la chute de l'Empire romain à sa propre époque. Vasari distingue dans l'évolution de l'art occidental une « *maniera antica* » et une « *maniera moderna* » (qui commence avec la *rinascita*, « renaissance », dès le milieu du XIIIᵉ siècle et culmine avec Giotto) que sépare une « *maniera vecchia* » (« vieille manière »).

Cependant, des protestations commencent à s'élever contre cette supériorité attribuée aux Anciens. On veut bien reprendre l'image des « nains montés sur les épaules de géants » mais pour souligner, comme le faisait d'ailleurs Bernard de Chartres au XIIᵉ siècle, que les nains modernes ont au moins sur les géants antiques l'avantage d'une plus longue expérience. Cependant, dès la première moitié du XVIᵉ siècle, l'humaniste espagnol Luis Vives protestait que les hommes de son temps n'étaient pas plus des nains que ceux de l'Antiquité n'étaient des géants et qu'à tout le moins ses contemporains étaient, grâce aux anciens, plus élevés qu'eux (*De causis corruptarum artium*, I, 5). Un siècle plus tard, Gassendi déclare que la nature n'a pas été plus avare à l'égard des hommes de son temps que des hommes de l'Antiquité mais qu'il faut y mettre du zèle et de l'esprit de compétition. Et il reprend l'idée que les modernes peuvent aller plus haut que les géants antiques (*Exercitationes paradoxicae adversus Aristoteleos, lib*. I, *Exercitatio*, II, 13).

La seconde et la plus célèbre des querelles des Anciens et des Modernes éclate à la fin du XVIIᵉ siècle et au début du XVIIIᵉ siècle. Elle dure pratiquement tout au long du siècle des Lumières et aboutit au romantisme. Elle voit triompher les modernes avec le *Racine et Shakespeare* de Stendhal et la Préface de *Cromwell* de Victor Hugo (1827) où l'opposition romantiques-classiques n'est que l'habillage nouveau du conflit modernes-anciens, les cartes étant chronologiquement brouillées puisque le héros des modernes, Shakespeare, est antérieur aux modèles classiques du xviie siècle.

Certes, depuis la fin du xvie siècle, la supériorité des vrais anciens, les gens de l'Antiquité, était ici ou là, battue en brèche. Par exemple au début du xviie siècle, Secondo Lancellotti fonde en Italie la secte des laudateurs du présent, les *Hoggidi*, et publie en 1623 : *L'Hoggidi overo gli ingegni moderni non inferiori ai passati* [11]. Mais la querelle devient à la fin du xviie siècle aiguë surtout en Angleterre et en France. Tandis que Thomas Burnet et William Temple publient respectivement le *Panegyric of Modern Learning in Comparaison of the Ancient* [12] et *An Essay upon the Ancient and Modern Learning* [13], Fontenelle écrit sa *Digression sur les Anciens et les Modernes* (1687) et Charles Perrault, après avoir présenté *Le siècle de Louis le Grand* à l'Académie française, le 27 janvier 1687, qui met le feu aux poudres, récidive avec les *Parallèles des Anciens et des Modernes* (1688).

Face aux partisans des *Anciens* qui ne voient que décadence chez les Modernes, les partisans de ceux-ci ou bien proclament l'égalité entre les deux époques, ou bien font bénéficier les Modernes de la simple accumulation des connaissances et des expériences, ou enfin invoquent l'idée d'un progrès proprement qualitatif.

Première attitude : Perrault dans *Le Siècle de Louis XIV*.

La belle antiquité fut toujours vénérable
Mais je ne crus jamais qu'elle fût adorable
Je vois les anciens, sans plier les genoux,
Ils sont grands, il est vrai, mais hommes comme nous

Et l'on peut comparer sans crainte d'être injuste
Le siècle de Louis au beau siècle d'Auguste.

Deuxième position : Malebranche, par exemple, qui, dès 1674-1675 écrivait dans *La recherche de la vérité* : « Le monde est plus vieux de deux mille ans et il a plus d'expérience que dans le temps d'Aristote et de Platon » ou encore l'abbé Terrasson dans *La philosophie applicable à tous les objets de l'esprit et de la raison* (Paris, 1754) : « Les modernes sont en général supérieurs aux anciens : c'est une proposition hardie dans son énoncé, et modeste dans son principe. Elle est hardie, en ce qu'elle attaque un vieux préjugé ; elle est modeste, en ce qu'elle fait comprendre que nous ne devons point notre supériorité à la mesure propre de notre esprit, mais à l'expérience acquise à la faveur des exemples et des réflexions de ceux qui nous ont précédés ».

Pourtant, même chez les partisans des Modernes, l'idée de vieillesse et de décadence comme courbe explicative de l'histoire, demeurait. Perrault écrit dans les *Parallèles* : « N'est-il pas vrai que la durée du monde est ordinairement regardée comme celle de la vie d'un homme, qu'elle a eu son enfance, sa jeunesse et son âge parfait, et qu'elle est présentement dans sa vieillesse ? ».

Il fallut attendre la veille de la Révolution Française pour que le siècle des Lumières adoptât l'idée de progrès sans restriction. Tocqueville place le tournant décisif en 1780. C'est pourtant dès 1749 que le jeune Turgot avait écrit ses *Réflexions sur l'histoire des progrès de l'esprit humain*. Mais c'est en 1781 que Servan publie son *Discours sur le progrès des connaissances humaines* et le chef-d'œuvre de la croyance au progrès indéfini sera écrit par Condorcet peu avant de mourir : *Esquisse d'un tableau des progrès de l'esprit humain* (1794).

Ce n'est qu'alors que les hommes des Lumières substitueront à l'idée d'un temps cyclique qui rend éphémère la supériorité des anciens sur les modernes l'idée d'un progrès linéaire qui privilégie à chaque instant le moderne.

6 – ANTIQUE (ANCIEN)/MODERNE ET L'HISTOIRE : MODERNISME, MODERNISATION, MODERNITÉ (XIXᵉ-XXᵉ SIÈCLE)

A partir de l'héritage historique de la Querelle des Anciens et des Modernes, la révolution industrielle va changer radicalement l'affrontement *antique (ancien)/moderne* dans la seconde moitié du XIXᵉ siècle et au XXᵉ siècle. Trois nouveaux pôles d'évolution et de conflit apparaissent au tournant du XIXᵉ au XXᵉ siècle : des mouvements d'ordre littéraire, artistique et religieux se réclament ou sont taxés de *modernisme*, terme qui marque le durcissement en doctrine des tendances modernes jusqu'alors diffuses. La rencontre des pays développés et des pays attardés pose en dehors de l'Europe occidentale et des Etats-Unis les problèmes de la *modernisation* qui se radicalisent avec la décolonisation après la Seconde Guerre mondiale. Au sein de l'accélération de l'histoire dans l'aire culturelle occidentale, par entraînement et réaction à la fois, un nouveau concept apparaît et se dilate dans le champ de la création esthétique, de la mentalité et des mœurs : la *modernité*.

6.1 – _Modernisme_

Trois mouvements fort différents se sont — l'un d'entre eux par revendication, les deux autres à leur corps défendant — rangés sous cette étiquette vers 1900 : un mouvement littéraire limité, dans l'aire culturelle hispanique, un ensemble de tendances artistiques dont la principale dénomination fut _Modern Style_, et divers efforts de recherche dogmatique au sein du christianisme et principalement du catholicisme.

1) _Modernismo_

Ce terme « évoque très particulièrement depuis 1890 environ, un ensemble d'écrivains de langue espagnole qui ont choisi cette appellation pour manifester leur commune tendance à un renouvellement des thèmes et des formes » (M. Berveiller, p. 138). Il a compté surtout des poètes et a été particulièrement vivant en Amérique latine. Son principal représentant est le Nicaraguayen Rubén Dario. Ses traits intéressants pour le problème général du couple _antique (ancien)/moderne_ sont les aspects très contrastés de réaction à l'évolution historique. Réaction à la montée du pouvoir de l'argent, des idéaux matérialistes et de la bourgeoisie (le modernisme est un mouvement « idéaliste ») ; réaction à l'irruption des masses dans l'histoire, c'est un mouvement « aristocratique » et esthète (« je ne suis pas un poète pour les masses » dit Rubén Dario dans la Préface aux _Cantos de vida y esperanza_). Mais, en réaction contre la culture de l'Antiquité classique, il choisit ses modèles dans la littérature cosmopolite du XIXᵉ siècle, avec une préférence pour les poètes français du XIXᵉ siècle, surtout de la seconde moitié du XIXᵉ siècle. Rubén Dario affirme : « Verlaine est pour moi beaucoup plus que Socrate. » Réaction à la guerre hispano-américaine de 1898 et à l'amertume née de la défaite espagnole, il est aussi une réaction à l'émergence de l'impérialisme yankee et nourrit les tendances « réactionnaires » de la « génération de 98 » en Espagne et du panaméricanisme latin.

2) *Modernisme*

Stricto sensu, le modernisme est un mouvement interne à l'Eglise catholique dans les premières années du XXᵉ siècle. Le terme apparaît en Italie en 1904 et son emploi culmine dans l'encyclique *Pascendi* du pape Pie X qui le condamne en 1907. Mais il se situe dans la tension de longue durée qui agite le christianisme et plus particulièrement l'Eglise catholique de la Révolution française à nos jours, le IIᵉ Concile du Vatican marquant une étape importante mais non finale dans cette tension. C'est l'aspect catholique du conflit *antique (ancien)/moderne* devenu la confrontation de l'Eglise conservatrice avec la société occidentale de la révolution industrielle. Le terme *moderne* devient au XIXᵉ siècle un terme péjoratif que les chefs de l'Eglise et ses éléments traditionalistes appliquent soit à l'idéologie née de la Révolution française et des mouvements progressistes de l'Europe du XIXᵉ siècle (libéralisme, puis socialisme et naturalisme), soit — et c'est à leurs yeux plus grave — aux catholiques séduits par ces idées ou simplement tièdes à les combattre (par exem-

ple Lamennais). L'Eglise catholique officielle du XIXe
siècle s'affirme *anti-moderne*. Le *Syllabus* de Pie IX
(1864) s'inscrit dans cette attitude. La dernière
« erreur » condamnée est la proposition : « Le Pontife
romain peut et doit se réconcilier et composer avec le
progrès, avec le libéralisme et avec la civilisation
moderne ». Certes *moderne* a encore ici plutôt le sens
neutre de « récente » mais il franchit une étape décisive vers le sens péjoratif. Mais à la fin du XIXe et au
début du XXe siècle, le conflit *antico*/*moderno* à l'intérieur du catholicisme rebondit, se concentre et s'enve-
nime autour de deux problèmes, le dogme et surtout
l'exégèse biblique, l'évolution sociale et politique.

Plus que le catholicisme social ambigu qui ne se
heurte d'ailleurs pas de front à l'Eglise officielle,
munie depuis l'encyclique de Léon XIII *(Rerum Nova-*
rum, 1891) d'une doctrine sociale également ambiguë
mais plus ouverte, c'est le mouvement théologique et
exégétique qui est au centre de la crise du *modernisme*.
La crise vient du « retard de la science ecclésiastique,
comme on disait, par rapport à la culture laïque et aux
découvertes scientifiques... L'occasion en a été la rencontre brutale de l'enseignement ecclésiastique traditionnel avec les jeunes sciences religieuses qui s'étaient
constituées loin du contrôle des orthodoxies et le plus
souvent contre elles, à partir d'un principe révolutionnaire : l'application des méthodes positives à un
domaine, à des textes jusqu'ici considérés comme hors
de leurs prises » (E. Poulat, p. 135-136).

Lié aux problèmes de la liberté de l'enseignement
supérieur (loi de 1875) et de la création de cinq
instituts catholiques, ce modernisme suscita une crise
particulièrement grave en France, avec surtout Alfred
Loisy, élève de Mgr Louis Duchesne, finalement
excommunié en 1902.

Trois phénomènes intéressant le développement du conflit *antique (ancien)/moderne* sont à noter à propos de ce modernisme.

En Italie, le mouvement moderniste débouche sur une action de masse et de propagande et met finalement en cause l'emprise rétrograde de l'Eglise sur la vie politique, intellectuelle et quotidienne. Trois prêtres illustrent les tendances diverses de ce mouvement au début du XXᵉ siècle : le P. Giovanni Semeria, (1867-1931), Romolo Murri (1870-1944), fondateur de la démocratie chrétienne, l'historien Ernesto Buonaiuti (1881-1946) dont le premier fut exilé et les deux autres excommuniés. En Italie, il met donc en cause l'Eglise catholique comme principal obstacle à une modernisation de la société.

D'autre part, le modernisme dilate le champ d'action de *moderne*. En s'opposant plus à *traditionnel* et, dans un sens plus précis religieusement, à *intégriste* qu'à *ancien*. Mais surtout en se prêtant à une gamme de combinaisons et de nuances : on parle par exemple de modernisme ascétique ou de modernisme militaire, de *semi-modernisme*, de *modernisantisme*.

Enfin Emile Poulat a bien dégagé la portée finale du modernisme. A l'intérieur du catholicisme et au-delà, dans tous les milieux occidentaux où son influence se faisait plus ou moins sentir, il restreint le domaine du « croyable » et étend celui du « connaissable ». *Moderne* devient ainsi la pierre de touche d'un remodelage fondamental du champ du savoir.

3) *Modern Style*

On peut — au niveau, si important d'ailleurs, du vocabulaire — contester l'annexion au domaine du

moderne de tout un ensemble de mouvements esthéti-
ques qui, autour de 1900, en Europe et aux Etats-Unis
ont pris ou reçu des noms divers et ne se sont appelés
qu'en France *Modern Style*. Mais la plupart de ces noms
font écho au moderne : *Jugendstil, arte joven, nieuwe
Kunst* — par l'intermédiaire de la jeunesse ou de la
nouveauté — ou évoquent la rupture qu'il implique :
Sezessionstil, style Liberty. Enfin, ces mouvements marquent d'une façon décisive le rejet des traditions
académiques, l'adieu au modèle antique (gréco-
romain) dans l'art. Ils mettent fin en quelque sorte à la
respiration *antique/moderne* dans l'art. Ce qui s'opposera ensuite à eux ne sera pas un retour à l'antique.

R. H. Guerrand [14] a fait sortir le *Modern Style* et ses
voisins d'une double tendance de la seconde moitié du
XIXe siècle : la lutte contre l'académisme et le thème de
l'art pour tous. Il est donc étroitement lié à trois
aspects idéologiques de la révolution industrielle : le
libéralisme, le naturalisme, la démocratie.

Dans cet essai, qui n'est pas une réflexion sur l'art et
son histoire, mais sur les métamorphoses et les significations de l'antithèse *antique (ancien)/moderne*, on ne
retiendra que quelques épisodes, figures et principes
significatifs. Puisque l'ennemi c'est l'Antique, qui a
produit l'artificiel, le chef-d'œuvre, et s'adresse à une
élite, le style moderne sera naturaliste et s'inspirera
d'une nature où prédominent les lignes sinueuses au
détriment des lignes droites ou simples. Il aura pour
but de produire des objets, d'envahir la vie quotidienne et donc d'abolir la barrière entre arts majeurs
et arts mineurs. Enfin, il ne s'adressera pas à une élite,
mais à tous, au peuple, il sera social.

Il naît en Angleterre avec William Morris (1834-
1896), disciple de Ruskin, qui veut changer l'aspect du
home, lance « la révolution décorative », crée à Lon-

dres le premier magasin d'ensembles décoratifs et est à l'origine du *design*.

C'est en Belgique que le mouvement se place sous le signe du moderne avec la fondation en 1881 de la revue *L'Art Moderne*. C'est en Belgique que le lien entre l'art moderne et la politique sociale s'affirme le plus tôt. Un des fondateurs de l'association *La Libre Esthétique*, qui a pour but de promouvoir les nouvelles tendances, est le rédacteur en chef du *Peuple*, organe du Parti ouvrier belge. Victor Horta (1861-1947), architecte qui exploite toutes les ressources du fer et crée des bâtiments qu'il décore et meuble, est un des pionniers de l'art social et le constructeur de la Maison du Peuple à Bruxelles. C'est en Belgique que l'art moderne trouve un architecte et décorateur, Henry Van de Velde (1863-1957), qui, à l'école qu'il dirige à Weimar où lui succédera Gropius, prépare le grand art architectural du XXe siècle, le *Bauhaus*.

Aux Pays-Bas, le *Nieuwe Kunst* utilise des matériaux de toutes sortes : bois, porcelaine, argent et fait triompher les lignes nouvelles dans le livre illustré, le calendrier, l'affiche.

En France, où le Modern Style a d'abord pour capitale Nancy avec ses verriers Gallé (1816-1904), les frères Dareux, l'architecte Victor Prouvé (1858-1943) qui pratique tous les arts, le Modern Style descend dans la rue avec Hector Guimard (1867-1942), le « Ravachol de l'architecture » qui fait des stations du métro parisien des temples de l'art moderne, avec l'affichiste Alphonse Mucha (1860-1939), tandis que le moderne s'empare de la joaillerie et de l'orfèvrerie avec René Lalique (1860-1945) et ouvre boutique avec Samuel Bing (1838-1905) qui impose les objets du Modern Style.

En Allemagne, à Munich, l'art moderne s'allie sous le

signe de la Jeunesse (*Jugendstil*) au pacifisme et à l'anticléricalisme.

En Espagne, ou plutôt en Catalogne, l'art moderne suscite le génie de l'architecture naturiste : Gaudi (1852-1920).

En Italie, le style *Liberty*, du nom d'un marchand anglais qui avait fondé à Londres en 1875 un magasin de décoration, triomphe dans la première Exposition Internationale d'art décoratif moderne (Turin, 1902).

Aux Etats-Unis, la figure exemplaire est celle de Tiffany (1848-1933) dont l' « officine d'art » à New York excelle dans tous les arts dits « mineurs » et assure la promotion du verre soufflé en en faisant le décor de la plus quotidienne des inventions modernes : l'éclairage électrique.

Le *Modern Style*, phénomène éphémère, qui vit moins de vingt ans, entre 1890 et 1910, est rejeté dans l'ombre par un mouvement né du refus de la décoration, des courbes, des efflorescences, qui s'ébauche à Darmstadt en Allemagne et triomphe en Autriche avec Adolphe Loos (1870-1933), qui, sur les ruines de l'ornement, se fait le prophète d'un « siècle neuf » qui sera celui des « grands murs tout blancs », du règne du béton.

Pourtant, le Modern Style, à partir de 1970, sort d'un long purgatoire, pour s'affirmer à nouveau dans le sillage de la *modernité*, grâce à des caractéristiques bien analysées par R. L. Delevoy [15] : le *Kitsch*, « dimension de la gratuité », un système d'objets, des structures d'ambiance, un langage de l'ambiguïté.

L'essentiel ici en effet c'est que l'esprit *antique* s'attachait aux héros, aux chefs-d'œuvre, aux exploits, l'esprit *moderne* désormais se nourrit du quotidien, du massif, du diffus.

6.2 – *Modernisation*

Le premier choc total entre l'antique et le moderne fut peut-être celui des Indiens d'Amérique face aux Européens. Mais le résultat fut net : les Indiens furent vaincus, conquis, réduits ou absorbés. Les différentes formes de l'impérialisme et du colonialisme du XIXe siècle et du début du XXe siècle aboutirent rarement à des effets aussi radicaux. Les nations atteintes par l'impérialisme occidental quand elles avaient plus ou moins préservé leur indépendance, étaient amenées à se poser le problème de leur retard en certains domaines. La décolonisation après la Seconde Guerre mondiale permit aux nouvelles nations d'aborder à leur tour ce problème.

Presque partout les nations attardées se trouvèrent en face de l'équivalence : modernisation = occidentalisation et le problème du moderne fut confronté à celui de l'identité nationale. Presque partout aussi fut distinguée la modernisation sociale et culturelle de l'autre, technologique et économique, matérielle.

Ici encore on ne prendra que quelques exemples destinés à éclairer les avatars du couple *antique ancien/moderne.*

On distinguera — sans se dissimuler le caractère relativement arbitraire de cette distinction — trois types de modernisation : 1) la modernisation équilibrée où la percée réussie de *moderne* n'a pas détruit les valeurs d'*antique* (ancien) ; 2) la modernisation conflictuelle où tout en n'atteignant qu'une partie de la société la tendance vers *moderne* a créé des conflits graves avec les traditions anciennes ; 3) la modernisation tâtonnante qui, sous des formes diverses, cherche à concilier *moderne et antique (ancien)* non à travers un nouvel équilibre général, mais par des choix partiels.

Le modèle de la *modernisation équilibrée* c'est le Japon. Décidée d'en haut dans une société hiérarchique, à un moment où la révolution industrielle et les découvertes du xixe siècle se diffusaient, ce qui permit au Japon de rejoindre rapidement le peloton des nations modernes, la modernisation du Meiji (à partir de 1867) se caractérisa par la « réception des techniques occidentales et la conservation des valeurs propres ». Mais le régime autocratico-militariste qui en sortit subit l'épreuve de la défaite de 1945 qui fut, d'une certaine façon, une crise majeure dans le processus de modernisation du Japon. Aujourd'hui encore, en 1976, la société japonaise, malgré des progrès vers la démocratie politique, vit encore, de façon dangereuse, les tensions inhérentes à un équilibre tendu entre *antique (ancien)* et *moderne*.

Il se peut que d'une autre manière et à partir d'élément beaucoup plus complexes, Israël représente aussi un modèle actuel de modernisation équilibrée. Mais ici les tensions se situent à l'intérieur des composantes géographiques et culturelles du nouveau peuple israélien, entre ces composantes, et globalement, entre les traditions juives (et leur fondement religieux) et la nécessité pour le nouvel Etat d'une modernisation qui est une des garanties essentielles de son existence. Pour les mêmes raisons de survie, Israël doit à tout prix sauvegarder son *antique (ancien)* et son *moderne*.

On peut prendre pour exemple de modernisation conflictuelle la plupart des pays du monde musulman. La modernisation ici est venue le plus souvent non d'un choix mais d'une invasion (militaire ou non) et en tout cas d'un choc de l'extérieur. Presque partout la modernisation a pris la forme de l'occidentalisation, ce qui a donc réveillé ou créé un problème fondamental : Occident ou Orient ? Sans analyser dans le détail ce conflit, on peut dire qu'historiquement, il a revêtu trois formes : au XIXᵉ siècle comme contrecoup de l'impérialisme européen, colonialiste ou non, après la Seconde Guerre mondiale, dans le cadre de la décolonisation et de l'émergence du Tiers Monde, dans les années 70 du XXᵉ siècle avec le boom du pétrole.

Malgré la grande variété des cas musulmans, dans l'ensemble, jusqu'à maintenant, la modernisation n'a touché que quelques secteurs de l'économie et de la vie superficielle des états et des nations, elle n'a séduit que des équipes dirigeantes et des milieux sociaux limités à certaines catégories « bourgeoises ». Elle a exaspéré des nationalismes, creusé le fossé entre les classes, introduit un malaise profond dans la culture.

Jacques Berque et Gustav von Grünebaum, entre autres, ont bien analysé ce malaise. Pour le second la modernisation pose aux peuples et aux nations de l'Islam le problème essentiel de leur identité culturelle. Jacques Berque a retrouvé dans les « langages arabes du présent » la rupture que les économistes déplorent en leur domaine : « secteur moderne »/« secteur traditionnel ». Etudiant les formes littéraires et artistiques modernes dans le monde arabe qui, il y a cent ans, « ignorait la peinture, la sculpture et même la littérature au sens que les temps modernes donnent à ces mots [16] », il montre les contradictions qui dans l'essai, le roman, la musique, le théâtre et paradoxalement dans le cinéma, art sans passé, agitent et, dans une certaine mesure, paralysent la culture. Dans ce monde où « la normalité invoque la référence à l'antique » et où « l'exception procède directement ou indirectement de l'étranger », la modernité n'opère pas comme création mais « comme acculturation, ou transaction entre l'archaïque et l'importé[17] ».

On peut prendre le monde de l'Afrique noire comme le laboratoire de la modernisation tâtonnante. Quelle que soit ici encore la variété des héritages et des orientations, deux données de base dominent le problème *antique (ancien)/moderne :* 1) l'indépendance est très récente, les éléments de modernisme apportés par les colonisateurs sont faibles, discontinus, mal adaptés aux besoins réels des peuples et des nations, bref *moderne* est très jeune ; 2) en revanche le retard historique est grand, *antique (ancien)* est très lourd.

D'où, à travers des formules politiques et idéologiques diverses et même opposées, deux désirs en général : a) trouver ce qui dans *moderne* convient à l'Afrique, pratiquer une modernisation sélective, partielle, lacunaire, empirique ; b) chercher un équilibre spécifiquement africain entre tradition et modernisation.

Malgré d'indéniables réussites, et des efforts considérables, on a parfois l'impression que la modernisation en Afrique noire reste souvent encore au stade d'émouvantes incantations et que l'Afrique non seulement tâtonne mais hésite à faire face autrement que par un mélange d'empirisme et de rhétorique (mais peut-être a-t-elle raison de procéder ainsi et s'agit-il d'un mode spécifique et efficace de modernisation). Par exemple, Amadou Hampaté Ba, alors directeur de l'Institut des Sciences humaines du Mali, déclarait en 1965 : « Qui dit " tradition " dit héritage accumulé pendant des millions d'années par un peuple, et qui dit " modernisme " dit goût ou parfois manie de ce qui est actuel. Je ne pense pas que tout ce qui est moderne soit toujours un progrès absolu par rapport aux coutumes transmises de génération en génération jusqu'à nous. Le modernisme peut être un progrès moral, adminis-

tratif ou technique sur un point donné ou une régression sur ce même point [18] » et encore « La tradition ne
s'oppose pas au progrès ; elle le cherche, elle le
demande, elle le demande à Dieu, et elle est en train
même de le demander au diable [19] ».

Reste peut-être un cas aberrant par rapport au
problème de la modernisation. Si l'on en croit Louis
Dumont, le sens du temps et de l'histoire en Inde a
échappé jusqu'à nous à la notion de progrès. On y
« discutait des mérites respectifs des anciens et des
modernes », mais en quelque sorte à plat, en comparant les uns aux autres sans qu'intervienne aucune idée
de progrès (ou de régression). « L'histoire était seulement un répertoire de hauts faits et de modèles de
conduite, d'exemples [20] » dont les uns se situaient plus
loin, et d'autres plus près, comme ils auraient pu se
situer à droite ou à gauche, au nord ou au sud, dans un
monde non orienté par des valeurs topologiques.

De plus, les conditions de l'indépendance, loin de
simplifier la position du problème de la modernisation, l'ont, selon Louis Dumont, compliqué : « L'adaptation au monde moderne demande aux Indiens un
effort considérable. L'indépendance a créé un malen-
tendu car, en l'obtenant, ils se sont vu reconnaître
comme égaux dans le concert de nations, et ils ont pu
s'imaginer que l'adaptation était, dans l'essentiel,
achevée. La réussite de leur effort était consacrée, il ne
s'agissait plus que d'aménagement. Or c'était le
contraire qui était vrai... Car l'Inde est parvenue à se
débarrasser de la domination étrangère *en réalisant le
minimum de modernisation*. Remarquable réussite
sans doute, due pour une grande part au génie de
Gandhi dont cette formule résume, je crois, la politique [21] ».

Si l'on en croit Louis Dumont, y aurait-il un morceau

important de l'humanité qui aurait échappé jusqu'ici à la dialectique dynamique du couple *antique (ancien)/ moderne* ?

6.3 – *Modernité*

Le terme *modernité* fut lancé par Baudelaire dans son article *Le peintre de la vie moderne* composé pour l'essentiel en 1860 et publié en 1863. Le terme connut un premier succès limité aux milieux littéraires et artistiques dans la seconde moitié du XIXe siècle puis un renouveau et une large diffusion après la seconde guerre mondiale.

Baudelaire — et c'est nouveau — ne cherche pas à justifier la valeur du présent — donc du moderne — par une autre raison que le fait d'être présent. « Le plaisir que nous retirons de la représentation du présent », écrit-il, « tient non seulement à la beauté dont il peut être revêtu, mais aussi à sa qualité essentielle de présent ». Le beau a une partie éternelle mais les « académiciens » (les sectateurs de l'antique) ne voient pas qu'il a aussi nécessairement une partie liée à « l'époque, la mode, la morale, la passion ». Le beau doit être au moins en partie moderne. Qu'est-ce que la modernité ? C'est ce qu'il y a de « poétique dans l'historique », d' « éternel » dans le « transitoire ». La modernité est à tirer de la « mode ». Aussi dans les exemples qu'il donne, Baudelaire parle de la mode féminine, de l' « étude du militaire, du dandy, de l'animal même, chien ou cheval ». Il imprime au sens du moderne une forte poussée vers les comportements, les mœurs, le décor. Chaque époque, dit-il, a « son port, son regard, son geste ». Il faut ne s'intéresser à « l'antique » que pour « l'art pur, la logique, la méthode générale ». Pour le reste, il faut avoir « la mémoire du présent » et étudier soigneusement « tout ce qui compose la vie extérieure d'un siècle ».

La modernité est ainsi liée à la mode, au dandysme, au snobisme. « La mode doit être considérée », souligne Baudelaire, « comme un symptôme du goût de l'idéal surnageant dans le cerveau humain au-dessus de tout ce que la vie naturelle y accumule de grossier, de terrestre et d'immonde... ». On comprend le succès du mot auprès de ces dandys de la culture que furent les frères de Goncourt qui écrivent dans leur *Journal* (1889, p. 901) : « Au fond, le sculpteur Rodin se laisse trop gober par l'antiquaillerie des vieilles littératures, et n'a pas le goût naturel de la modernité qu'avait Carpeaux ».

Et de nos jours, un des chantres de la modernité qui est en même temps un champion de la mode, Roland Barthes, écrit par exemple en parlant de Michelet : « Il a peut-être été le premier des auteurs de la modernité à ne pouvoir que chanter une impossible parole ». La modernité devient ici atteinte des limites, aventure dans la marginalité, et non plus conformité à la norme, refuge dans l'autorité, rassemblement au centre comme y invite le culte de l'*antique*.

La modernité a trouvé son théoricien dans le philosophe Henri Lefebvre dans son *Introduction à la modernité*[22].

Henri Lefebvre distingue *modernité* et *modernisme* : « La modernité diffère du modernisme comme un concept en voie de formulation dans la société diffère des phénomènes sociaux, comme une réflexion diffère des faits... La première tendance — certitude et arrogance — correspond au Modernisme ; la seconde —

interrogation et réflexion déjà critique — à la Modernité. Les deux, inséparables, sont deux aspects du monde moderne » (p. 10).

La modernité, en se tournant vers l'inachevé, l'ébauche, l'ironique, tend ainsi à réaliser, dans le second xxe siècle, au seuil de la société postindustrielle, le programme esquissé par le romantisme. Ainsi le conflit *antique (ancien)/moderne* se retrouve, dans la longue durée, assumant le relais de l'opposition conjoncturelle classique/romantique, dans la culture occidentale.

La modernité est l'aboutissement idéologique du modernisme. Mais, idéologie de l'inachevé, du doute, de la critique, la modernité est aussi élan vers la *création* — rupture déclarée avec toutes les idéologies et les théories de l'*imitation* dont la référence à l'antique et la tendance à l'académisme est la base.

Allant plus loin encore, Raymond Aron pense que l'idéal de la modernité, c'est « l'ambition prométhéenne », « l'ambition pour reprendre la formule antérieure, de devenir maîtres et possesseurs de la nature grâce à la science et à la technique [23] ». Mais c'est ne voir que le côté conquérant de la modernité, et attribuer peut-être à la modernité ce qu'il faut réserver au modernisme. C'est en tout cas inciter à s'interroger, comme on le fera en conclusion, sur les ambiguïtés de la modernité.

7 – LES DOMAINES RÉVÉLATEURS DU MODERNISME

Les formes les plus anciennes de l'affrontement *antique (ancien)/moderne* ont été les querelles des

Anciens et des Modernes, c'est-à-dire que l'affrontement a eu essentiellement lieu sur le terrain littéraire ou plus largement culturel. Jusqu'aux combats récents de la modernité (c'est-à-dire au tournant du XIXe au XXe siècle), la littérature, la philosophie, la théologie, l'art (sans oublier la musique : outre, dès le XIVe siècle, l'*ars nova*, au XVIIIe siècle par exemple Jean-Jacques Rousseau écrit une « Dissertation sur la musique moderne ») ont été surtout en cause dans ces débats et combats, mais ceci est surtout vrai pour l'Antiquité, le Moyen Age et la Renaissance.

A partir de la fin du Moyen Age une vision plus globale — quoique toujours dans le camp des clercs ou des intellectuels — entre dans le champ du conflit. C'est la religion. Certes, la « *devotio moderna* » ne bouleverse pas les fondements du christianisme, la Réforme du XVIe siècle ne se pose pas elle-même comme un mouvement « moderne » (ce serait plutôt l'inverse, avec les références à l'Ancien Testament, à l'Eglise primitive, etc.) et le mouvement « moderniste » du début du XXe siècle lui-même aurait été de portée limitée si les plus hautes autorités de l'Eglise catholique ne lui avaient pas donné une signification qui dépassait ses objectifs. Mais l'entrée du religieux dans le domaine de l'affrontement *antique/moderne* marque l'élargissement du débat.

On n'a pas assez remarqué que, du XVIe au XVIIIe siècle, le débat, tel que le ressentent les contemporains, s'étend à deux nouveaux domaines essentiels.

Le premier c'est l'histoire. On sait que la Renaissance crée le concept de Moyen Age, mais il ne devient nécessaire que pour combler le fossé entre les deux périodes positives, pleines, significatives de l'histoire, l'histoire antique et l'histoire moderne. La vraie nou-

veauté dont le reste découle, c'est l'idée d'une histoire
« moderne ».

Le second c'est la science. Ici encore les progrès de la
science « moderne » ne frappent que l'élite intellectuelle. Toutes les inventions de la fin du XVIIIe et du
XIXe siècle surtout seront connues et perçues par les
masses. Mais Copernic, Kepler, Galilée, Descartes, puis
Newton, convaincront une partie du monde savant que
si Homère, Platon, Virgile demeurent insurpassés,
Archimède ou Ptolémée sont détrônés par les savants
modernes. Les Anglais sont les premiers à s'en apercevoir. Fontenelle, dans la Préface de l'*Histoire de l'Académie des Sciences, depuis 1666 jusqu'en 1699*, met au
premier rang des progrès de l'esprit moderne, dont il
est un des hérauts, « le renouvellement des mathématiques et de la physique ». Il précise : « Descartes et
d'autres grands hommes y ont travaillé avec tant de
succès, que dans ce genre de littérature tout a changé
de face ». Pour lui, le plus important c'est que les
progrès de ces sciences ont retenti sur l'esprit humain
tout entier : « L'autorité a cessé d'avoir plus de poids
que la raison... A mesure que ces sciences ont acquis
plus d'étendue les méthodes sont devenues plus simples et plus faciles. Enfin, les mathématiques n'ont pas
seulement donné, depuis quelque temps, une infinité
de vérités de l'espèce qui leur appartient, elles ont
encore produit assez généralement dans les esprits une
justesse plus précieuse peut-être que toutes ces
vérités ».

La révolution du champ du moderne date du XXe siècle. La modernité considérée jusque-là surtout dans les
« superstructures » se définit désormais à tous les
niveaux, dans ce qui apparaît aux hommes du XXe siècle comme le plus important : l'économie, la politique,
la vie quotidienne, la mentalité.

C'est, comme on l'a vu, avec l'intrusion de la modernité dans le Tiers Monde que le critère économique devient primordial. Et dans le complexe de l'économie moderne, la pierre de touche de la modernité, c'est la mécanisation, et mieux l'industrialisation. Mais, comme Fontenelle voyait dans les progrès de certaines sciences un progrès de l'esprit humain, le critère économique de la modernité est surtout perçu comme un progrès de mentalité. Et ici encore c'est la *rationalisation* de la production qui est retenue comme signe essentiel de modernité. Les grands esprits du xixe siècle l'avaient déjà remarqué, comme l'a noté Raymond Aron : « Auguste Comte tenait l'exploitation rationnelle des ressources naturelles pour le projet prioritaire de la société moderne et Marx a donné du dynamisme permanent, constitutif de l'économie capitaliste, une interprétation qui demeure valable aujourd'hui » (*Les désillusions du progrès*, p. 299). Gino Germani, reprenant un texte publié en 1960 à Rio de Janeiro *(Resistencia a Mudança)*, dit à peu près la même chose : « En *économie* le procès de sécularisation signifie d'abord la différenciation d'*institutions spécifiquement économiques* incorporant la rationalité instrumentale comme un principe fondamental d'action et l'institutionalisation du changement [24] ».

Cette conception « intellectuelle » de la modernité économique a conduit un groupe de spécialistes de sciences sociales à se poser le problème des rapports entre morale protestante et développement économique, élargissant ainsi aux pays non occidentaux contemporains les thèses que Max Weber et R. H. Tawney avaient soutenues pour le xvie et le xviie siècle européen (S.N. Eisenstadt, 1968). Ces thèses, que je crois fausses, ont le mérite de poser le problème des rapports entre la religion et la modernité sur une base plus large que celle des querelles d'exégètes ou de théologiens. Dans la même perspective la modernité peut être recherchée — aujourd'hui — du côté de la démographie. De la famille d'abord : Gino Germani par exemple voit dans la « sécularisation » de la famille (divorce, birth control, etc.) un aspect important du processus de modernisation et lie la famille « moderne » à l'industrialisation, comme le montre, à ses yeux, le cas du Japon. Henri Lefebvre compte parmi les traits saillants de la modernité l'apparition de « la femme moderne [25] ».

Avec ce primat de l'économique et cette définition de la modernité par l'abstraction deux concepts nouveaux entrent en jeu dans l'opposition *antique (ancien)/ moderne* [26].

D'abord, avec l'économie, le *moderne* est mis en rapport non avec le *progrès* en général, mais avec le *développement*, ou, dans un sens plus restreint, selon certains économistes libéraux, la *croissance*. D'autre part, *moderne* n'est plus opposé à *antique* mais à *primitif*.

C'est sur le terrain de la religion que G. Van Leeuw oppose à la « mentalité primitive » incapable d'objectiver, la « mentalité moderne » définie par « la faculté d'abstraction » (*L'homme primitif et la religion. Etude anthropologique*, trad. fr., Paris, 1940, chap. II : *La mentalité « moderne »*, p. 163 sqq.).

Mais le xxᵉ siècle a aussi défini la *modernité* par certaines attitudes politiques. « Il est banal de constater », écrit Pierre Kende [27], « que les structures de la vie moderne sont, directement, le produit de deux séries de révolutions : celle qui est intervenue dans la sphère de la *production* (passage de l'artisanat à l'industrie), et celle qui eut lieu dans la sphère *politique* (remplacement de la monarchie par la démocratie) ».

Il ajoute : « Or l'usage productif suppose le calcul rationnel qui est encore un aspect de la pensée laïque et scientifique ». Marx, dès son article de 1844, *Zur Kritik der hegelschen Rechtsphilosophie (Critique de la philosophie hégélienne du droit)*, écrivait : « L'abstraction de l'Etat comme tel n'appartient qu'aux temps modernes, l'abstraction de l'Etat politique est un produit moderne. Le Moyen Age est le dualisme réel, les temps modernes le dualisme abstrait ».

Raymond Aron, s'il se pose essentiellement le problème de « l'*ordre social* de la *modernité*[28] », part *du fait économique* et plus précisément de la *productivité de travail* et semble aboutir, comme on l'a vu, à l'idée d'*ambition prométhéenne* fondée sur la science et la technique, comme « *source de la modernité* », définit la « *civilisation moderne* » par trois valeurs dont la résonance politique est nette : « *égalité, personnalité, universalité*[29] ».

Christian Vieyra étudiant « structures politiques traditionnelles et structures politiques modernes » en Afrique Noire constate que si la plupart des jeunes Etats africains se sont dotés d'institutions politiques de type occidental (suffrage universel égal et direct, séparation des pouvoirs), la modernisation de ces Etats n'a pas toujours réussi à vaincre un « cercle vicieux » : la transformation de ces Etats en pays modernes supposait l'unité nationale, celle-ci reposant sur des structures (ethnies et chefs) liées à la tradition et opposées à la modernisation.

Depuis Marx, l'Etat moderne se définit plus au moins par le capitalisme. Ainsi n'est-il pas étonnant que pour beaucoup, et parfois naïvement, le modèle des modernismes soit les Etats-Unis et notamment du modernisme politique. Kenneth S. Sherril a ainsi fondé sur une enquête faite aux Etats-Unis une définition du « politically modern man » (l'homme politiquement moderne) dont le principal intérêt est qu'elle risque d'influencer (ou de refléter) la politique étrangère des Etats-Unis.

1 — L'homme politiquement moderne s'identifie avec la communauté politique nationale.

1a — L'homme politiquement moderne sait distinguer entre la sphère personnelle et la sphère politique.

2 — L'homme politiquement moderne a un fort *ego*.

3 — L'homme politiquement moderne a des opinions fermes.

4 — L'homme politiquement moderne est ouvert à autrui.

4a — L'homme politiquement moderne subit fortement l'influence des *mass media*.

En conséquence

4b — L'homme politiquement moderne est bien informé.

5 — L'homme politiquement moderne est fondamentalement optimiste.

5a — L'homme politiquement moderne a foi dans le peuple.

6 — L'homme politiquement moderne a besoin de s'associer à d'autres.

7 — L'homme politiquement moderne est porté à la participation.

8 — L'homme politiquement moderne est concerné par les événements politiques sans en être obsédé ni accablé.

8a — L'homme politiquement moderne est un partisan, mais un « partisan ouvert ».

9 — L'homme politiquement moderne a le sentiment de pouvoir peser sur les décisions des pouvoirs publics.

10 — L'homme politiquement moderne est caractérisé par une foi générale dans le gouvernement [30].

Plus généralement l'Américain est souvent présenté comme le prototype de l'homme moderne, comme « un homme nouveau ».

Enfin, la modernité s'est récemment définie par son caractère massif : c'est une culture de la vie quotidienne et une culture de masse.

Baudelaire, malgré sa définition élitiste, avait dès le début orienté la modernité vers ce qu'Henri Lefebvre, lui-même philosophe de la modernité et de la vie quotidienne, a appelé « la fleur du quotidien ». Les mouvements artistiques de l'Art Nouveau, au tournant du XIXe au XXe siècles, ont également investi la modernité dans les objets autant que les œuvres, la modernité conduit au *design* et au *gadget*. Pierre Kende voit une des caractéristiques de la modernité et une de ses causes d'accélération dans « la diffusion massive des idées », « la communication de masse ». Si MacLuhan s'est trompé en prédisant la désintégration de la galaxie Gutenberg, il a bien souligné le rôle de l'audiovisuel dans la modernité, tout comme Leo Bogart dans *The Age of Television* (1968).

C'est sans doute Edgar Morin qui a le mieux décrit et expliqué la modernité comme « culture de masse ». Il la fait naître aux Etats-Unis dans les années 50 du XXe siècle, puis se répandre dans les sociétés occidentales. Il la définit ainsi : « Les masses populaires urbaines et d'une partie des campagnes accèdent à de nouveaux standards de vie : elles entrent progressivement dans l'univers du bien-être, du loisir, de la consommation, qui jusqu'alors était celui des classes bourgeoises. Les transformations quantitatives (élévation du pouvoir d'achat, substitution accrue du travail de la machine à l'effort humain, augmentation du temps de loisir) opèrent une lente métamorphose qualitative : les problèmes de la vie individuelle, privée, les problèmes de la réalisation d'une vie personnelle se posent, désormais, avec insistance, non plus seulement au niveau des classes bourgeoises, mais de la nouvelle grande couche salariale en développement [31].

Surtout il voit sa principale nouveauté dans le traitement original que la culture de masse fait subir à la relation réel/imaginaire. Cette culture, « grand fournisseur de mythes » (l'amour, le bonheur, le bien-être, le loisir, etc.) ne fonctionne pas seulement du réel vers l'imaginaire, mais aussi en sens inverse. « Elle n'est pas seulement *évasion*, elle est en même temps et contradictoirement *intégration*. »

Enfin le xxᵉ siècle a projeté dans le passé la modernité dans des époques ou des sociétés qui n'avaient pas eu de conscience de modernité ou avaient autrement défini leur modernité. Ainsi, un éminent historien français, Henri Hauser, dota en 1930 le xviᵉ siècle, qui avait porté les Anciens au pinacle et ne s'était reconnu moderne qu'en art, en lettres et en histoire — et par rapport au Moyen Age —, d'une quintuple modernité, une « révolution intellectuelle », une « révolution religieuse », une « révolution morale », une « politique nouvelle », une « nouvelle économie ». Et il concluait : « De quelque côté qu'on le regarde, le xviᵉ siècle nous apparaît donc comme une préfiguration de notre temps. Conception du monde et de la science, morale individuelle et sociale, sentiment des libertés intérieures de l'âme, politique intérieure et politique internationale, apparition du capitalisme et formation d'un prolétariat, nous pourrions ajouter naissance d'une économie nationale, dans tous ces domaines la Renaissance est venue apporter des nouveautés singu-

lièrement fécondes, même lorsqu'elles étaient dangereuses... ».

Mais peut-on parler de modernité là où les modernes
supposés n'ont pas conscience de l'être ou ne le disent
pas ?

8 – LES CONDITIONS HISTORIQUES
D'UNE PRISE DE CONSCIENCE
DE MODERNISME

Il ne s'agit pas ici de tenter d'expliquer les causes des
transformations accélérées des sociétés au cours de
l'histoire ni d'explorer la difficile histoire des mutations des mentalités collectives mais d'essayer d'éclairer la prise de conscience des ruptures avec le passé et
de la volonté collective de les assumer qu'on appelle
modernisme ou modernité.

On retiendra quatre éléments qui entrent souvent en
jeu séparément ou ensemble dans cette prise de conscience.

Le premier c'est la perception de ce qu'il est devenu
banal d'appeler à certaines époques l'accélération de
l'histoire. Mais pour qu'il y ait conflit des modernes et
des anciens, il faut que cette accélération permette un
conflit de générations. C'est la querelle des nominalistes contre les aristotéliciens, des humanistes contre
les scolastiques (rappelons ici la ruse de l'histoire qui
fait des partisans de l'Antiquité les modernes), des
romantiques contre les classiques, des partisans de
l'art nouveau contre les tenants de l'académisme, etc.
L'opposition *antique (ancien)/moderne* qui est un des
conflits à travers lesquels les sociétés vivent leurs

rapports contradictoires avec leur passé devient aiguë quand il s'agit pour les modernes de lutter contre un passé présent, un présent ressenti comme un passé, quand la querelle des anciens et des modernes prend les allures d'un règlement de comptes entre pères et fils.

Le second élément est la pression que des progrès matériels exercent sur les mentalités, contribuant à les transformer. Certes, les mutations de mentalité sont rarement brusques et elles se situent en premier lieu au niveau des mentalités elles-mêmes. Ce qui change c'est l'outillage mental. La prise de conscience de modernité s'exprime le plus souvent en affirmation de la raison — ou de la rationalité — contre l'autorité ou la tradition, c'est la revendication des penseurs « modernes » du Moyen Age contre les « autorités », des hommes des Lumières de Fontenelle à Condorcet, des catholiques modernistes contre les traditionalistes au début du xxᵉ siècle. Mais la modernité peut aussi, pour un Ruysbroeck ou un Gérard Groote, un Baudelaire ou un Roland Barthes, privilégier la mystique ou le contemplatif contre l'intellectualité, « le transitoire, le fugitif, le contingent » contre « l'éternel et l'immuable » (Baudelaire). Henri Lefebvre ajoute l' « aléatoire » comme caractéristique de la modernité moderne. Mais la « révolution » technologique et économique des xiiᵉ-xiiiᵉ siècles, la science du xviiᵉ siècle, les inventions et la révolution industrielle du xixᵉ siècle, la révolution atomique du second xxᵉ siècle sont des stimulants de la prise de conscience de la modernité dont l'action serait à étudier de près.

Dans certains cas un choc extérieur aide à la prise de conscience. La philosophie grecque et les œuvres des penseurs arabes ont sinon déclenché du moins alimenté la prise de conscience « moderniste » des scolas-

tiques médiévaux, les techniques et la pensée occidentale ont créé le conflit anciens/modernes dans les
sociétés non-européennes, l'art japonais et l'art africain ont joué leur rôle dans la prise de conscience de
l'art nouveau occidental autour de 1900.

Enfin l'affirmation de la modernité même si elle
déborde le domaine de la culture est surtout l'affaire
d'un milieu restreint, milieu d'intellectuels ou de
technocrates. Phénomène de prise de conscience d'un
progrès, souvent contemporain d'une démocratisation
de la vie sociale et politique, la modernité reste, au
niveau en tout cas de l'élaboration, le fait d'une
« élite », de groupes, de coteries. Même quand la
modernité a tendance comme aujourd'hui à s'incarner
dans la culture de masse, comme le décèle Edgar
Morin, ceux qui élaborent cette culture, à la télévision,
par l'affiche, le design, la bande dessinée, etc. forment
des milieux restreints d'intellectuels. Ce n'est qu'une
des ambiguïtés de la modernité.

9 – AMBIGUÏTÉ DU MODERNE

Le moderne a d'abord tendance à *se nier*, à *se
détruire*.

Du Moyen Age au XVIIIᵉ siècle un des arguments des
modernes étaient que les Anciens avaient été modernes
en leur temps. Fontenelle par exemple rappelait que
les Latins avaient été modernes par rapport aux Grecs.
En définissant le moderne comme le présent on en
arrive à en faire un *futur* passé. On ne valorise plus un
contenu mais un contenant éphémère.

Baudelaire, en exaspérant ce sens du moderne dans

le concept de modernité, en recourant à la mode pour le définir, condamne le moderne a être un démodé en puissance. « Le plaisir que nous retirons de la représentation du présent tient non seulement à la beauté dont il peut être revêtu, mais aussi à sa qualité essentielle de présent. »

Ainsi, le moderne n'est pas seulement lié à la mode (« Mode et moderne s'attachent au temps et à l'instant, mystérieusement reliés à l'éternel, images mobiles de l'immobile éternité », dit Henri Lefebvre, commentant Baudelaire[32]), il peut difficilement échapper au snobisme.

Il tend à valoriser le nouveau pour le nouveau à évacuer le contenu de l'œuvre, de l'objet, de l'idée. « Puisque le seul intérêt pour l'art moderne », écrit H. Rosenberg[33], « est qu'une œuvre soit nouvelle, et puisque sa nouveauté n'est pas déterminée par une analyse mais par le pouvoir social et la pédagogie, le peintre d'avant-garde exerce son activité dans un milieu totalement indifférent au contenu de son œuvre ».

A la limite, moderne peut désigner n'importe quoi, et notamment de l'ancien. « Tout le monde sait », écrit encore H. Rosenberg[34], « que l'étiquette *art moderne* n'a plus aucun rapport avec les mots qui la composent. Pour être de l'art morderne, une œuvre n'a pas besoin d'être moderne, ni d'être de l'art, pas même d'être une œuvre. Un masque du pacifique sud, vieux de 3 000 ans, répond à la définition de moderne et un morceau de bois trouvé sur une plage devient de l'art ».

Le moderne est pris dans un processus d'accélération sans frein. Il doit être toujours plus moderne et est pris dans un tourbillon vertigineux de modernité.

Autre paradoxe — ou ambiguïté —, le « moderne » au bord du gouffre du présent se retourne vers le passé.

S'il récuse l'ancien, il tend à se réfugier dans l'histoire. Modernité et mode rétro vont de pair. « Cette période qui se dit et se veut entièrement nouvelle se laisse obséder par le passé : mémoire, histoire ».

De même, Jeanne Favret a bien montré sur l'exemple de la politique locale dans l'Algérie rurale qu'on peut tomber dans « le traditionalisme par excès de modernité ». Chez les Kabyles notamment, la pénétration de la révolution industrielle a détruit les structures traditionnelles, mais cent ans après, le traditionalisme reparaît pour remplir non ses anciennes fonctions qui ne trouvent plus à s'exercer mais une fonction nouvelle d'appel à la modernisation.

Surtout les ambiguïtés de la modernité jouent par rapport à la révolution. Comme l'a bien dit Henri Lefebvre, la modernité est « ombre de la révolution, son émiettement et parfois sa caricature ».

Mais aussi paradoxalement cette rupture des individus et des sociétés avec leur passé, cette lecture non révolutionnaire, mais irrespectueuse, de l'histoire peut être, par son imprégnation de la vie culturelle et de la vie quotidienne, pour reprendre le terme d'Edgar Morin, un instrument d'adaptation au changement, d'intégration.

Mémoire

La notion de mémoire est une notion-carrefour.
Bien que le présent essai soit exclusivement consacré à la mémoire telle qu'elle apparaît dans les
sciences humaines — essentiellement en histoire et
en anthropologie — et s'occupe donc surtout des
mémoires collectives plutôt que des mémoires individuelles, il importe de dessiner sommairement la
nébuleuse mémoire dans le champ scientifique global.

Mémoire, propriété de conservation de certaines
informations, renvoie d'abord à un ensemble de
fonctions psychiques grâce auxquelles l'homme peut
actualiser des impressions ou des informations passées qu'il se représente comme passées.

De ce point de vue l'étude de la mémoire relève
de la psychologie, de la psychophysiologie, de la
neurophysiologie, de la biologie et, pour les troubles
de la mémoire, dont le principal est l'amnésie, de la
psychiatrie [1] (cf. C. Flores, article *Mémoire* in *Ency-
clopœdia Universalis*).

Certains aspects de l'étude de la mémoire par
l'une ou l'autre de ces sciences peuvent évoquer, soit
de façon métaphorique, soit de façon concrète, cer-

tains traits et problèmes de la mémoire historique et de la mémoire sociale (Morin-Piattelli-Palmarini).

La notion d'apprentissage, importante pour la phase d'acquisition de la mémoire, conduit à s'intéresser aux divers systèmes d'éducation de la mémoire qui ont existé dans les diverses sociétés et à différentes époques : les mnémotechniques.

Toutes les théories conduisant dans une certaine mesure à l'idée d'une actualisation plus ou moins mécanique des *traces* mnémoniques ont été abandonnées au profit de conceptions plus complexes de l'activité mnémonique du cerveau et du système nerveux : « le processus de mémoire chez l'homme fait intervenir non seulement la mise en place de traces, mais la relecture de ces traces », et « les processus de relecture peuvent faire intervenir des centres nerveux très complexes et une grande partie du cortex », même s'il existe « un certain nombre de centres cérébraux spécialisés dans la fixation de la trace mnésique » (J.-P. Changeux, in E. Morin et M. Piattelli-Palmarini, p. 356).

L'étude notamment de l'acquisition de la mémoire par les enfants a permis de constater le grand rôle tenu par l'intelligence (J. Piaget et B. Inhelder). Dans la ligne de cette thèse, Scandia de Schonen déclare : « La caractéristique des conduites perceptivo-cognitives qui nous semble fondamentale est l'aspect actif, constructif de ces conduites » (De Schonen, p. 294), et elle ajoute : « C'est pourquoi l'on peut conclure en souhaitant que des recherches ultérieures se développent qui traitent du problème des activités mnésiques en les resituant dans l'ensemble des activités perceptivo-cognitives, dans l'ensemble des activités qui visent, soit à s'organiser de façon nouvelle dans une même situation, soit à s'adapter à des situations nouvelles. Ce n'est peut-être qu'à ce prix, que nous comprendrons un jour la nature du souvenir humain qui gêne si prodigieusement nos problématiques » (p. 302).

D'où diverses conceptions récentes de la mémoire, mettant en valeur les aspects de structuration, les activités d'auto-organisation. Les phénomènes de la mémoire, aussi bien sous leurs aspects biologiques que psychologiques ne sont que les résultats de systèmes dynamiques d'organisation et ils n'existent que « dans la mesure où l'organisation les maintient ou les constitue[2] ».

Des savants ont été ainsi amenés à rapprocher la mémoire de phénomènes relevant directement des sciences humaines et sociales.

Ainsi Pierre Janet dans *L'évolution de la mémoire et la notion de temps* (1922) « considère que l'acte mnémonique fondamental est la "conduite de récit" qu'il caractérise tout d'abord par sa *fonction sociale* parce qu'elle est communication à autrui d'une information en l'absence de l'événement ou de l'objet qui en constitue le motif[3] ». Ici intervient le « langage-produit lui-même de la société[4] ». Ainsi, Henri Atlan, étudiant les systèmes auto-organisateurs, rapproche « langages et mémoires » : « L'utilisation d'un langage parlé, puis écrit, est en fait une extension formidable des possibilités de stockage de notre mémoire, qui peut, grâce à cela, sortir des limites physiques de notre corps pour être entreposé soit chez d'autres, soit dans les bibliothèques. Cela veut dire qu'avant d'être parlé ou écrit, un certain langage existe comme forme de stockage de l'information dans notre mémoire » (E. Morin et M. Piattelli-Palmarini, p. 461).

Il est encore plus évident que les troubles de la mémoire qui, à côté de l'amnésie[5], peuvent apparaître aussi au niveau du langage, dans l'aphasie, doivent dans de nombreux cas s'éclairer aussi à la lumière des sciences sociales. D'autre part, au niveau métaphorique mais significatif, de même que l'amnésie est non seulement un trouble chez l'individu mais entraîne des perturbations plus ou moins graves de la personnalité, de même l'absence ou la perte volontaire ou involontaire de mémoire collective chez les peuples et les nations peut entraîner de graves troubles de l'identité collective.

Les liens entre les différentes formes de mémoire peuvent d'ailleurs présenter des caractères non métaphoriques, mais réels. Jack Goody remarque par exemple : « Dans toutes les sociétés, les individus détiennent une grande quantité d'informations dans leur patrimoine génétique, dans la mémoire à long terme et, temporairement, dans la mémoire active [6] ».

André Leroi-Gourhan, dans *La mémoire et les rythmes*, second volet de *Le geste et la parole*, prend à la fois mémoire dans un sens très large et distingue trois types de mémoires : mémoire *spécifique*, mémoire *ethnique*, mémoire *artificielle* : « Mémoire est entendu, dans cet ouvrage, dans un sens très élargi. C'est non pas une propriété de l'intelligence mais, quel qu'il soit, le support sur lequel s'inscrivent les chaînes d'actes. On peut à ce titre parler d'une " mémoire spécifique " pour définir la fixation des comportements des espèces animales, d'une mémoire " ethnique " qui assure la reproduction des comportements dans les sociétés humaines et, au même titre, d'une mémoire " artificielle ", électronique dans sa forme la plus récente, qui assure, sans recours à l'instinct ou à la réflexion, la reproduction d'actes mécaniques enchaînés » (p. 269).

A une époque très récente, les développements de la cybernétique et de la biologie ont enrichi considérablement, surtout métaphoriquement, par rapport à la mémoire humaine consciente, la notion de mémoire. On parle de la mémoire des ordinateurs et le code génétique est présenté comme une mémoire de l'hérédité[7]. Mais cette extension de la mémoire à la machine et à la vie, paradoxalement à la fois, a eu un retentissement direct sur les recherches des psychologues sur la mémoire, passant d'un stade surtout empirique à un stade plus théorique : « A partir de 1950, les intérêts changèrent radicalement, en partie sous l'influence de nouvelles sciences comme la cybernétique et la linguistique, pour prendre une option plus nettement théorique[8] ».

Enfin, les psychologues, les psychanalistes, ont insisté, soit à propos du souvenir, soit à propos de l'oubli (à la suite notamment d'Ebbinghaus), sur les manipulations conscientes ou inconscientes que l'intérêt, l'affectivité, le désir, l'inhibition, la censure exercent sur la mémoire individuelle. De même, la mémoire collective a été un enjeu important dans la lutte des forces sociales pour le pouvoir. Se rendre maître de la mémoire et de l'oubli est une des grandes préoccupations des classes, des groupes, des individus qui ont dominé et dominent les sociétés historiques. Les oublis, les silences de l'histoire sont révélateurs de ces mécanismes de manipulation de la mémoire collective.

L'étude de la mémoire sociale est une des approches fondamentales des problèmes du temps et de l'histoire, par rapport à quoi la mémoire est tantôt en retrait et tantôt en débordement.

Dans l'étude historique de la mémoire historique, il faut accorder une importance particulière aux différences entre sociétés à mémoire essentiellement orale et sociétés à mémoire essentiellement écrite et aux phases de passage de l'oralité à l'écriture, ce que Jack

Goody appelle « la domestication de la pensée sauvage ».

On étudiera donc successivement :

1) la mémoire ethnique, dans les sociétés sans écriture, dites « sauvages »,

2) l'essor de la mémoire, de l'oralité à l'écriture, de la préhistoire à l'Antiquité,

3) la mémoire médiévale, en équilibre entre l'oral et l'écrit,

4) les progrès de la mémoire écrite, du XVIe siècle à nos jours,

5) les débordements actuels de la mémoire.

Cette démarche s'inspire de celle d'André Leroi-Gourhan : « L'histoire de la mémoire collective peut se diviser en cinq périodes : celle de la transmission orale, celle de la transmission écrite avec tables ou index, celle des fiches simples, celle de la mécanographie et celle de la sériation électronique [9] ».

Il m'a paru préférable, pour mieux mettre en valeur les rapports entre mémoire et histoire qui constituent l'horizon principal de cet essai, d'évoquer à part la mémoire dans les sociétés sans écriture anciennes ou modernes, de distinguer dans l'histoire de la mémoire chez les sociétés disposant à la fois de mémoire orale et de mémoire écrite, la phase antique de prédominance de la mémoire orale avec des fonctions particulières de la mémoire écrite ou figurée, la phase médiévale d'équilibre entre les deux mémoires avec des transformations importantes des fonctions de chacune d'elles, la phase moderne de progrès décisifs de la mémoire écrite liée à l'imprimerie et à l'alphabétisation, et en revanche regrouper les bouleversements du dernier siècle de ce que Leroi-Gourhan appelle « la mémoire en expansion ».

I – LA MÉMOIRE ETHNIQUE

Contrairement à Leroi-Gourhan qui emploie ce terme pour toutes les sociétés humaines, je le limite à la désignation de la mémoire collective chez les peuples sans écriture. Notons sans y insister, mais sans oublier l'importance de ce phénomène, que l'activité mnésique, en dehors de l'écriture, est une activité constante non seulement dans les sociétés sans écriture, mais aussi dans celles qui en disposent. Jack Goody l'a récemment rappelé avec pertinence : « Dans la plupart des cultures sans écriture, et dans de nombreux secteurs de la nôtre, l'accumulation d'éléments dans la mémoire fait partie de la vie quotidienne [10] ».

Cette distinction entre cultures orales et cultures écrites en ce qui concerne les tâches assignées à la mémoire me paraît, comme à Jack Goody, fondée sur le fait que les relations entre ces cultures se situent à mi-chemin de deux courants également erronés dans leur radicalisme, « l'un affirmant que tous les hommes ont les mêmes possibilités, l'autre établissant, implicitement ou explicitement, une distinction majeure entre " eux " et " nous [11] " ». La vérité est que la culture des hommes sans écriture est différente, mais qu'elle n'est pas autre.

Le principal domaine où se cristallise la mémoire collective des peuples sans écriture est celui qui donne un fondement à apparence historique à l'existence des ethnies ou des familles, c'est-à-dire les mythes d'origine.

Georges Balandier, évoquant la mémoire historique

des habitants du Kongo, note : « Les commencements
paraissent d'autant plus exaltants qu'ils survivent
moins précisément dans le souvenir. Le Kongo n'a
jamais été aussi vaste qu'au temps de son histoire
obscure [12] ». « Le rituel... accentue certains aspects du
pouvoir. Il évoque ses commencements, son enracine-
ment dans une histoire devenue mythe, et il le sacra-
lise ».

Nadel distingue, à propos des Nupe du Nigeria, deux
types d'histoire : d'une part l'histoire qu'il appelle
« objective » et qui est « la série des faits que nous,
chercheurs, décrivons et établissons en accord avec
certains critères " objectifs, universels, concernant
leurs rapports et leur succession [13] " » et de l'autre
l'histoire qu'il nomme « idéologique » et « qui décrit et
ordonne ces faits en accord avec certaines traditions
établies » (*ibid.*). Cette seconde histoire c'est la
mémoire collective qui tend à confondre l'histoire et le
mythe. Et cette « histoire idéologique » se tourne le
plus volontiers vers « les tout débuts du royaume »,
vers le « personnage de Tsoede ou Edegi, héros culturel
et fondateur mythique du royaume Nupe ». L'histoire
des commencements devient ainsi, pour reprendre une
expression de Malinowski, une « charte mythique » de
la tradition.

Cette mémoire collective des sociétés « sauvages »
s'intéresse aussi particulièrement aux connaissances
pratiques, techniques, au savoir professionnel. Pour
l'apprentissage de cette « mémoire technique »,
comme le remarque André Leroi-Gourhan, « la structuration sociale des métiers joue un rôle important,
qu'il s'agisse des forgerons d'Afrique ou d'Asie, aussi
bien que de nos corporations jusqu'au xviie siècle.
L'apprentissage et la conservation des secrets de
métiers se jouent dans chacune des sciences sociales de

l'ethnie » (*La mémoire et les rythmes*, p. 66). Georges
Condominas a de même rencontré chez les Moïs du
Vietnam central la même polarisation de la mémoire
collective sur le temps des origines, les héros mythiques [14]. Cette attraction du passé ancestral sur la
« mémoire sauvage » se vérifie aussi pour les noms
propres. Au Kongo, note Georges Balandier, après que
le clan ait attribué au nouveau-né un premier nom dit
« de naissance », on lui en donne un second, plus
officiel, qui évince le premier. Ce second nom « perpétue la mémoire d'un ancêtre — dont le nom est ainsi
déterré — choisi en raison de la vénération dont il est
l'objet [15] ».

Dans ces sociétés sans écriture, il y a des spécialistes
de la mémoire, des hommes-mémoires : « Généalogistes, gardiens des codes royaux, historiens de cour,
traditionistes » dont Georges Balandier dit qu'ils sont
« la mémoire de la société » et qu'ils sont à la fois les
conservateurs de l'histoire « objective » et de l'histoire
« idéologique » pour reprendre le vocabulaire de
Nadel [16]. Mais aussi, « chefs de familles âgés, bardes,
prêtres », selon la liste d'André Leroi-Gourhan qui
reconnaît à ces personnages « dans l'humanité traditionnelle, le rôle très important de maintenir la cohésion du groupe [17] ».

Mais il faut souligner que, contrairement à ce que
l'on croit en général, la mémoire transmise par
apprentissage dans les sociétés sans écriture, n'est pas
une mémoire « mot à mot ». Jack Goody l'a prouvé en
étudiant le mythe du Bagre recueilli chez les Lo Dagaa
du nord du Ghana. Il a remarqué les nombreuses
variantes dans les diverses versions du mythe, même
dans les fragments les plus stéréotypés. Les hommes-
mémoires, des conteurs en l'occurrence, ne jouent pas
le même rôle que des maîtres d'école (et l'école

n'apparaît qu'avec l'écriture). Il ne se développe pas autour d'eux un apprentissage mécanique automatique. Mais, selon Jack Goody, il n'y a pas seulement, dans les sociétés sans écriture, des difficultés objectives à la mémorisation intégrale, mot à mot, il y a aussi le fait que « ce genre d'activité est rarement ressenti comme nécessaire », « le produit d'une remémoration exacte » apparaît à ces sociétés comme « moins utile, moins appréciable que le fruit d'une évocation inexacte [18] ». Aussi, repère-t-on rarement l'existence de procédés mnémotechniques dans ces sociétés (un des rares cas est celui, classique dans la littérature ethnologique, du Quipu péruvien). La mémoire collective semble donc fonctionner dans ces sociétés selon une « reconstruction générative » et non une mémorisation mécanique. Ainsi, selon Goody, « le support de la remémoration ne se situe ni au niveau superficiel auquel opère la mémoire du mot à mot, ni au niveau des structures " profondes " que décèlent de nombreux mythologues... il semble au contraire que le rôle important soit joué par la dimension narrative et par d'autres structures événementielles [19] ».

Ainsi, tandis que la reproduction mnémonique mot à mot serait liée à l'écriture, les sociétés sans écriture, à l'exception de certaines pratiques de mémorisation *ne varietur*, dont la principale est le chant, accordent à la mémoire plus de liberté et de possibilités créatives.

Peut-être cette hypothèse expliquerait-elle une notation étonnante de César dans le *De Bello Gallico* (VI, 14). A propos des druides des Gaulois auprès de qui beaucoup de jeunes gens viennent s'instruire, César écrit : « Là, ils apprennent par cœur, à ce qu'on dit, un grand nombre de vers, aussi certains demeurent-ils vingt ans à leur école. Ils estiment que la religion interdit de confier ces cours à l'écriture, alors que pour le reste en général, pour les comptes publics et privés, ils se servent de l'alphabet grec. Ils me paraissent avoir établi cet usage pour deux raisons, parce qu'ils ne veulent ni divulguer leur doctrine, ni voir leurs élèves, se fiant sur l'écriture, négliger leur mémoire ; car il arrive presque toujours que l'aide des textes a pour conséquence un moindre zèle pour apprendre par cœur et une diminution de la mémoire ».

Transmission de savoirs considérés comme secrets, volonté de garder en bonne forme une mémoire plus créatrice que répétitive, n'y a-t-il pas là deux des principales raisons de la vitalité de la mémoire collective dans les sociétés sans écriture ?

II – L'ESSOR DE LA MÉMOIRE, DE L'ORALITÉ À L'ÉCRITURE, DE LA PRÉHISTOIRE À L'ANTIQUITÉ

Dans les sociétés sans écriture, la mémoire collective semble s'ordonner autour de trois grands intérêts : l'identité collective du groupe qui se fonde sur des mythes, et plus particulièrement des mythes d'origine, le prestige des familles dominantes qui s'exprime par les généalogies et le savoir technique qui se transmet par des formules pratiques fortement pénétrées de magie religieuse.

L'apparition de l'écriture est liée à une profonde transformation de la mémoire collective. Dès le « moyen âge paléolithique » apparaissent des figures où l'on a proposé de voir des « mytho-grammes » parallèles à la « mythologie » qui se développe dans

l'ordre verbal. L'écriture permit à la mémoire collective un double progrès, l'essor de deux formes de
mémoire. La première est la commémoration, la célébration par un monument commémoratif d'un événement mémorable. La mémoire prend alors la forme de
l'inscription et a suscité à l'époque moderne une
science auxiliaire de l'histoire, l'épigraphie. Certes, le
monde des inscriptions est très divers. Louis Robert en
a souligné l'hétérogénéité : « Ce sont choses très dissemblables que les runes, l'épigraphie turque de l'Orkhon,
les épigraphies phénicienne ou néopunique ou hébraïque ou sabéenne ou iranienne, ou l'épigraphie arabe ou
les inscriptions khmer[20] ». Dans l'Orient ancien, par
exemple, les inscriptions commémoratives ont donné
lieu à la multiplication de monuments comme les
stèles et les obélisques. La Mésopotamie fut le domaine
des stèles où les rois voulurent immortaliser leurs
exploits au moyen de représentations figurées accom-
pagnées d'une inscription dès le IIIe millénaire comme
en témoigne la stèle des Vautours (Paris, Musée du
Louvre) où le roi Eannatoum de Lagash, vers 2470, a
fait conserver par des images et des inscriptions le
souvenir d'une victoire. Les rois accadiens surtout ont
eu recours à cette forme de commémoration et la plus
célèbre de leurs stèles est celle de Naram-Sin, à Suse,
où le roi a voulu que soit perpétuée l'image d'un
triomphe remporté sur les peuples du Zagros (Paris,
Musée du Louvre). A l'époque assyrienne, la stèle prit
la forme de l'obélisque, tels celui d'Assourbelkala (fin
du IIe millénaire), à Ninive (Londres, British Museum)
et l'obélisque noir de Salmanasar III qui provient de
Nimroud, immortalisant une victoire du roi sur le pays
de Mousri (853, Londres, British Museum). Parfois, le
monument commémoratif est dépourvu d'inscriptions
et sa signification demeure obscure comme dans le cas

des obélisques du temple aux obélisques de Byblos (début du IIe millénaire)[21]. Dans l'Egypte ancienne les stèles ont rempli de multiples fonctions de perpétuation d'une mémoire : stèles funéraires commémorant, comme à Abydos, un pèlerinage à un tombeau familial, ou racontant la vie du mort, comme celle d'Amenemhet sous Thoutmosis III, stèles royales commémorant des victoires comme celle dite d'Israël sous Minephtah (v. 1230 av. J.-C.), seul document égyptien mentionnant Israël, probablement au moment de l'exode, stèles juridiques, comme celle de Karnak (rappelons que la plus célèbres de ces stèles juridiques de l'Antiquité est celle où Hammourabi, roi de la Ire dynastie de Babylone, v. 1792-1750, fit graver son Code, conservée au Musée du Louvre, à Paris), stèles sacerdotales où les prêtres faisaient graver leurs privilèges[22]. Mais la grande époque des inscriptions fut celle de la Grèce et de la Rome antiques à propos de quoi Louis Robert a dit « on pourrait parler pour les pays grecs et romains d'une civilisation de l'épigraphie[23] ». Dans les temples, les cimetières, les places et les avenues des villes, le long des routes et jusque « au plus profond de la montagne, dans la grande solitude », les inscriptions s'accumulaient et encombraient le monde gréco-romain d'un effort extraordinaire de commémoration et de perpétuation du souvenir. La pierre, le marbre le plus souvent, servait de support à une surcharge de mémoire. Ces « archives de pierre » ajoutaient à la fonction des archives proprement dites un caractère de publicité insistante, misant sur l'ostentation et la durabilité de cette mémoire lapidaire et marmoréenne.

L'autre forme de mémoire liée à l'écriture est le document écrit sur un support spécialement destiné à l'écriture (après des essais sur os, étoffe, peau, cendres

et lettres d'argile ou de cire, en Mésopotamie, écorce
de bouleau comme dans la Russie ancienne, feuilles
de palmier comme en Inde, ou écailles de tortues
comme en Chine, et finalement papyrus, parchemin
et papier). Mais il importe de noter que comme j'ai
tenté de le montrer[24], tout document a en lui un
caractère de monument et qu'il n'y a pas de
mémoire collective brute.

Dans ce type de document, l'écriture a deux fonctions principales : « l'une est le stockage de l'information, qui permet de communiquer à travers le
temps et l'espace et qui fournit à l'homme un procédé de marquage, de mémorisation et d'enregistrement », l'autre est « en assurant le passage du
domaine auditif au domaine visuel », de permettre
« d'examiner autrement, de réarranger, de rectifier
des phrases et même des mots isolés[25] ».

Pour André Leroi-Gourhan, l'évolution de la
mémoire, liée à l'apparition et à la diffusion de
l'écriture, dépend essentiellement de l'évolution
sociale et singulièrement du développement urbain :
« La mémoire collective, au début de l'écriture, n'a
pas à rompre son mouvement traditionnel, sinon
pour ce qu'il y a intérêt à fixer exceptionnellement
dans un système social naissant. Ce n'est donc pas
par coïncidence que l'écriture note ce qui ne se
fabrique ni se vit normalement, mais ce qui fait
l'ossature d'une société urbanisée, pour laquelle le
nœud du système végétatif est dans une économie
de circulation entre producteurs, célestes ou
humains, et dirigeants. L'innovation porte sur la
tête du système et englobe sélectivement les actes
financiers et religieux, les dédicaces, les généalogies,
le calendrier, tout ce qui, dans les structures nouvelles des cités, n'est fixable mémorativement de

manière complète ni dans des chaînes de gestes ni dans des produits [26] ».

Les grandes civilisations, en Mésopotamie, Egypte, Chine ou Amérique précolombienne, ont d'abord utilisé la mémoire écrite pour le calendrier et les distances. « La somme des faits qui doivent franchir les générations successives » se limite à la religion, l'histoire et la géographie. « Le triple problème du temps, de l'espace et de l'homme constitue la matière mémorable [27] ».

Mémoire urbaine, mémoire royale aussi. Non seulement « la ville capitale devient le pivot du monde céleste et de l'étendue humanisée » — ajoutons le foyer d'une politique de la mémoire — mais le roi lui-même, sur toute l'étendue sur laquelle il a autorité, déploie un programme de mémoration dont il est le centre.

Les rois se constituent des institutions-mémoires : archives, bibliothèques, musées. Zimri-Lim (v. 1782/ 1759) fait de son palais de Mari où l'on a retrouvé d'innombrables tablettes, un centre archivistique. A Ras-Shamra, en Syrie, les fouilles du bâtiment des archives royales d'Ougarit ont permis de repérer trois dépôts d'archives dans le palais : archives diplomatiques, financières et administratives. Dans ce même palais, il y avait une bibliothèque au IIe millénaire avant notre ère et au VIIe siècle avant J.-C. la bibliothèque d'Assurbanipal à Ninive était célèbre. A l'époque hellénistique brillent la grande bibliothèque de Pergame fondée par Attale et la célèbre bibliothèque d'Alexandrie combinée avec le fameux Musée, création des Ptolémées.

Mémoire royale car les rois font composer et parfois graver dans la pierre (au moins par extraits) des *Annales* où sont surtout narrés leurs exploits et qui nous amènent à la frontière où la mémoire devient « histoire [28] ».

Dans l'Orient ancien avant le milieu de IIe millénaire, il n'y a que des listes dynastiques et des récits légendaires de héros royaux comme Sargon ou Naram-Sim. Puis les souverains font rédiger par leurs scribes des récits plus détaillés de leurs règnes où émergent victoires militaires, bienfaits de leur justice et progrès du droit, les trois domaines dignes de fournir des exemples mémorables aux hommes à venir. En Egypte, il semble que depuis l'invention de l'écriture, un peu avant le début du IIIe millénaire, jusqu'à la fin de la royauté indigène à l'époque romaine, des *Annales* royales aient été rédigées continûment. Mais l'exemplaire sans doute unique conservé sur le papyrus fragile a disparu. Il n'en reste que quelques extraits gravés sur la pierre [29].

En Chine, les anciennes annales royales sur bambou datent sans doute du IXe siècle avant notre ère, elles comportaient surtout des questions et des réponses des oracles qui formèrent « un vaste répertoire de recettes de gouvernement » et « la qualité d'archiviste échut peu à peu aux devins : ils étaient les gardiens des événements mémorables propres à chaque règne [30] ». Mémoire funéraire, enfin, comme en témoignent, entre autres, les stèles grecques et les sarcophages romains — mémoire qui a joué un rôle capital dans les développements du portrait.

Avec le passage de l'oral à l'écrit, la mémoire collective et plus particulièrement la « mémoire artificielle » est profondément transformée. Jack Goody pense que l'apparition de procédés mnémotechniques permettant la mémorisation « mot à mot » est liée à l'écriture (cf. *supra* p. 114). Mais il estime que l'existence de l'écriture « implique aussi des modifications à l'intérieur même du psychisme » et « qu'il ne s'agit pas simplement d'une nouvelle *habileté technique*, de quelque chose de comparable, par exemple, à un procédé mnémotechnique, mais d'une nouvelle *aptitude* intellectuelle [31] ». Au cœur de cette nouvelle activité de l'esprit, Jack Goody place la *liste*, la suite de mots, de concepts, de gestes, d'opérations à effectuer dans un certain *ordre* et qui permet de « décontextualiser » et de « recontextualiser » un donné verbal, à l'image d'un « recodage linguistique ». A l'appui de cette thèse, il rappelle l'importance dans les civilisations antiques des listes lexicales, des glossaires, des traités d'onomastique reposant sur l'idée que nommer c'est connaître. Il souligne la portée des listes sumériennes dites « Proto-Izi » et y voit un des instruments du rayonnement mésopotamien : « Ce genre de méthode éducative reposant sur la mémorisation de listes lexicales eut une aire d'extension débordant largement la Mésopotamie et joua un rôle important dans la diffusion de la culture mésopotamienne et l'influence qu'elle exerça sur les zones voisines : Iran, Arménie, Asie Mineure, Syrie, Palestine et même l'Egypte à l'époque du Nouvel Empire [32] ».

Ajoutons que ce modèle doit être nuancé selon le type de société et le moment historique où se fait le passage d'un type de mémoire à l'autre. On ne peut l'appliquer sans diversification au passage de l'oral à l'écrit dans les sociétés antiques, dans les sociétés « sauvages » modernes ou contemporaines, dans les sociétés européennes médiévales, ou dans les sociétés musulmanes. Dale F. Eickelman a montré que dans le monde musulman un type de mémoire fondé sur la mémorisation d'une culture à la fois orale et écrite dure jusque vers 1930 puis change et rappelle les liens fondamentaux entre école et mémoire dans toutes les sociétés.

Les plus anciens traités d'onomastique égyptiens, peut-être inspirés par des modèles sumériens, ne datent que d'environ 1100 av. J.-C. Celui d'Amenope a été publié par Maspéro sous le titre significatif « *Un manuel de hiérarchie égyptienne*[33] ».

On doit, en effet, se demander à quoi est liée à son tour cette transformation de l'activité intellectuelle révélée par la « mémoire artificielle » écrite. On a songé au besoin de mémorisation des valeurs numériques (entailles régulières, cordes nouées, etc.) et pensé à un lien avec le développement du commerce. Il faut aller plus loin et replacer cette expansion des *listes* dans l'installation du pouvoir monarchique. La mémorisation par l'inventaire, la liste hiérarchisée, n'est pas seulement une activité d'organisation nouvelle du savoir mais un aspect de l'organisation d'un pouvoir nouveau.

C'est aussi à la période royale qu'il faut faire remonter dans la Grèce antique ces listes dont on trouve l'écho dans les poèmes homériques.

Au chant II de l'*Iliade*, on trouve successivement le catalogue des vaisseaux, puis le catalogue des meilleurs guerriers et des meilleurs chevaux achéens, et tout de suite après le catalogue de l'armée troyenne. «L'ensemble forme à peu près la moitié du chant II, en tout près de 400 vers, composés presque exclusivement d'une suite de noms propres, ce qui suppose un véritable entraînement de la mémoire » (J.-P. Vernant, 1965, p. 55-56). Avec les Grecs, on perçoit de façon saisissante l'évolution dans une histoire de la mémoire collective. Transposant une étude d'Ignace Meyerson (*Journal de Psychologie*, 1956) de la mémoire individuelle à la mémoire collective telle qu'elle apparaît dans la Grèce antique, J.-P. Vernant souligne : « La mémoire, en tant qu'elle se distingue de l'habitude, représente une difficile invention, la conquête progressive par l'homme de son passé individuel, comme l'histoire constitue pour le groupe social la conquête de son passé collectif » (*Ibid*, p. 51). Mais chez les Grecs, de même que la mémoire écrite vient s'ajouter — en la transformant — à la mémoire orale, l'histoire vient relayer — en la modifiant, mais sans la détruire — la mémoire collective. On n'en peut que mieux étudier les fonctions et l'évolution de celle-ci. Divinisation, puis laïcisation de la mémoire, naissance de la mnémotechnie, tel est le riche tableau qu'offre la mémoire collective grecque entre Hésiode et Aristote, entre le VIIIe et le IVe siècle.

Le passage de la mémoire orale à la mémoire écrite est certes difficile à saisir. Mais une institution et un texte peuvent peut-être nous aider à reconstruire ce qui a pu se passer dans la Grèce archaïque.

L'institution c'est celle du mnémon qui « permet d'observer l'avènement dans le droit d'une fonction sociale de la mémoire[34] ». Le mnémon est une personne qui garde le souvenir du passé en vue d'une décision de justice. Ce peut être une personne dont le rôle de « mémoire » est limité à une opération occasionnelle. Par exemple Théophraste signale que dans la loi du Thurium les trois plus proches voisins du fonds vendu reçoivent une pièce de monnaie « en vue de *souvenir* et de *témoignage* ». Mais ce peut être aussi une fonction durable. L'apparition de ces fonctionnaires de la mémoire rappelle des phénomènes que nous avons déjà évoqués : le lien avec le mythe, le lien avec l'urbanisation. Dans la mythologie et la légende, le *mnémon* est le serviteur d'un héros qui l'accompagne sans cesse pour lui rappeler une consigne divine dont l'oubli entraînerait la mort. Les *mnémons* sont utilisés par les cités comme magistrats chargés de conserver dans leur mémoire ce qui est utile en matière religieuse (pour le calendrier notamment) et juridique. Avec le développement de l'écriture, ces « mémoires vivantes » se transforment en archivistes.

D'autre part, Platon dans le *Phèdre* (274 C — 275 B), place dans la bouche de Socrate la légende de l'invention par le dieu égyptien Thot, patron des scribes et des fonctionnaires lettrés, des nombres, du calcul, de la géométrie et de l'astronomie, des jeux de tables et de dés et de l'alphabet. Et il souligne que, ce faisant, le Dieu a transformé la mémoire mais a sans doute contribué à l'affaiblir plus qu'à la développer : l'alphabet « en dispensant les hommes d'exercer leur mémoire, produira l'oubli dans l'âme de ceux qui en auront acquis la connaissance, en tant que, confiants dans l'écriture, ils chercheront au-dehors, grâce à eux-mêmes, le moyen de se ressouvenir ; en conséquence, ce n'est pas pour la mémoire, c'est plutôt pour la procédure du ressouvenir que tu as trouvé un remède ». On a pensé que ce passage évoquait une survivance des traditions de mémoire orale (J.A. Notopoulos, p. 476).

Le plus remarquable est sans doute « la divinisation de la mémoire et l'élaboration d'une vaste mythologie de la réminiscence dans la Grèce archaïque » comme le dit bien J.-P. Vernant, qui généralise son observation : « Aux diverses époques et dans les diverses cultures, il y a solidarité entre les techniques de remémoration pratiquées, l'organisation interne de la fonction, sa place dans le système du moi et l'image que les hommes se font de la mémoire » (1965, p. 51).

Les Grecs de l'époque archaïque ont fait de Mémoire une déesse : *Mnémosunè*. C'est la mère des 9 muses, qu'elle a procréées au cours de 9 nuits passées avec Zeus. Elle rappelle aux hommes le souvenir des héros et de leurs hauts faits, elle préside à la poésie lyrique [35]. Le poète est donc un possédé de la mémoire, l'aède est un devin du passé, comme le devin l'est de l'avenir. Il est le témoin inspiré de l' « ancien temps », de l'âge héroïque et, par-delà, de l'âge des origines.

La poésie identifiée à la mémoire fait de celle-ci un savoir et même une sagesse, une *sophia*. Le poète prend place parmi les « maîtres de vérité [36] » et aux origines de la poétique grecque la parole poétique est une inscription vivante qui s'inscrit dans la mémoire comme dans le marbre (J. Svenbro). On a dit que pour Homère « versifier était se souvenir ». Mnémosyne en révélant au poète les secrets du passé l'introduit aux mystères de l'au-delà. La mémoire apparaît alors comme un don pour initiés et l'*anamnésis*, la réminiscence, comme une technique ascétique et mystique. Aussi la Mémoire joue-t-elle un rôle de premier plan dans les doctrines orphiques et pythagoriciennes. Elle est l'antidote de l'Oubli. Dans l'enfer orphique le mort doit éviter la source d'oubli, ne pas boire au *Lethé* mais au contraire s'abreuver à la fontaine de Mémoire, qui est une source d'immortalité.

Chez les Pythagoriciens, ces croyances se combinent avec une doctrine de réincarnation des âmes et la voie de perfection est celle qui conduit à se souvenir de toutes les vies antérieures. Ce qui faisait de Pythagore, aux yeux des adeptes de ces sectes, un être intermédiaire entre l'homme et Dieu, c'est qu'il avait conservé le souvenir de ses réincarnations successives, notamment de son existence, pendant la guerre de Troie, sous la figure d'Euphorbe que Méné-

las avait tué. Empédocle lui aussi se souvenait :
« Vagabond exilé du divin séjour... je fus autrefois déjà
un garçon et une fille, un buisson et un oiseau, un muet
poisson dans la mer... ».

Aussi dans l'apprentissage pythagoricien les « exercices de mémoire » tenaient une grande place. Epimé-
nide, selon Aristote (*Rhétorique*, III, 17, 10), parvenait
ainsi à une extase remémoratrice.

Mais, comme le remarque avec profondeur J.-P. Vernant, « la transposition de Mnémosuné du plan de la
cosmologie à celui de l'eschatologie modifie tout
l'équilibre des mythes de mémoire » (1965, p. 61).

Cette mise hors du temps de la Mémoire sépare
radicalement la mémoire de l'histoire. La divinisation
mystique de la mémoire empêche tout « effort d'exploration du passé » et « la construction d'une architecture du temps » (J.-P. Vernant, 1965 p. 73-74). Ainsi,
selon son orientation, la mémoire peut-elle conduire à
l'histoire ou en détourner. Quand elle se met au service
de l'eschatologie elle se nourrit elle aussi d'une véritable haine de l'histoire [37].

La philosophie grecque, chez ses plus grands penseurs, n'a guère réconcilié la mémoire et l'histoire. Si
la mémoire chez Platon et chez Aristote relève de
l'âme, elle ne se manifeste pas au niveau de sa partie
intellectuelle mais seulement de sa partie sensible.
Dans un passage célèbre du *Théétète* (191 C-D) de
Platon, Socrate parle du bloc de cire qui existe dans
notre âme et qui est « le don de la mémoire, mère des
Muses » et qui nous permet d'avoir des impressions
comme avec un sceau annulaire. La mémoire platoni-
cienne a perdu son aspect mythique, mais elle ne
cherche pas à faire du passé une connaissance, elle
veut échapper à l'expérience temporelle.

Pour Aristote, qui distingue la mémoire à proprement parler, la *mnème,* simple pouvoir de conservation du passé et la réminiscence, l'*anamnèsis,* rappel volontaire de ce passé, la mémoire, désacralisée, laïcisée, est « maintenant incluse dans le temps, mais dans un temps qui reste, pour Aristote encore, rebelle à l'intelligibilité » (J.-P. Vernant, 1965, p. 78). Mais son traité traduit en latin *De memoria et reminiscentia* apparaîtra aux grands scolastiques du Moyen Age, Albert le Grand et Thomas d'Aquin, comme un Art de mémoire comparable à la *Rhétorique à Herennius* attribuée à Cicéron.

Mais cette laïcisation de la mémoire combinée avec l'invention de l'écriture permet à la Grèce de créer de nouvelles techniques de mémoire, la mnémotechnie. On attribue cette invention au poète Simonide de Céos (v. 556-468). La *Chronique de Paros* gravée sur une table de marbre vers 264 avant J.-C. précise même qu'en 477 « Simonide de Céos, fils de Leoprepe, l'inventeur du système des aides mnémoniques, remporta le prix du chant choral à Athènes ». Simonide était encore proche de la mémoire mythique et poétique, il composa des chants à l'éloge des héros victorieux, et des chants funèbres, par exemple à la mémoire des soldats tombés aux Thermopyles. Cicéron, dans le *De Oratore* (II, LXXXVI) a raconté sous la forme d'une légende religieuse, l'invention de la mnémotechnie par Simonide. Pendant un banquet offert par un noble de Thessalie, Scopa, Simonide chanta un poème à la louange de Castor et Pollux. Scopa dit au poète qu'il ne lui paierait que la moitié du prix convenu et qu'il n'avait qu'à demander l'autre moitié aux Diosures eux-mêmes. Peu après on vint chercher Simonide en lui disant que deux jeunes gens le réclamaient. Il sortit et ne vit personne. Mais pendant qu'il était dehors, le toit de la maison s'effondra sur Scopa et ses invités dont les cadavres écrasés étaient méconnaissables. Simonide, se rappelant dans quel ordre ils étaient assis, les identifia et on put les remettre à leurs parents respectifs[38].

Ainsi, Simonide fixait deux principes de la mémoire artificielle selon les anciens : le souvenir des *images*, nécessaire à la mémoire, l'appui sur une *organisation*, un *ordre*, essentiel pour une bonne mémoire. Mais Simonide avait accéléré la désacralisation de la mémoire et accentué son caractère technique et professionnel en perfectionnant l'alphabet et en se faisant le premier payer ses poèmes (J.-P. Vernant, 1965, p. 78, n. 98).

A Simonide serait due une distinction capitale dans la mnémotechnie, celle entre les *lieux de mémoire* où l'on peut par association placer les objets de la mémoire (le zodiaque devait fournir bientôt un tel cadre à la mémoire, tandis que la mémoire artificielle se constituait comme un édifice divisé en « chambres de mémoire ») et les *images*, formes, traits caractéristiques, symboles qui permettent le rappel mnémonique.

Après lui serait apparue une autre grande distinction de la mnémotechnie traditionnelle, celle entre « mémoire par les choses » et « mémoire par les paroles » que l'on rencontre par exemple dans un texte d'environ 400 avant J.-C., la Dialexeis (F. Yates, p. 41).

Curieusement, aucun traité de mnémotechnique de la Grèce ancienne ne nous est parvenu, ni celui du sophiste Hippias qui, selon Platon (*Hippias mineur*, 368 b sqq), inculquait à ses élèves un savoir encyclopédique grâce à des techniques de remémoration ayant un caractère purement positif, ni celui de Metrodore de Sceptis qui vivait au 1er siècle avant J.-C. à la cour du roi du Pont, Mithridate, lui-même doté d'une mémoire fameuse et mit au point une mémoire artificielle fondée sur le zodiaque.

Nous sommes surtout renseignés sur la mnémotechnie grecque par les trois textes latins qui, pour des siècles, ont mis au point la théorie classique de la mémoire artificielle (expression qui leur est due : *memoria artificiosa*), la Rhétorique *Ad Herennium* compilée par un maître anonyme à Rome entre 86 et 82 avant J.-C. et que le Moyen Age attribuait à Cicéron, le *De Oratore* de Cicéron lui-même (55 avant J.-C.) et l'*Institutio Oratoria* de Quintilien à la fin du Ier siècle de notre ère.

Ces trois textes mettent au point la mnémotechnie grecque, fixant la distinction entre *lieux* et *images* (*loci* et *imagines*), précisant le caractère actif de ces images dans le processus de remémoration (*images actives*, *imagines agentes*) et formalisant la division entre mémoire des choses (*memoria rerum*) et mémoire des mots (*memoria verborum*).

Surtout ils placent la mémoire dans le grand système de la *rhétorique* qui allait dominer la culture antique, renaître au Moyen Age (XIIe-XIIIe siècle), connaître une nouvelle vie de nos jours chez les sémioticiens et autres nouveaux rhétoriqueurs [39]. La mémoire est la cinquième opération de la rhétorique : après l'*inventio* (trouver quoi dire), la *dispositio* (mettre en ordre ce qu'on a trouvé) ; l'*elocutio* (ajouter l'ornement des mots, des figures), l'*actio* (jouer le discours comme un acteur par des gestes et la diction), et enfin la *memoria* (*memoriae mandare*, confier à la mémoire). Roland Barthes note : « Les trois premières opérations sont les plus importantes... les deux dernières (*actio* et *memoria*) ont été vite sacrifiées, dès lors que la rhétorique n'a plus seulement porté sur les discours parlés (déclamés) d'avocats ou d'hommes politiques ou de " conférenciers " (genre épidictique) mais aussi, puis à peu près exclusivement, sur des œuvres (écrites). Nul doute pourtant que ces deux parties ne présentent un grand intérêt... la seconde parce qu'elle postule un niveau des stéréotypes, un inter-textuel, fixe, transmis mécaniquement ». (*L'ancienne rhétorique*, p. 197).

Il ne faut enfin pas oublier qu'à côté de l'émergence spectaculaire de la mémoire au sein de la rhétorique, c'est-à-dire d'un art de la parole lié à l'écrit, la mémoire collective poursuit son essor à travers l'évolution sociale et politique du monde antique. Paul Veyne a souligné la confiscation de la mémoire collective par les empereurs romains, notamment par le moyen du monument public et de l'inscription, dans ce délire de la mémoire épigraphique. Mais le Sénat romain, brimé et parfois décimé par les empereurs, trouve une arme contre la tyrannie impériale. C'est la *damnatio memoriae* qui fait disparaître le nom de l'empereur défunt des documents d'archives et des inscriptions monumentales. Au pouvoir par la mémoire répond la destruction de la mémoire.

III – LA MÉMOIRE MÉDIÉVALE EN OCCIDENT

Tandis que la mémoire sociale « populaire » ou plutôt « folklorique » nous échappe presque entièrement, la mémoire collective formée par les couches dirigeantes de la société subit au Moyen Age de profondes transformations.

L'essentiel vient de la diffusion du christianisme comme religion et comme idéologie dominante et du quasi-monopole que l'Eglise acquiert dans le domaine intellectuel.

Christianisation de la mémoire et de la mnémotechnie, répartition de la mémoire collective entre une
mémoire liturgique tournant en rond et une mémoire
laïque à faible pénétration chronologique, développement de la mémoire des morts et d'abord des morts
saints, rôle de la mémoire dans l'enseignement articulé
à la fois sur l'oral et l'écrit, apparition enfin de traités
de mémoire *(artes memoriae)*, tels sont les traits les
plus caractéristiques des métamorphoses de la
mémoire au Moyen Age.

Si la mémoire antique fut fortement pénétrée de
religion, le judéo-christianisme apporte quelque chose
de plus et d'autre dans la relation entre la mémoire et
la religion, entre l'homme et Dieu [40]. On a pu décrire le
judaïsme et le christianisme, religions ancrées historiquement et théologiquement dans l'histoire, comme
des « religions du souvenir » (O. G. Oexle, p. 80). Et
ceci à plusieurs égards, parce que « des actes divins de
salut situés dans le passé forment le contenu de la foi et
l'objet du culte » mais aussi parce que le Livre saint
d'une part, la tradition historique de l'autre, insistent,
en des points essentiels, sur la nécessité du souvenir
comme démarche religieuse fondamentale.

Dans l'Ancien Testament, c'est surtout le *Deutéro-
nome* qui appelle au devoir du souvenir et de la
mémoire constituante : mémoire qui est d'abord
reconnaissance à Yahvé, mémoire fondatrice de l'identité juive : « Garde-toi d'oublier Yahvé ton Dieu en
négligeant ses commandements, ses coutumes et ses
lois... » (8, 11), « N'oublie pas alors Yahvé ton Dieu qui
t'a fait sortir du pays d'Egypte, de la maison de
servitude... » (8, 14), « Souviens-toi de Yahvé ton Dieu :
c'est lui qui t'a donné cette force, pour agir avec
puissance, gardant ainsi, comme aujourd'hui, l'alliance jurée à tes pères. Certes, si tu oublies Yahvé ton

Dieu, si tu suis d'autres Dieux, si tu les sers et te prosternes devant eux, j'en témoigne aujourd'hui contre vous, vous périrez » (8, 18-19). Mémoire de la colère de Yahvé : « Souviens-toi. N'oublie pas que tu as irrité Yahvé ton Dieu dans le désert » (9, 7), « Rappelle-toi ce que Yahvé ton Dieu a fait à Miryam, quand vous étiez en chemin au sortir d'Egypte » (24, 9) [41]. Mémoire des injures des ennemis : « Rappelle-toi ce que t'a fait Amaleq quand vous étiez en chemin à votre sortie d'Egypte. Il vint à ta rencontre sur le chemin et, par-derrière, après ton passage, il attaqua les éclopés ; quand tu étais las et exténué, il n'eut pas crainte de Dieu. Lorsque Yahvé ton Dieu t'aura établi à l'abri de tous tes ennemis alentour, au pays que Yahvé ton Dieu te donne en héritage pour le posséder, tu effaceras le souvenir d'Amaleq de dessous les cieux. N'oublie pas ! » (25, 17-19).

Et dans *Isaïe* (44-21) c'est l'appel au souvenir et la promesse de la mémoire entre Yahvé et Israël :

> « *Souviens-toi de cela, Jacob,*
> *et toi, Israël, car tu es mon serviteur.*
> *Je t'ai modelé, tu es pour moi un serviteur,*
> *Israël, je ne t'oublierai pas* ».

Toute une famille de mots à la base desquels se trouve la racine Zâkar (Zacharie : Zkar-yû : « Yahvé se souvient ») fait du Juif un homme de tradition que la mémoire et la promesse mutuelles lient à son Dieu (B. S. Childs). Le peuple juif est par excellence le peuple de la mémoire.

Dans le Nouveau Testament, la Cène fonde la rédemption sur le souvenir de Jésus : « Puis, prenant du pain, il rendit grâces, le rompit et le leur donna, en disant : " ceci est mon corps, donné pour vous ; faites cela en mémoire de moi " » (*Luc*, 22, 19). *Jean* place le souvenir de Jésus dans une perspective eschatologique : « Mais le Paraclet, l'Esprit Saint, que le Père enverra en mon nom, lui, vous enseignera tout et vous rappellera tout ce que je vous ai dit » (Jn, 14, 26). Et Paul prolonge cette visée eschatologique : « Chaque fois en effet que vous mangez ce pain et que vous buvez cette coupe, vous annoncez la mort au seigneur jusqu'à ce qu'il vienne » (*I Cor*, 11, 26).

Ainsi, comme chez les Grecs, et Paul est tout frotté d'hellénisme, la mémoire peut s'achever en eschatologie, nier l'expérience temporelle et l'histoire. Ce sera une des voies de la mémoire chrétienne.

Mais plus quotidiennement le chrétien est appelé à vivre dans la mémoire des paroles de Jésus : « Il faut se souvenir des paroles du seigneur Jésus » (*Actes des Apôtres*, 20, 35), « Souviens-toi de Jésus-Christ, ressuscité d'entre les morts », Paul, 2 *Timothée* 28, mémoire qui ne sera pas abolie dans la vie future, dans l'au-delà si l'on en croit *Luc* (16, 25) qui fait dire par Abraham au mauvais riche en Enfer : « Souviens-toi que tu as reçu tes biens pendant ta vie ».

Plus historiquement l'enseignement chrétien se présente comme la mémoire de Jésus transmise par la chaîne des apôtres et de leurs successeurs ; Paul écrit à Timothée : « Ce que tu as appris de moi sur l'attestation de nombreux témoins, confie-le à des hommes sûrs, capables à leur tour d'en instruire d'autres » (2 *Tim*, 23, 2). L'enseignement chrétien est mémoire (cf. Nils Dahl), le culte chrétien est commémoration.

Augustin va léguer au christianisme médiéval un approfondissement et une adaptation chrétienne de la théorie de la rhétorique antique sur la mémoire. Dans les *Confessions*, il part de la conception antique des *lieux*, et des *images de mémoire* mais il leur donne une extraordinaire profondeur et fluidité psychologiques, parlant de l' « immense salle de la mémoire » : « Je vais aux domaines et vastes palais de la mémoire où se trouvent les trésors d'innombrables images, qu'on y a apportées en les tirant de toutes les choses perçues par les sens, y sont déposés tous les produits de notre pensée, obtenus en amplifiant ou en réduisant les perceptions des sens ou en les transformant d'une façon ou d'une autre, j'y trouve aussi tout ce qui y a été mis en dépôt et en réserve et qui n'a pas été encore englouti et enterré par l'oubli. Quand j'entre là, j'évoque d'autres images que je veux. Certaines se présentent tout de suite, d'autres se font désirer plus longtemps, comme si je les tirais de réceptacles plus secrets. D'autres accourent en masse et, alors que j'en cherche et que j'en veux d'autres, elles se mettent en avant avec l'air de dire : " Ne serait-ce pas moi ? " Et moi, avec la main de l'esprit, je les chasse du visage du souvenir, jusqu'à ce que celle que je cherche se dévoile et quitte sa retraite pour se présenter à ma vue. D'autres viennent docilement, en groupes ordonnés, au fur et à mesure que je les appelle ; les premières se retirent devant les suivantes et, en se retirant, elles sont cachées à ma vue, prêtes à revenir quand je le veux. Toutes choses qui se produisent quand je dis quelque chose par cœur[42] ».

Frances Yates a pu écrire que ces images chrétiennes de la mémoire se sont harmonisées avec les grandes églises gothiques en qui il faut peut-être voir un lieu symbolique de mémoire. Là où Panofsky a parlé de gothique et de scholastique, il faut peut-être aussi parler d'architecture et de mémoire.

Mais Augustin, en s'avançant « dans les champs et les antres, dans les cavernes incalculables de ma mémoire » (*Confessions*, X, 17), cherche Dieu au fond de la mémoire mais il ne le trouve dans aucune image et dans aucun lieu (*Confessions*, X, 25-26). Avec Augustin, la mémoire s'enfonce dans *l'homme intérieur*, au sein de cette dialectique chrétienne de l'intérieur et de l'extérieur d'où sortiront l'examen de conscience, l'introspection, sinon la psychanalyse [43].

Mais Augustin lègue aussi au christianisme médiéval une version chrétienne de la trilogie antique des trois puissances de l'âme : *memoria, intelligentia, providentia* (Ciceron, *De inventione*, II, LIII, 160). Dans son traité *De trinitate* la triade devient *memoria, intellectus, voluntas* et elles sont, dans l'homme, les images de la Trinité.

Si la mémoire chrétienne se manifeste essentiellement dans la commémoration de Jésus, annuellement dans la liturgie qui le commémore de l'Avent à la Pentecôte, à travers les moments essentiels de Noël, du Carême, de Pâques et de l'Ascension, quotidiennement dans la célébration eucharistique, à un niveau plus « populaire » elle se fixe surtout sur les saints et sur les morts.

Les martyrs étaient les témoins. Après leur mort, ils cristallisèrent autour de leur souvenir la mémoire des chrétiens. Ils apparaissent dans les *Libri Memoriales* où les églises inscrivaient ceux dont ils conservaient le souvenir et qui attiraient leurs prières. Ainsi dans le *Liber Memorialis* de Salzbourg au VIIIe siècle, dans celui de Newminster au XIe (Oexle, p. 82).

Leur tombeau fut le centre d'églises où leur emplacement reçut, outre les noms de *confessio* ou de *martyrium*, celui, significatif, de *memoria* [44].

Augustin oppose d'une façon frappante le tombeau de l'apôtre Pierre au temple païen de Romulus, la gloire de la *memoria Petri* à l'abandon du *templum Romuli* (*Enar. in Ps.*, 44, 23).

Issu du culte antique des morts et de la tradition judaïque des tombes des patriarches, cette pratique connut une faveur particulière en Afrique où le mot devint synonyme de *reliques*.

Parfois même, la *memoria* ne comportait ni tombe ni reliques comme l'Eglise des Saints Apôtres à Constantinople.

Les saints étaient par ailleurs commémorés le jour de leur fête liturgique (et les plus grands pouvaient avoir plusieurs fêtes comme saint Pierre dont Jacques de Voragine, dans la *Légende Dorée*, explique les trois commémorations : celle de la *Chaire* de Pierre, celle de *Saint Pierre aux Liens* et celle de son *martyre*, qui rappellent son élévation au pontificat d'Antioche, ses emprisonnements, sa mort) et les simples chrétiens prirent l'habitude de fêter, à côté de leur jour de naissance, coutume héritée de l'Antiquité, le jour de leur saint patron [45].

La commémoration des saints avait en général lieu le jour connu ou supposé de leur martyre ou de leur mort. L'association entre la mort et la mémoire prit en effet rapidement une très grande extension dans le christianisme qui la développa sur la base du culte païen des ancêtres et des morts.

Très tôt se répand dans l'église la coutume de prières pour les morts. Très tôt aussi, comme d'ailleurs les communautés juives, les églises et les communautés chrétiennes tinrent des *Libri Memoriales*, appelés à partir du XVIIe siècle seulement *nécrologues* ou obituaires (Cf. Huyghebaert), où étaient inscrites les personnes, vivantes et surtout mortes, et le plus souvent *bienfaiteurs* de la communauté, dont celle-ci voulait garder la mémoire et pour qui elle s'engageait à prier. De même les *diptyques* en ivoire que, à la fin de l'Empire romain, les consuls avaient l'habitude d'offrir à l'empereur quand ils entraient en charge furent christianisés et servirent désormais à la commémoration des morts. Les formules qui invoquent la mémoire de ces inscrits sur les diptyques ou dans les *Libri Memoriales* disent toutes à peu près la même chose : « quorum quarumque recolimus *memoriam* » (ceux et celles dont nous rappelons la mémoire »), « qui in libello memoriali... *scripti memoratur* » (« ceux qui sont inscrits dans le livre de mémoire pour qu'on s'en souvienne »), « quorum nomina *ad memorandum* conscripsimus » (« ceux dont nous avons inscrit les noms pour mémoire »).

A la fin du XIᵉ siècle, l'introduction du *Liber Vitae* du monastère de S. Benedetto di Polirone déclare, par exemple : « L'abbé a fait faire ce livre qui restera sur l'autel pour que tous les noms de nos familiers qui y sont écrits soient toujours présents au regard de Dieu et pour que la mémoire de tous soit conservée universellement par tout le monastère aussi bien lors de la célébration de messes que dans toutes les autres bonnes œuvres... » (Oexle, p. 77).

Parfois, les *Libri Memoriales* trahissent la défaillance des préposés à la mémoire. Une prière du *Liber Memorialis* de Reichenau dit : « Les noms qu'on m'avait ordonné d'inscrire dans ce livre mais que par négligence j'ai oubliés, je les recommande à toi, Christ, et à ta mère et à toute la puissance céleste pour que leur mémoire soit célébrée ici-bas et dans la béatitude de la vie éternelle » (Oexle, p. 85).

A côté de l'oubli, il y avait parfois pour les indignes la radiation des livres de mémoire. L'excommunication notamment entraînait cette « damnatio memoriae » chrétienne. D'un excommunié, le synode de Reisbach en 798 déclare qu' « après sa mort on n'écrive rien à sa mémoire » et le 2ᵉ synode d'Elne en 1027 édicte à propos d'autres condamnés : « et que leurs noms ne soient pas lus à l'autel sacré parmi ceux des fidèles morts ».

Très tôt, les noms de morts mémorables avaient été introduits dans le *Memento* du Canon de la Messe. Au XI⁰ siècle, sous l'impulsion de Cluny, une fête annuelle fut instituée à la mémoire de tous les fidèles morts, la *commémoration des défunts*, le 2 novembre. La naissance, à la fin du XII⁰ siècle, d'un troisième lieu de l'au-delà, entre Enfer et Paradis, le Purgatoire, d'où l'on pouvait par des messes, des prières, des aumônes, faire sortir plus ou moins vite les morts auxquels on s'intéressait, intensifia l'effort des vivants en faveur de la mémoire des morts. En tout cas, dans le langage courant des formules stéréotypées, la mémoire entre dans la définition des morts regrettés, ils sont « de bonne », « de belle mémoire » *(bonae, egregiae memoriae)*.

Avec le saint, la dévotion se cristallisait autour du miracle. Prometteurs ou dispensateurs de reconnaissance en vue d'un miracle ou après sa réalisation, les *ex-voto*, connus du monde antique, rencontraient une grande vogue au Moyen Age et entretenaient la mémoire des miracles[46]. En revanche, entre le IV⁰ et le XI⁰ siècle, il y a une diminution des inscriptions funéraires (Ariès, 1977, pp. 201 sqq).

La mémoire cependant jouait un rôle considérable dans le monde social, le monde culturel et le monde scolaire, et, bien entendu, dans les formes élémentaires de l'historiographie.

Le Moyen Age vénérait les vieillards surtout parce qu'il voyait en eux des hommes-mémoires, prestigieux et utiles.

Un document parmi d'autres, que publia Marc Bloch[47], raconte : vers 1250, alors que Saint Louis était à la Croisade, les chanoines de Notre-Dame de Paris voulurent lever une taille sur leurs serfs du domaine d'Orly. Ceux-ci refusèrent de la payer et la régente Blanche de Castille fut prise pour arbitre. Les deux parties produisirent comme témoins des hommes âgés prétendant que de mémoire d'homme les serfs d'Orly étaient ou n'étaient pas — cela dépendant de leur camp — taillables : « ita usitatum est a tempore a quo non exstat memoria » (« c'est ce qu'on fit depuis un temps immémorial — sorti de la mémoire »).

Bernard Guenée, cherchant à élucider le sens de l'expression médiévale « les temps modernes » *(tempora moderna)*, après avoir étudié attentivement la « mémoire » du comte d'Anjou, Foulque IV le Rechin, qui écrit une histoire de la maison en 1096, du chanoine de Cambrai, Lambert de Wattrelos, qui écrit une chronique en 1152, et du dominicain Etienne de Bourbon, auteur d'un recueil d'*exempla* entre 1250 et 1260, arrive aux conclusions suivantes : « Au Moyen Age, certains historiens définissent les temps modernes comme le temps de la mémoire, beaucoup savent qu'une mémoire fidèle peut couvrir cent ans environ, la modernité, les temps modernes, c'est donc pour chacun d'eux le siècle dont ils vivent ou viennent de vivre les dernières années » (B. Guenée, 1976-7, p. 35).

D'ailleurs, un Anglais, Gautier Map, écrit à la fin du xiiᵉ siècle : « Ceci a commencé à notre époque. J'entends par " notre époque ", la période qui est pour nous moderne, c'est-à-dire la plage de ces cent années dont nous voyons maintenant la fin et dont tous les événements notables sont encore suffisamment frais et présents dans nos mémoires, d'abord parce que quelques centenaires survivent encore et aussi parce que d'innombrables fils tiennent de leurs pères et de leurs grands-pères des récits très sûrs de ce qu'ils n'ont pas vu » (B. Guenée, p. 35).

Toutefois, en ces temps où l'écrit se développe à côté de l'oral et où, au moins dans le groupe des clercs, des *litterati*, il y a équilibre entre mémoire orale et mémoire écrite, le recours à l'écrit comme support de mémoire s'intensifie.

Les seigneurs rassemblent dans des *cartulaires* les chartes à produire à l'appui de leurs droits, qui constituent, du côté de la terre, la *mémoire féodale* dont l'autre moitié, du côté des hommes, est constituée par les *généalogies*. L'exorde de la charte concédée en 1174 par Guy, comte de Nevers, aux habitants de Tonnerre, déclare : « L'usage des lettres a été trouvé et inventé pour la conservation de la mémoire des choses. Ce que nous voulons retenir et apprendre par cœur, nous le faisons rédiger par écrit, afin que ce que l'on ne peut perpétuellement retenir en sa mémoire fragile et labile fût conservé par un écrit et par le moyen de lettres qui durent toujours ».

Longtemps les rois n'eurent que des archives maigres et ambulantes. Philippe-Auguste laissa les siennes en 1194 dans la défaite de Fréteval, face à Richard Cœur de Lion. Les archives des chancelleries royales commencent à se constituer autour de 1200. Au XIIIe siècle se développent en France, par exemple, les archives de la chambre des Comptes (les actes royaux d'intérêt financier sont réunis dans des registres au nom significatif de *mémoriaux*) et celles du parlement. Dès le XIIe siècle, en Italie, à partir du XIIIe et surtout du XIVe siècle ailleurs prolifèrent les *archives notariales* (J. Favier, 13-18). Avec l'essor des villes se constituent des archives urbaines, jalousement gardées par les corps municipaux. La mémoire urbaine pour ces institutions naissantes et menacées est bien ici identité collective, communautaire. Gênes, à cet égard, est pionnière, elle constitue ses archives dès 1127 et conserve aujourd'hui encore des registres de notaire depuis le milieu du XIIᵉ siècle. Le XIVᵉ siècle voit les premiers inventaires d'archives (Charles V en France, le pape Urbain V pour les archives pontificales en 1366, la monarchie anglaise en 1381). En 1356, pour la première fois, un traité international (la paix de Paris entre le dauphin et la Savoie) s'occupe du sort des archives des pays contractants[48].

Dans le domaine littéraire, longtemps l'oralité continue à côté de l'écriture et la mémoire est un des éléments constitutifs de la littérature médiévale. Cela est particulièrement vrai pour les XIᵉ-XIIᵉ siècles et pour la chanson de geste qui ne fait pas seulement appel à des procédés de mémorisation du côté du trouvère (troubadour) et du jongleur comme du côté des auditeurs, mais qui s'intègre dans la mémoire collective comme l'a bien vu Paul Zumthor à propos du « héros » épique : « Le " héros " n'existe que dans le chant mais il n'en existe pas moins dans la mémoire collective à quoi participent les hommes, poète et public[49] ». Même rôle de la mémoire dans l'école. Pour le haut Moyen Age, Pierre Riché[50] affirme : « L'élève doit tout enregistrer dans sa mémoire. On ne saurait trop insister sur cette aptitude intellectuelle qui caractérise et caractérisera longtemps encore non seulement le monde occidental, mais l'Orient. Comme le jeune Musulman et le jeune Juif, l'écolier chrétien doit savoir par cœur les textes sacrés. D'abord le psautier qu'il apprend plus ou moins rapidement — certains y mettent plusieurs années — ensuite, s'il est moine, la règle bénédictine (*Coutumes de Murbach*, III, 80). A cette époque, savoir par cœur, c'est savoir. Les maîtres,

reprenant les conseils de Quintilien (*Inst. Orat.* XI, 2),
de Martianus Capella (*De Nuptiis*, chap. V) souhaitent
que leurs élèves s'exercent à retenir tout ce qu'ils
lisent [51]. Ils imaginent différentes méthodes mnémotechniques, composent des poèmes alphabétiques *(ver-
sus memoriales)* qui permettent de retenir facilement
grammaire, comput, histoire [52] ». En ce monde qui
passe de l'oralité à l'écriture se multiplient, conformé-
ment aux théories de Jack Goody, les glossaires, les
lexiques, les listes de villes, de montagnes, de fleuves,
d'océans, qu'il faut apprendre par cœur comme l'indique au IXe siècle Raban Maur [53].

Dans le système scolastique des universités, depuis
la fin du XIIe siècle, le recours à la mémoire reste grand,
fondé plus encore sur l'oralité que sur l'écriture.
Malgré l'augmentation des manuscrits scolaires, la
mémorisation des cours magistraux et des exercices
oraux *(disputes, quodlibets,* etc.) reste l'essentiel du
travail des étudiants.

Cependant, les théories de la mémoire se développent dans la rhétorique et dans la théologie.

Dans les « Noces de Philologie et de Mercure » *(De
nuptiis Philologiae et Mercurii),* au Ve siècle, le rhéteur
païen Martianus Capella reprend, en termes ampoulés,
la distinction classique des *lieux* et des *images* d'une
« mémoire par les choses » et d'une « mémoire par les
paroles ». Dans le traité d'Alcuin sur *La Rhétorique et
les Vertus,* on voit Charlemagne s'enquérir des cinq
parties de la rhétorique et parvenir à la mémoire.

« — Charlemagne : Et maintenant que vas-tu dire
de la mémoire que je considère comme la partie la plus
noble de la rhétorique ?

— Alcuin : Que puis-je faire d'autre sinon répéter les
paroles de Marcus Tullius (Cicéron) ? La mémoire est

l'armoire de toutes choses et si elle ne s'est pas fait la gardienne de ce qu'on a pensé, les autres dons de l'orateur, quelques excellents qu'ils puissent être, se réduisent à rien.

— Charlemagne : N'y a-t-il pas des règles qui nous enseignent comment on peut l'acquérir et l'accroître ?

— Alcuin : Nous n'avons pas d'autres règles à son sujet que d'apprendre par cœur. »

Alcuin ignorait visiblement la Rhétorique *Ad Herennium* qui, à partir du XIIᵉ siècle où se multiplient les manuscrits, devient, attribuée à Cicéron (dont le *De Oratore* de même que l'*Institutio Oratoria* de Quintilien sont pratiquement ignorés), le grand classique du genre. A partir de la fin du XIIᵉ siècle, la rhétorique classique prend la forme de l'*ars dictaminis*, technique d'art épistolaire à usage administratif dont Bologne devient le grand centre. C'est là qu'est écrit en 1235 le second des traités de ce genre composé par Boncompagno da Signa, la *Rhetorica novissima* où la mémoire en général est ainsi définie : « Qu'est-ce que la mémoire ? La mémoire est un glorieux et admirable don de nature, par le moyen duquel nous rappelons les choses passées, nous embrassons les présentes et contemplons les futures, grâce à leur ressemblance avec celles passées [54] ».

Après quoi, Boncompagno rappelle la distinction fondamentale entre *mémoire naturelle* et *mémoire artificielle*.

Pour cette dernière, Boncompagno donne une longue liste [55] de « signes de mémoire » tirés de la Bible, dont, par exemple, le chant du coq qui est pour saint Pierre un « signe mnémonique ».

Boncompagno intègre à la science de la mémoire les systèmes essentiels de la morale chrétienne du Moyen

Age, les vertus et les vices dont il fait des *signacula*, des « notes mnémoniques » (cf. F. Yates, p. 71) et surtout peut-être, au-delà de la mémoire artificielle, mais comme « exercice fondamental de mémoire » le souvenir du Paradis et de l'Enfer ou plutôt la « mémoire du paradis », et la « mémoire des régions infernales », à un moment où la distinction entre Purgatoire et Enfer n'est pas encore entièrement faite. Innovation importante, qui, après la *Divina Commedia*, inspirera les innombrables représentations de l'Enfer, du Purgatoire et du Paradis qu'il faut le plus souvent regarder comme « lieux de mémoire » dont les cases rappellent les vertus et les vices. C'est « avec les yeux de la mémoire » (F. Yates, p. 105) qu'il faut regarder les fresques de Giotto dans la chapelle des Scrovegni de Padoue, celles du Bon gouvernement et du Mauvais gouvernement d'Ambrogio Lorenzetti dans le Palais communal de Sienne. Le souvenir du Paradis, du Purgatoire et de l'Enfer trouvera son expression suprême dans le *Congestorium actificiosae memoriae* du dominicain allemand Johannes Romberch, édité pour la première fois en 1520 (et dont l'édition la plus importante avec ses figures fut celle de Venise en 1533), qui connaît toutes les sources antiques de l'art de mémoire et s'appuie surtout sur Thomas d'Aquin. Romberch après avoir porté à son comble le système des *lieux* et des *images*, esquisse un système de mémoire encyclopédique où l'acquis médiéval s'épanouit dans l'esprit de la Renaissance.

Mais, entre-temps, la théologie avait transformé la tradition antique de la mémoire incluse dans la rhétorique.

Dans la ligne de saint Augustin, saint Anselme (mort en 1109) et le cistercien Ailred of Rievaux (mort en 1167) reprennent la triade *intellectus, voluntas, memo-*

ria dont Anselme fait les trois « dignités » (*dignitates*) de l'âme, mais dans le *Monologion*, la triade devient *memoria, intelligentia, amor*. Il peut y avoir mémoire et intelligence sans amour ; mais il ne peut y avoir amour sans mémoire et intelligence. De même Ailred of Rievaux dans son *De Anima* est surtout préoccupé de situer la mémoire parmi les facultés de l'âme.

Au xiiie siècle les deux géants dominicains, Albert le Grand et Thomas d'Aquin, accordent une place importante à la mémoire. A la rhétorique antique, à Augustin, ils ajoutent surtout Aristote et Avicenne. Albert traite de la mémoire dans le *De bono*, dans le *De Anima* et dans son commentaire sur le *De memoria et reminiscentia* d'Aristote. Il part de la distinction aristotélicienne entre mémoire et réminiscence. Il est dans la ligne du christianisme de l' « homme intérieur » en incluant l'*intention* (*intentio*) dans l'image de mémoire, il pressent le rôle de la mémoire dans l'*imaginaire* en concédant que la *fable*, le *merveilleux*, les *émotions* qui conduisent à la *métaphore* (*metaphorica*) aident la mémoire, mais, comme la mémoire est une auxiliaire indispensable de la *prudence*, c'est-à-dire de la sagesse (imaginée comme une femme à trois yeux qui peut voir les choses passées, présentes et futures), Albert insiste sur l'importance de l'apprentissage de la mémoire, sur les techniques mnémotechniques. Enfin Albert, en bon « naturaliste », met la mémoire en relation avec les tempéraments. Pour lui le tempérament le plus favorable à une bonne mémoire est « la mélancolie sèche-chaude, la mélancolie intellectuelle » (F. Yates, p. 82). Albert le Grand précurseur de la « mélancolie » de la Renaissance, en qui il faudrait voir une pensée et une sensibilité du souvenir ?

En dehors de toute autre disposition, Thomas d'Aquin était particulièrement apte à traiter de la

mémoire : sa mémoire naturelle était, paraît-il, phéno-
ménale et sa mémoire artificielle avait été exercée par
l'enseignement d'Albert le Grand à Cologne.

Thomas d'Aquin, comme Albert le Grand, traite dans
la *Somme Théologique (Summa Theologiae)* de la
mémoire artificielle sous la vertu de prudence[56], et
comme Albert le Grand, a écrit un commentaire sur le
De memoria et reminiscentia. A partir de la doctrine
classique des *lieux* et des *images*, il a exprimé quatre
règles mnémoniques :

1) Il faut trouver « des symboles appropriés des
choses que l'on veut se rappeler », et Frances Yates
(p. 87) commente : « Il est nécessaire, selon cette
méthode, d'inventer des symboles et des images parce
que les *intentions* simples et spirituelles échappent
facilement à l'âme, à moins d'être, pour ainsi dire, liées
à des symboles corporels, et cela parce que la faculté
humaine de connaissance est plus forte en ce qui
concerne les *sensibilia*. C'est pourquoi la faculté mémo-
rative est située dans la partie sensitive de l'âme ». La
mémoire est liée au corps.

2) Il faut ensuite disposer « dans un ordre déterminé
les choses que l'on veut se rappeler de façon à ce que, à
partir d'un point que l'on se rappelle, on puisse
facilement passer au suivant ». La mémoire est raison.

3) Il faut « s'arrêter avec soin sur les choses qu'on
veut se rappeler et s'y attacher avec intérêt ». La
mémoire est liée à l'attention et à l'intention.

4) Il faut « méditer sur ce qu'on veut se rappeler ».
C'est pourquoi Aristote dit que « méditation conserve
la mémoire » car « l'habitude est comme la nature ».

L'importance de ces règles vient de l'influence
qu'elles ont exercée, durant des siècles, surtout du XIVᵉ
au XVIIᵉ siècle, sur les théoriciens de la mémoire,
les théologiens, les pédagogues, les artistes. Frances

Yates pense que les fresques de la seconde moitié du XIVᵉ siècle du Capellone degli Spagnoli dans le couvent dominicain de Santa Maria Novella à Florence sont l'illustration, par l'utilisation de « symboles corporels » pour désigner les arts libéraux et les disciplines théologico-philosophiques, des théories thomistes sur la mémoire.

Le dominicain Giovanni da San Gimignano, dans sa *Summa de exemplis ac similitudinibus rerum*, au début du XIVᵉ siècle, mit en formules brèves les règles thomistes :

« Il y a quatre choses qui aident un homme à avoir une bonne mémoire.

La première, c'est de disposer dans un ordre déterminé les choses qu'il veut se rappeler.

La deuxième, c'est de s'y attacher avec intérêt.

La troisième, c'est de les ramener à des symboles inhabituels.

La quatrième, c'est de les répéter en les méditant fréquemment » (Livre VI, chap. XIII).

Peu après un autre dominicain du couvent de Pise, Bartolomeo da San Concordio (1262-1347), reprit les règles thomistes de la mémoire dans ses *Ammae stramenti degli antichi*, le premier ouvrage à traiter de l'art de la mémoire en langue vulgaire, en italien, parce que destiné aux laïcs.

Parmi les nombreux *Artes Memoriae* du Bas Moyen Age, leur époque de grande floraison (comme pour les *Artes Moriendi*), on peut citer la *Phoenix sive artificiosa memoria* de Pietro da Ravenna dont la première édition parut à Venise en 1491, suivie d'une autre à Bologne en 1492. Ce fut, semble-t-il, le plus répandu de ces traités. Il connut plusieurs éditions au XVIᵉ siècle et fut traduit en diverses langues par exemple par Robert

Copland à Londres, vers 1548, sous le titre *The Art of Memory that is otherwise called the Phoenix.*

Erasme, dans le *De ratione studii* (1512), n'est pas chaud pour la science mnémonique : « Bien que je ne nie pas que les lieux et les images puissent aider la mémoire, la meilleure mémoire n'en reste pas moins fondée sur trois choses très importantes : l'étude, l'ordre et l'application »[57]. Erasme au fond considère l'art de mémoire comme un exemple de la barbarie intellectuelle médiévale et scolastique et il met spécialement en garde contre les pratiques magiques de mémoire.

Mélanchton dans ses *Rhetorica elementa* (Venise, 1534) interdira aux étudiants les techniques, les « trucs » mnémoniques. Pour lui la mémoire se confond avec l'apprentissage normal du savoir.

On ne peut quitter le Moyen Age sans évoquer un théoricien, très original aussi en ce domaine, de la mémoire, Raymond Lulle. Après avoir parlé de la mémoire dans divers traités, Raymond Lulle (1316) finit par composer trois traités *De memoria, De intellectu* et *De voluntate* (donc à partir de la Trinité augustinienne) sans compter un *Liber ad memoriam confirmandam.* Très différent des *Artes Memoriae* dominicains, l'*Ars Memoriae* de Raymond Lulle est « une méthode de recherche et une méthode de recherche logique » (F. Yates, p. 200) qui s'éclaire par le *Liber septem planetarum* du même Lulle. Les secrets de l'*ars memorandi* sont cachés dans les sept planètes. L'interprétation néo-platonicienne du lullisme dans la Florence du xvᵉ siècle (Pic de la Mirandole) conduisit à voir dans son *Ars Memoriae* une doctrine cabalistique, astrologique et magique. Il allait ainsi avoir une belle influence à la Renaissance.

IV – LES PROGRÈS
DE LA MÉMOIRE ÉCRITE ET FIGURÉE
DE LA RENAISSANCE À NOS JOURS

L'imprimerie révolutionne — mais lentement — la mémoire occidentale. Elle la révolutionne encore plus lentement en Chine où, bien que l'imprimerie ait été découverte dès le IXe siècle de notre ère, on ignora les caractères mobiles, la typographie, pour se contenter de la xylographie, impression par planches gravées en relief, jusqu'à l'introduction, au XIXe siècle, des procédés mécaniques occidentaux. L'imprimerie ne put donc agir massivement en Chine, mais ses effets sur les mémoires — au moins dans les couches cultivées — fut important, car on imprima surtout des traités scientifiques et techniques qui accélérèrent et étendirent la mémorisation du savoir.

Il en fut autrement en Occident. André Leroi-Gourhan a bien caractérisé cette révolution de la mémoire par l'imprimerie : « Jusqu'à l'apparition de l'imprimerie... la séparation se fait difficilement entre la transmission orale et la transmission écrite. La masse du connu est enfouie dans les pratiques orales et les techniques ; la pointe du connu, inchangée dans son cadre depuis l'Antiquité, est fixée dans le manuscrit pour être apprise par cœur... Avec l'imprimé... non seulement le lecteur est mis en présence d'une mémoire collective énorme dont il n'a plus le moyen de fixer intégralement la matière, mais il est fréquemment mis à même d'exploiter des écrits nouveaux. On assiste alors à l'extériorisation progressive de la mémoire individuelle ; c'est par l'extérieur que se fait

le travail d'orientation dans l'écrit » (A. Leroi-Gourhan, 1964-5, p. 69-70).

Mais les effets de l'imprimerie ne se feront sentir à
plein qu'au XVIIIᵉ siècle quand les progrès de la science
et de la philosophie auront transformé le contenu et les
mécanismes de la mémoire collective « Le XVIIIᵉ siècle
européen marque la fin du monde antique dans
l'imprimé comme dans les techniques... La mémoire
sociale engloutit dans les livres, en quelques décennies,
toute l'Antiquité, l'histoire des grands peuples, la
géographie et l'ethnographie d'un monde devenu définitivement sphérique, la philosophie, le droit, les
sciences, les arts, les techniques et une littérature
traduite de vingt langues différentes. Le flot va
s'amplifiant jusqu'à nous, mais toutes proportions
respectées, aucun moment de l'histoire humaine n'a
connu une dilatation aussi rapide de la mémoire
collective. Aussi rencontre-t-on déjà au XVIIIᵉ siècle
toutes les formules dont on peut user pour apporter au
lecteur une mémoire préconstituée » (A. Leroi-Gourhan, *Ibid.*, p. 70).

C'est pendant cette période qui sépare la fin du
Moyen Age et les débuts de l'imprimerie du début du
XVIIIᵉ siècle que Frances A. Yates a repéré la longue
agonie de l'art de la mémoire.

Au XVIᵉ siècle « il semble que l'art de la mémoire se
soit éloigné des grands centres névralgiques de la
tradition européenne pour devenir marginal » (F.
Yates, p. 119).

Bien que des opuscules *Come migliorare la tua memoria* (« Comment améliorer ta mémoire ») n'aient pas
cessé d'être édités (et cela continue jusqu'à nos jours),
la théorie classique de la mémoire formée dans l'Antiquité gréco-romaine et modifiée par la scolastique, qui
avait été centrale dans la vie scolaire, littéraire (qu'on

songe encore à la *Divina Commedia*) et artistique du
Moyen Age disparut à peu près complètement dans le
mouvement humaniste mais le courant hermétique
dont Lulle avait été un des fondateurs et que Marsile
Ficin et Pic de la Mirandole avaient définitivement
lancé se développa considérablement jusqu'au début
du xviie siècle.

Il inspire d'abord un curieux personnage, célèbre en
son temps, en Italie et en France, puis oublié, Giulio
Camillo Delminio, « le divin Camillo » (F. Yates,
p. 144-187). Ce vénitien né vers 1480, mort à Milan en
1544, construisit à Venise, puis à Paris un théâtre en
bois dont on n'a aucune description mais dont on peut
penser qu'il ressemblait au théâtre idéal décrit par lui-
même dans *L'Idea del Teatro*, publiée après sa mort, en
1550, à Venise et à Florence. Construit sur les principes
de la science mnémonique classique, ce théâtre est en
fait une représentation de l'univers qui se développe à
partir des causes premières à travers les étapes de la
création. Les bases de ce théâtre sont les planètes, les
signes du zodiaque et les traités supposés d'Hermès
Trismégiste : l'*Asclepius* dans la traduction latine connue du Moyen Age et le *Corpus hermeticum* dans la
traduction latine de Marsile Ficin. Le *teatro* de Camillo
est à situer dans la Renaissance vénitienne du premier
et cette fois « *l'art de la mémoire* » est à replacer dans
cette renaissance et notamment dans son architecture.
Si, influencé par Vitruve, Palladio (notamment dans le
Théâtre Olympique de Vicence), probablement
influencé aussi par Camillo, n'est pas allé jusqu'au
bout de l'architecture théâtrale fondée sur une théorie
hermétique de la mémoire, c'est peut-être en Angleterre que ces théories ont connu leur plus bel épanouissement. De 1617 à 1619 furent publiés à Oppenheim,
en Allemagne, les deux volumes (tome I, le Macro-

cosme, t. III, le Microcosme) de l'*Utriusque Cosmia,
maioris scilicet et minoris, metaphysica, physica atque
technica Historia* de Robert Fludd où l'on retrouve la
théorie hermétique du théâtre de la mémoire transformé cette fois de rectangulaire en rond (*ars rotunda* à
la place d'*ars quadrata*) et dont Frances Yates pense
(p. 367-394) qu'il s'est probablement incarné dans le
fameux Globe Theater de Londres, le théâtre de Shakespeare.

Cependant, les théories occultistes de la mémoire
avaient trouvé leur plus grand théoricien en Giordano
Bruno (1548-1600) et ces théories jouèrent un rôle
décisif dans les persécutions, la condamnation par
l'Eglise et l'exécution du célèbre dominicain. On
pourra lire dans le beau livre de Frances Yates les
détails de ces théories qui s'expriment notamment
dans le *De umbris idearum*, (Paris, 1582), le *Cantus
Ciraeus (1582)*, l'*Ars reminiscendi, explicatio triginta
sigillorum ad omnium scientiarum et artium inventio-
nem, dispositionem et memoriam*, (publié en Angleterre
en 1583), la *Lampas triginta statuarum*, (écrite à Wit-
temberg en 1587, publié pour la première fois en 1891),
le *De imaginum, signorum et idearum compositione*
(Francfort, 1591). Contentons-nous de dire que pour
Bruno les roues de la mémoire fonctionnaient par
magie et que « une telle mémoire devait être la
mémoire d'un homme divin, d'un Mage doué de
pouvoirs divins, grâce à une imagination attelée à
l'action des puissances cosmiques. Et une telle tentative devait reposer sur l'idée hermétique que la *mens*
humaine est divine, que son origine la relie aux
gouverneurs stellaires du monde et qu'elle est capable
à la fois de refléter et de contrôler l'univers » (F. Yates,
p. 241-2).

Enfin à Lyon, en 1617, un certain Johannes Paepp

révélait dans son *Schenkelius detectus, seu memoria artificalis hactenus occultata* que son maître Lambert Schenkel (1547-v.1603) qui avait publié deux traités sur la mémoire (*De memoria*, Douai, 1593 et le *Gazophylacium*, Strasbourg, 1610, traduction française, Paris 1623) en apparence fidèles aux théories antiques et scolastiques de la mémoire, était en réalité un adepte caché de l'hermétisme. Ce fut le chant du cygne de l'hermétisme mnémonique. La méthode scientifique que le XVIIᵉ siècle allait élaborer devait détruire ce second rameau de l'*Ars Memoriae* médiéval.

Déjà le protestant français Pierre de la Ramée, né en 1515, et victime en 1572 de la Saint-Barthélemy, dans ses *Scholae in liberales artes* (1569), demandait de remplacer les anciennes techniques de mémorisation par de nouvelles fondées sur « l'ordre dialectique », sur une « méthode ». Revendication de l'intelligence contre la mémoire qui n'allait plus cesser jusqu'à nos jours d'inspirer un courant « anti-mémoire », qui par exemple réclame dans les programmes scolaires la disparition ou la diminution des matières dites « à mémoire » alors que les psychologues de l'enfant, tel Jean Piaget, on démontré, comme on l'a vu, que mémoire et intelligence, loin de se combattre, se confortent mutuellement.

En tout cas, Francis Bacon dit dès 1620, dans le *Novum Organum* : « On a aussi élaboré et pratiqué une méthode qui n'est pas une méthode légitime, mais une méthode d'imposture ; elle consiste à communiquer la connaissance d'une manière telle que l'on puisse rapidement arriver à faire étalage de culture tout en en étant dépourvu. Telle fut l'œuvre de Raymond Lulle » (F. Yates, p. 402).

A la même époque, Descartes dans les *Cogitationes privatae* (1614-1621) attaque les « inepties de Schenkel

(dans son livre *De arte memoriae*) » et propose plusieurs
« méthodes » logiques pour se rendre maître de l'imagination : « à savoir, par le moyen d'une réduction des
choses aux causes ; lesquelles toutes réduites finalement à une seule, il est clair qu'il n'est nul besoin de la
mémoire pour toutes les sciences » (F. Yates, p. 400).

Seul peut-être Leibniz a tenté dans des manuscrits
encore inédits conservés à Hannovre (Yates, p. 353) de
réconcilier l'*art de la mémoire* de Lulle qualifié par lui
de « combinatoire » avec la science moderne. Les roues
de la mémoire de Lulle, reprises par Giordano Bruno,
sont mues par des *signes*, des *notes*, des *caractères*, des
sceaux. Il suffit, semble penser Leibniz, de faire des
notes un langage mathématique universel. Mathémati-
sation de la mémoire impressionnante aujourd'hui
entre le système lullien médiéval et la cybernétique
moderne.

Sur cette période de la « mémoire en expansion »
comme l'a appelée André Leroi-Gourhan, regardons le
témoignage du vocabulaire. Nous le ferons pour la
langue française sur les deux champs sémantiques
issus de *mneme* et de *memoria*.

Le Moyen Age a apporté le mot central *mémoire*
apparu dès les premiers monuments de la langue au
XIᵉ siècle. Au XIIIᵉ s'y ajoute *mémorial* (qui concerne, on
l'a vu, des comptes financiers) et, en 1320, *mémoire* au
masculin, un *mémoire* désignant un dossier administratif. La mémoire devient bureaucratique, au service
du centralisme monarchique qui se met alors en place.
Le XVᵉ siècle voit l'apparition de *mémorable* en cette
époque d'apogée des *Artes Memoriae* et de renouveau
de la littérature antique : la mémoire traditionaliste.
Au XVIᵉ siècle, en 1552, apparaissent les *mémoires*
écrites par un personnage, en général de qualité, en ce
siècle où naît l'histoire et où s'affirme l'individu. Le

xviiie siècle apporte, en 1726, le *mémorialiste* et, en 1777 le *memorandum* emprunté au latin via l'anglais. Mémoire journalistique et diplomatique : c'est l'entrée de l'opinion publique, nationale et internationale, qui se fait aussi sa mémoire. La première moitié du xixe siècle voit un ensemble massif de créations verbales : *amnésie* qu'apporte en 1803 la « science » médicale, *mnémonique* (1800), *mnémotechnie* (1823), *mnémotechnique* (1836), *mémorisation* créé en 1847 par les pédagogues suisses, ensemble qui témoigne des progrès de l'enseignement et de la pédagogie, *aide-mémoire* qui, en 1853, montre la vie quotidienne pénétrée par le besoin de mémoire. Enfin, en 1907, le pédant *mémoriser* semble résumer l'acquis de la mémoire en expansion.

Le xviiie siècle cependant, comme l'a signalé André Leroi-Gourhan, joue dans cet élargissement de la mémoire collective un rôle décisif : « Les dictionnaires atteignent leurs limites dans les encyclopédies de toutes sortes qui sont publiées à l'usage des manufactures ou des bricoleurs comme des érudits purs. Le premier véritable essor de la littérature technique se situe dans la deuxième moitié du xviiie... Le dictionnaire constitue une forme très évoluée de mémoire extérieure, mais où la pensée se trouve moralisée à l'infini, la Grande Encyclopédie de 1751 est une suite de petits manuels enrobés dans le dictionnaire... l'encyclopédie est une mémoire alphabétique parcellaire dont chaque rouage isolé contient une partie animée de la mémoire totale. Il y a le même rapport entre l'automate de Vaucanson et l'Encyclopédie qui lui est contemporaine qu'entre la machine électronique et l'intégrateur à mémoires d'aujourd'hui » (Leroi-Gourhan, 1964-65, p. 70-71).

La mémoire qui vient de s'accumuler va exploser

dans la Révolution de 1789. N'en a-t-elle pas été le grand détonateur ?

Tandis que les vivants peuvent disposer d'une mémoire technique, scientifique, intellectuelle de plus en plus riche, la mémoire semble se détourner des morts. De la fin du XVIIᵉ à la fin du XVIIIᵉ siècle, en tout cas dans la France de Philippe Ariès et de Michel Vovelle, la commémoration des morts s'affaiblit. Les tombeaux, y compris ceux des rois, deviennent très simples. Les sépultures sont abandonnées à la nature et les cimetières déserts et mal entretenus. Le Français Pierre Muret dans ses *Cérémonies funèbres de toutes les nations*, trouve l'oubli des morts particulièrement choquant en Angleterre et l'attribue au protestantisme : « Autrefois, on rappelait chaque année la mémoire des trépassés. Aujourd'hui, on ne parle plus d'eux, cela sentirait trop le papisme ». Michel Vovelle croit déceler qu'on veut, à l'âge des Lumières, « éliminer la mort ».

Au lendemain de la Révolution française, un retour de la mémoire des morts s'affirme en France comme ailleurs en Europe. La grande époque des cimetières s'ouvre, avec de nouveaux types de monuments, d'inscriptions funéraires et le rite de la visite au cimetière. La tombe détachée de l'église est redevenue centre de souvenir. Le romantisme accentue l'attraction du cimetière lié à la mémoire.

Le XIXᵉ siècle voit, non plus tellement dans l'ordre du savoir comme le XVIIIᵉ, mais dans l'ordre des sentiments et aussi, il est vrai, de l'éducation, un déferlement d'esprit commémoratif.

La Révolution française a-t-elle donné l'exemple ? Mona Ozouf a bien décrit cette utilisation de la fête révolutionnaire au service de la mémoire. « Commémorer » fait partie du programme révolutionnaire :

« Tous les faiseurs de calendriers et de fêtes s'accordent sur la nécessité de soutenir par la fête le souvenir de la Révolution » (Mona Ozouf, p. 199). Dès son titre I, la Constitution de 1791 déclare : « Il sera établi des fêtes nationales pour conserver le souvenir de la Révolution française ».

Mais bientôt, la manipulation de la mémoire apparaît. Après le 9 Thermidor, on est sensible aux massacres et aux exécutions de la Terreur, on décide donc de soustraire à la mémoire collective « la multiplicité des victimes » et « dans les fêtes commémoratives, la censure le disputera donc à la mémoire » (p. 202). Il faut par ailleurs choisir. Seules trois journées révolutionnaires paraissent aux Thermidoriens dignes d'être commémorées : le 14 Juillet, le 1er vendémiaire, jour de l'an républicain que n'a taché aucune goutte de sang et, avec plus d'hésitation, le 10 août, date de la chute de la monarchie. En revanche, la commémoration du 21 janvier, jour de l'exécution de Louis XVI, ne réussira pas, c'est l' « impossible commémoration ».

Le romantisme retrouve, en plus littéraire que dogmatique, la séduction de la mémoire. Dans sa traduction du traité de Vico *De l'antique sagesse de l'Italie* (1835), Michelet peut lire ce paragraphe « Memoria et phantasia » : « Les Latins appellent la mémoire *memoria* lorsqu'elle garde les perceptions des sens, et *reminiscentia* quand elle les rend. Mais ils désignaient de même la faculté par laquelle nous formons des images, et qui s'appelle chez les Grecs *phantasia*, et chez nous *imaginativa* ; car ce que nous disons vulgairement *imaginer*, les Latins le disaient *memorare*... Aussi les Grecs disent-ils dans leur mythologie que les Muses, les vertus de l'imagination, sont les filles de Mémoire[58] ». Il y retrouve le lien entre mémoire et imagination, mémoire et poésie.

Cependant, la laïcisation des fêtes et du calendrier en de nombreux pays facilite une multiplication des commémorations. En France, le souvenir de la Révolution se laisse apprivoiser dans la célébration du 14 Juillet, dont Rosemonde Sanson a raconté les avatars. Supprimée par Napoléon, la fête est rétablie, sur proposition de Raymond Raspail, le 6 juillet 1880. Le rapporteur de la proposition de loi avait déclaré : « L'organisation d'une série de fêtes nationales rappelant au peuple des souvenirs qui se lient à l'institution politique existante est une nécessité que tous les gouvernements ont reconnue et mise en pratique ». Déjà, Gambetta avait écrit dans « La République française » (du 15 juillet 1872) : « Une nation libre a besoin de fêtes nationales ».

Aux Etats-Unis d'Amérique, au lendemain de la Guerre de Sécession, les états du Nord décident un jour de commémoration, dont le premier est le 30 mai 1868. En 1882 on donne à ce jour le nom de Memorial Day.

Si les révolutionnaires veulent des fêtes commémorant la Révolution, la manie de la commémoration est surtout le fait des conservateurs et plus encore des nationalistes pour qui la mémoire est un objectif et un instrument de gouvernement. En 1881, Paul Déroulède, fondateur de la Ligue des Patriotes, s'écrit :

J'en sais qui croient que la haine s'apaise :
Mais non ! l'oubli n'entre pas dans nos cœurs
Trop de sol manque à la terre française
Les conquérants ont été trop vainqueurs.

Au 14 Juillet républicain, la France catholique et nationaliste fait ajouter la célébration de Jeanne d'Arc. La commémoration du passé connaît un sommet dans l'Allemagne nazie et l'Italie fasciste.

La commémoration s'empare de nouveaux supports : monnaies, médailles, timbres-poste se multiplient. A partir du milieu du XIXe siècle environ, une nouvelle vague de statuaire, une nouvelle civilisation de l'inscription (monuments, plaques de rues, plaques commémoratives sur les maisons des morts illustres) submerge les nations européennes. Grand domaine où la politique, la sensibilité, le folklore se mêlent et qui attend ses historiens. Pour la France du XIXe siècle, Maurice Agulhon dans ses études sur la statuomanie et l'imagerie et la symbolique républicaines a ouvert la voie. L'essor du tourisme donne un développement inouï au commerce de « souvenirs ».

Cependant, le mouvement scientifique destiné à fournir à la mémoire collective des nations les monuments du souvenir s'accélère.

En France, la révolution crée les Archives nationales (décret du 7 septembre 1790). Le décret du 25 juillet 1794 décidant la publicité des archives ouvre une nouvelle phase, celle de la mise à la disposition du public des documents des mémoires nationales.

Le XVIIIe siècle avait créé des dépôts centraux d'archives (la maison de Savoie à Turin dans les premières années du siècle, Pierre le Grand en 1720 à Saint Pétersbourg, Marie-Thérèse à Vienne en 1749, la Pologne à Varsovie en 1765, Venise en 1770, Florence en 1778, etc.).

Après la France, l'Angleterre organise en 1838 le Public Record Office à Londres. Le pape Léon XIII ouvre au public en 1881 l'Archivio segreto vaticano créé en 1611.

Des institutions spécialisées sont créées pour former des spécialistes de l'étude de ces fonds : l'Ecole des Chartes à Paris en 1821 (réorganisation en 1829), l'Institut für Österreichische Geschichtsforschung par

Th. Von Sickel à Vienne en 1854, la Scuola di Paleografia e Diplomatica à Florence par Bonaini en 1857.

Il en est de même pour les musées, après de timides essais d'ouverture au public au XVIIIe siècle (le Louvre entre 1750 et 1774, le Musée public à Cassel créé en 1779 par le landgrave de Hesse) et l'installation de grandes collections dans des bâtiments spéciaux (l'Ermitage à Saint-Pétersbourg sous Catherine II en 1764, le Museo Clementino au Vatican en 1773, le Prado à Madrid en 1785), s'ouvrit enfin le temps des musées publics et nationaux. La Grande Galerie du Louvre fut inaugurée le 10 août 1793, la Convention crée un musée technique sous le nom révélateur de Conservatoire des Arts et Métiers, Louis-Philippe fonde en 1833 le Musée de Versailles consacré à toutes les gloires de la France. La mémoire nationale française s'allonge vers le Moyen Age avec l'installation de la collection Du Sommerard au Musée de Cluny, vers la préhistoire avec le Musée de Saint-Germain créé par Napoléon III en 1862.

Les Allemands créent le Musée des Antiquités nationales de Berlin (1830) et le Musée germanique de Nuremberg (1852). En Italie la Maison de Savoie en train de réaliser l'unité italienne crée en 1859 le musée national du Bargello à Florence.

La mémoire collective est dans les pays scandinaves accueillante à la mémoire « populaire » puisque s'ouvrent des musées de folklore au Danemark dès 1807, à Bergen en Norvège en 1828, à Helsingfors en Finlande en 1849, en attendant le musée de plein air (skansen) de Stockholm en 1891.

L'attention à la mémoire technique que d'Alembert avait réclamée dans l'*Encyclopédie* se manifeste par la création en 1852 du Musée des Manufactures à Marlborough House à Londres.

Les bibliothèques connaissent un développement et une ouverture parallèles. Aux Etats-Unis, dès 1731, Benjamin Franklin avait ouvert une bibliothèque d'associations à Philadelphie.

Parmi les manifestations importantes ou significatives de la mémoire collective, je retiendrai l'apparition au XIXe et au début du XXe siècle de deux phénomènes.

Le premier c'est, au lendemain de la Première Guerre mondiale, l'érection de monuments aux morts. La commémoration funéraire y trouve un nouvel essor. Dans plusieurs pays un Tombeau au soldat inconnu est érigé cherchant à repousser les limites de la mémoire associée à l'anonymat, proclamant sur le cadavre sans nom la cohésion de la nation dans la mémoire commune.

Le second, c'est la photographie qui bouleverse la mémoire : elle la multiplie et la démocratise, lui donne une précision, une vérité dans la mémoire visuelle jamais atteinte auparavant, permet de garder la mémoire du temps et de l'évolution chronologique.

Pierre Bourdieu et son équipe ont bien mis en valeur la signification de l' « album de famille » : « La Galerie des Portraits s'est démocratisée et chaque famille a, en la personne de son chef, son portraitiste attitré. Photographier ses enfants, c'est se faire l'historiographe de leur enfance et leur préparer comme un legs l'image de ce qu'ils ont été... L'album de famille exprime la vérité au souvenir social. Rien ne ressemble moins à la recherche artistique du temps perdu que ces présentations commentées des photographies de familles, rites d'intégration que la famille fait subir à ses nouveaux membres. Les images du passé rangées selon l'ordre chronologique, " ordre des raisons " de la mémoire sociale, évoquent et transmettent le souvenir des évé-

nements qui méritent d'être conservés parce que le
groupe voit un facteur d'unification dans les monuments de son unité passée ou, ce qui revient au même,
parce qu'il retient de son passé les confirmations de
son unité présente. C'est pourquoi il n'est rien qui soit
plus décent, plus rassurant et plus édifiant qu'un
album de famille : toutes les aventures singulières qui
enferment le souvenir individuel dans la particularité
d'un secret en sont bannies et le passé commun ou, si
l'on veut, le plus petit commun dénominateur du
passé, a la netteté presque coquette d'un monument
funéraire fidèlement fréquenté [59] ». Ajoutons à ces
lignes pénétrantes une correction et une addition.

Le père n'est pas toujours le portraitiste attitré de la
famille. La mère l'est souvent. Faut-il y voir un reste de
la fonction féminine de conservation de souvenir ou au
contraire une conquête de la mémoire du groupe par le
féminisme ?

Aux photos que l'on prend s'ajoute l'achat de cartes
postales. Les unes et les autres constituent les nouvelles archives familiales, l'iconothèque de la mémoire
familiale.

V – LES BOULEVERSEMENTS
CONTEMPORAINS
DE LA MÉMOIRE

André Leroi-Gourhan, se concentrant sur les processus de constitution de la mémoire collective a divisé
son histoire en cinq périodes que je rappelle : « celle de
la transmission orale, celle de la transmission écrite
avec tables ou index, celle des fiches simples, celle de

la mécanographie et celle de la sériation électronique »
(Leroi-Gourhan 1964-5, p. 65).

Nous venons de voir le bond de la mémoire collective
au XIXᵉ siècle, dont la mémoire sur fiches n'est que le
prolongement tout comme l'imprimerie était en
somme la conclusion de l'accumulation de la mémoire
depuis l'Antiquité. André Leroi-Gourhan a d'ailleurs
bien défini les progrès de la mémoire sur fiches et ses
limites. « La mémoire collective a pris, au XIXᵉ siècle,
un volume tel qu'il est devenu impossible de demander
à la mémoire individuelle de receler le contenu des
bibliothèques... Le XVIIIᵉ siècle et une partie importante du XIXᵉ siècle ont encore vécu sur les carnets de
notes et les catalogues d'ouvrages ; on est entré ensuite
dans la documentation sur fiches qui ne s'organise
réellement qu'au début du XXᵉ siècle. Sous sa forme la
plus rudimentaire, elle correspond déjà à la constitution d'un véritable cortex cérébral extériorisé puisqu'un simple fichier bibliographique se prête, en les
doigts de l'usager, à des agencements multiples...
L'image du cortex est d'ailleurs fausse en quelque
mesure, car si un fichier est une mémoire au sens
strict, c'est une mémoire sans moyens propres de
remémoration et l'animation requiert son introduction
dans le champ opératoire, visuel et manuel, du chercheur » (*Ibid.*, p. 72-73). Mais les bouleversements de la
mémoire au XXᵉ siècle, surtout après 1950, constituent
une véritable révolution de la mémoire et la mémoire
électronique n'en est qu'un élément, le plus spectaculaire sans doute.

L'apparition, au cours de la Seconde Guerre mondiale, des grandes machines à calculer qui est à situer
dans l'énorme accélération de l'histoire, et plus particulièrement de l'histoire technique et scientifique à
partir de 1960, peut se replacer dans une longue

histoire de la mémoire automatique. On a pu évoquer à propos des ordinateurs la machine arithmétique inventée par Pascal au XVIIᵉ siècle qui, par rapport au boulier, ajoute à la *faculté de mémoire* une *faculté de calcul.*

La fonction de mémoire se situe de la façon suivante, dans un ordinateur, qui comprend :

a) des moyens d'entrée pour les données et le programme

b) des éléments doués de *mémoire*, constitués par des dispositifs magnétiques, qui conservent les renseignements introduits dans la machine et les résultats partiels obtenus en cours de travail

c) des moyens de calcul très rapide

d) des moyens de contrôle

e) des moyens de sortie pour les résultats [60].

On distingue des *mémoires* « *facteurs* » qui enregistrent les données à traiter et des *mémoires générales* qui conservent temporairement les résultats intermédiaires et certaines constantes [61]. On retrouve en quelque sorte dans l'ordinateur la distinction des psychologues entre *mémoire à court terme* et *mémoire à long terme.*

En définitive la mémoire est une des trois opérations fondamentales d'une opération par ordinateur qui peut se décomposer en « écriture », « mémoire », « lecture » [62]. Cette mémoire peut dans certains cas être « illimitée ».

A cette première distinction dans la durée entre mémoire humaine et mémoire électronique, il faut ajouter que « la mémoire humaine est particulièrement instable et malléable (critique aujourd'hui classique en psychologie du témoignage judiciaire par exemple), tandis que la mémoire des machines s'impose par sa très grande stabilité s'apparentant au type de mémoire que représente le livre mais combiné à une facilité d'évocation jusque-là inconnue[63] ».

Il est clair que la fabrication des cerveaux artificiels qui n'en est qu'à ses débuts conduit à l'existence de « machines dépassant le cerveau humain dans les opérations remises à la mémoire et au jugement rationnel » et à la constatation que « le cortex cérébral, tout admirable qu'il soit, est insuffisant, comme la main ou l'œil » (A. Leroi-Gourhan, 1964-5, p. 75). Mais il faut constater que la mémoire électronique n'agit que sur l'ordre et selon le programme de l'homme, que la mémoire humaine conserve un large secteur non « informatisable » et que, comme toutes les formes de mémoire automatique apparues dans l'histoire, la mémoire électronique n'est qu'une aide, un serviteur de la mémoire et de l'esprit humain.

Outre les services rendus dans les différents domaines techniques et administratifs où l'informatique trouve ses premières et principales informations, il faut noter, pour notre propos, deux conséquences importantes de l'apparition de la mémoire électronique.

La première c'est l'utilisation des ordinateurs dans le domaine des sciences sociales et en particulier de celle dont la mémoire est à la fois le matériau et l'objet : l'histoire. L'histoire a vécu une véritable révolution documentaire, dont d'ailleurs, là encore, l'ordinateur n'est qu'un élément et la mémoire archivistique a été bouleversée par l'apparition d'un nouveau type de mémoire : la *banque de données*[64]. Des travaux à base du recours à la mémoire électronique se multiplient. Citons les travaux du R. P. Busa sur Thomas d'Aquin, l'ouvrage de David Herlihy et Christiane Klapisch-Zuber, *Les Toscans et leurs familles. Une étude du Catasto Florentin de 1427* (Paris, 1978).

La seconde conséquence est l'effet « métaphorique » de l'extension du concept de *mémoire* et l'importance de l'influence *par analogie* de la mémoire électronique sur d'autres types de mémoire.

Le plus éclatant de ces exemples est celui de la biologie. Notre guide sera ici le prix Nobel François Jacob dans son livre *La logique du vivant. Une histoire de l'hérédité* (Paris, 1970).

Parmi les points de départ de la découverte de la mémoire biologique, de la *mémoire de l'hérédité*, il y eut l'ordinateur. « Avec le développement de l'électronique et l'apparition de la cybernétique, l'organisation devient en elle-même un objet d'étude pour la physique et la technologie » (p. 267). Elle s'impose bientôt à la biologie moléculaire qui découvre que « l'hérédité fonctionne comme la mémoire d'une calculatrice » (p. 274).

La recherche de la mémoire biologique remonte au moins au XVIIIe. Maupertuis et Buffon entrevoient le problème : « La reproduction d'une organisation constituée par l'assemblage d'unités élémentaires exige la transmission d'une " mémoire " d'une génération à l'autre » (p. 142). Pour le leibnizien Maupertuis « la mémoire qui dirige les particules vivantes pour former l'embryon ne se distingue pas de la mémoire psychique » (p. 92). Pour le matérialiste Buffon, « le moule intérieur représente une structure cachée, une " mémoire " qui organise la matière de façon à produire l'enfant à l'image des parents » (p. 94). Le XIXe siècle découvre que « quels que soient le nom et la nature des forces par quoi l'organisation des parents se retrouve chez l'enfant, c'est dans la cellule qu'il faut désormais les loger » (p. 142). Mais pour la première moitié du XIXe siècle « il n'y a que le " mouvement vital " pour jouer le rôle de mémoire et assurer la fidélité de la reproduction » (p. 142). Comme Buffon, Claude Bernard encore « loge la mémoire, non pas dans les particules constituant l'organisme, mais dans un système particulier qui guide la multiplication des cellules, leur différenciation, la formation progressive de l'organisme », tandis que Darwin et Haeckel « font de la mémoire une propriété » des particules constituant l'organisme. Mendel découvre dès 1865 la grande loi de l'hérédité. Pour l'expliquer « il faut faire appel à une structure d'ordre plus élevée, plus cachée encore, plus profondément enfouie dans le corps, c'est dans une structure d'ordre trois qu'est logée la mémoire de l'hérédité » (p. 226). Mais sa découverte est longtemps ignorée. Il faut attendre le XXᵉ siècle et la génétique pour découvrir que cette structure organisatrice est enfouie dans le noyau de la cellule et que « c'est en elle que se loge la " mémoire " de l'hérédité » (p. 198).

La biologie moléculaire enfin trouve la solution. « C'est l'organisation d'une macromolécule, le " message " constitué par l'agencement des motifs chimiques au long d'un polymère, qui détient la mémoire de l'hérédité. Elle devient la structure d'ordre quatre par quoi se déterminent la forme d'un être vivant, ses propriétés, son fonctionnement » (p. 269).

Curieusement, la mémoire biologique ressemble plus à la mémoire électronique qu'à la mémoire nerveuse, cérébrale. D'une part, elle se définit elle aussi par un programme où viennent se fondre deux notions « la mémoire et le projet » (p. 10). D'autre part, elle est rigide : « Par la souplesse de ses mécanismes, la mémoire nerveuse se prête particulièrement bien à la transmission des caractères acquis. Par sa rigidité, celle de l'hérédité s'y oppose » (p. 11). Et même, contrairement aux ordinateurs, « le message de l'hérédité ne permet pas la moindre intervention concertée

du dehors. Il ne peut y avoir changement du programme ni sous l'action de l'homme ni sous celle du
milieu » (p. 11).

Pour en revenir à la mémoire sociale, les bouleversements qu'elle va connaître dans le second xxe siècle,
ont été, semble-t-il, préparés par l'expansion de la
mémoire dans le champ de la philosophie et de la
littérature. Dès 1896, Bergson publie *Matière et
Mémoire*. Il retrouve, centrale, la notion d'*image*, au
carrefour de la mémoire et de la perception. Au terme
d'une longue analyse des déficiences de la mémoire
(amnésie du langage ou *aphasie*), il découvre, sous une
mémoire superficielle, anonyme, assimilable à l'habitude, une mémoire profonde, personnelle, « pure » qui
n'est pas analysable en termes de « choses » mais de
« progrès ».

Cette théorie qui retrouve les liens de la mémoire
avec l'esprit, sinon avec l'âme, a une grande influence
sur la littérature. Elle marque la grande entreprise
romanesque de Marcel Proust, *A la recherche du temps
perdu* (1913-1927). Une nouvelle mémoire romanesque
est née, à replacer dans la chaîne « mythe, histoire,
roman ».

Le surréalisme, modelé par le rêve, est amené à
s'interroger sur la mémoire. Dès 1922, André Breton
avait noté dans ses *Carnets* : « Et si la mémoire n'était
qu'un produit de l'imagination ? ». Pour en savoir plus
sur le rêve, l'homme doit pouvoir se fier davantage à la
mémoire, normalement si fragile, si trompeuse. D'où
dans le *Manifeste du surréalisme* (1924) l'importance de
la théorie de la *mémoire éducable*. Nouvel avatar des
Artes Memoriae.

Il faut ici, bien sûr, évoquer comme inspirateur
Freud, et plus particulièrement le Freud de la *Traum-
deutung*, *L'interprétation des rêves* (1re édition 1899-

1900, 8ᵉ édition 1929) où il affirme que « le comportement de la mémoire durant le rêve est sans aucun
doute d'une énorme importance pour toute théorie de
la mémoire ». Dès le chapitre II, Freud traite de « la
mémoire dans le rêve » où reprenant un mot de Scholz
il croit apercevoir que « rien de ce que nous avons
possédé intellectuellement ne peut être entièrement
perdu ». Mais il critique « l'idée de ramener le phénomène du rêve à celui de la mémoration » car il y a un
choix spécifique du rêve dans la mémoire, une
mémoire spécifique du rêve. Cette mémoire, ici aussi,
est *choix*. Mais Freud n'a-t-il pas alors la tentation de
traiter la mémoire comme une chose, un vaste réservoir ? Mais en reliant le rêve à la *mémoire latente* et à la
mémoire consciente et en insistant sur l'importance de
l'enfance dans la constitution de cette mémoire, il
contribue, dans le même temps que Bergson, à approfondir le domaine de la mémoire et à éclairer, au moins
au niveau de la mémoire individuelle, cette *censure de
la mémoire* si importante.

La mémoire collective a subi de grandes transformations avec la constitution des sciences sociales et elle
joue un rôle important dans l'interdisciplinarité qui
tend à s'instaurer entre elles.

La sociologie, comme pour le temps (cf. article
Histoire), a constitué un stimulus pour l'exploration de
ce nouveau concept. En 1950, Maurice Halbwachs a
publié son livre sur *Les mémoires collectives*. La psychologie sociale, pour autant que cette mémoire est liée
aux comportements, aux *mentalités*, nouvel objet de
l'histoire nouvelle, apporte sa collaboration. L'anthropologie, dans la mesure où le terme de *mémoire* lui
offre un concept mieux adapté aux réalités des sociétés
« sauvages » qu'elle étudie que le terme d'*histoire*, a
accueilli la notion et l'explore avec l'histoire, au sein

notamment de cette *ethno-histoire* ou *anthropologie historique* qui est un des développements récents les plus intéressants de la science historique.

Recherche, sauvetage, exaltation de la mémoire collective non plus dans les événements mais dans le temps long, quête de cette mémoire moins dans les textes que dans les paroles, les images, les gestes, les rituels et la fête, c'est une conversion du regard historique. Conversion partagée par le grand public, obsédé par la crainte d'une perte de mémoire, d'une amnésie collective, qui s'exprime maladroitement dans la « mode rétro » exploitée sans vergogne par les marchands de mémoire, la mémoire étant devenue un des objets de la société de consommation qui se vendent bien.

Pierre Nora (1978) note que la *mémoire collective* définie comme « ce qui reste du passé dans le vécu des groupes, ou ce que ces groupes font du passé » peut à première vue s'opposer presque terme pour terme à la *mémoire historique* comme on opposait autrefois *mémoire affective* et *mémoire intellectuelle*. Jusqu'à nos jours « histoire et mémoire » s'étaient pratiquement confondues et l'histoire semble s'être développée « sur le modèle de la remémoration, de l'anamnèse et de la mémorisation ». Les historiens donnaient la formule des « grandes mythologies collectives », « on allait de l'histoire à la mémoire collective ». Mais toute l'évolution du monde contemporain, sous la pression de l'*histoire immédiate* en grande partie fabriquée à chaud par les media, va vers la production d'un nombre accru de mémoires collectives et l'histoire s'écrit, beaucoup plus que jadis et naguère, sous la pression de ces mémoires collectives.

L'histoire dite *nouvelle* qui s'efforce de créer une histoire scientifique à partir de la mémoire collective peut être interprétée comme « une révolution de la mémoire » faisant accomplir à la mémoire un « pivotage » autour de quelques axes fondamentaux : « une problématique ouvertement contemporaine.... et une démarche résolument rétrospective », « le renoncement à une temporalité linéaire » au profit de temps vécus multiples « aux niveaux où l'individuel s'enracine dans le social et le collectif » (linguistique, démographie, économie, biologie, culture).

Histoire qui se ferait à partir de l'étude des « lieux » de la mémoire collective : « lieux topographiques, comme les archives, les bibliothèques et les musées ; lieux monumentaux, comme les cimetières ou les architectures ; lieux symboliques comme les commémorations, les pèlerinages, les anniversaires ou les emblèmes ; lieux fonctionnels, comme les manuels, les autobiographies ou les associations : ces mémoriaux ont leur histoire ». Mais il ne faudrait pas oublier les vrais lieux de l'histoire, ceux où rechercher non l'élaboration, la production, mais les créateurs et les dominateurs de la mémoire collective : « Etats, milieux sociaux et politiques, communautés d'expériences historiques ou de générations amenées à constituer leurs archives en fonction des usages différents qu'ils font de la mémoire[65] ». Certes, cette nouvelle mémoire collective se constitue en partie son savoir dans des instruments traditionnels mais différemment conçus. Qu'on compare l'*Enciclopedia Einaudi* ou l'*Encyclopaedia Universalis* à la vénérable *Encyclopaedia Britannica*[66] ! Peut-être en définitive retrouvera-t-on davantage l'esprit de la Grande Encyclopédie de d'Alembert et Diderot, fille elle aussi d'une période d'engagement et de mutation de la mémoire collective.

Mais elle se manifeste surtout par la constitution

d'archives profondément nouvelles dont les plus caractéristiques sont les archives orales.

Joseph Goy dans le Dictionnaire de *La Nouvelle Histoire* (éd. J. Le Goff, Paris, 1978) a défini et situé cette *histoire orale*, née sans doute aux Etats-Unis où, entre 1952-1959, de grands départements d' « oral history » ont été créés dans les universités de Columbia, Berkeley, Los Angeles, développée ensuite au Canada, au Québec, en Angleterre et en France. Le cas de la Grande-Bretagne est exemplaire. L'université d'Essex constitue un recueil d' « histoires de vies », une société se fonde, « The Oral History Society », de nombreux bulletins et revues se créent comme *History Workshops*, dont un des principaux résultats est un brillant renouveau de l'histoire sociale et d'abord de l'histoire ouvrière à travers une prise de conscience du passé industriel, urbain et ouvrier de la plus grande partie de la population. Mémoire collective ouvrière à la recherche de laquelle collaborent surtout historiens et sociologues. Mais historiens et anthropologues se retrouvent sur d'autres champs de la mémoire collective, en Afrique comme en Europe, où des méthodes nouvelles de remémoration comme celle des « histoires de vie » commencent à porter leur fruit. Un colloque réuni à Bologne sous le titre : *Convegno Internazionale di Antropologia e storia : Fonti Orali*, publié en 1977 dans un numéro spécial des *Quaderni Storici* (Oral History : fra antropologia e storia) a montré la fécondité de cette recherche au-delà des exemples africains, français, anglais (« *histoire orale et histoire de la classe ouvrière* ») et italiens (*l'histoire orale dans un quartier ouvrier de Turin, sources orales et travail paysan à propos d'un musée*).

Dans le domaine de l'histoire, sous l'influence des nouvelles conceptions du temps historique, se développe une nouvelle forme de l'historiographie, « l'histoire de l'histoire » qui, en fait, est le plus souvent l'étude de la manipulation par la mémoire collective d'un phénomène historique que seule l'histoire traditionnelle avait jusqu'ici étudié.

On en trouve dans l'historiographie français récente quatre exemples remarquable. Le phénomène historique par qui s'est exercé la mémoire collective est dans deux cas un grand personnage et c'est Robert Folz étudiant *Le souvenir et la légende de Charlemagne* (1950), ouvrage pionnier ou c'est Jean Tulard analysant *Le mythe de Napoléon* (1971). Plus près des tendances de la nouvelle histoire, Georges Duby dans *Le dimanche de Bouvines* (1973) renouvelle l'histoire d'une bataille d'abord parce qu'il voit dans l'événement la fine pointe d'un iceberg, ensuite parce qu'il regarde « cette bataille et la mémoire qu'elle a laissée en anthropologue » et qu'il suit « tout au long d'une suite de commémorations, le destin d'un souvenir au sein d'un ensemble mouvant de représentations mentales ». Philippe Joutard, enfin, retrouve au sein même d'une communauté historique, à travers les documents écrits du passé, puis à travers les témoignages oraux du présent, comment elle a vécu et vit son passé, comment elle a constitué sa mémoire collective et comment cette mémoire lui permet de tenir face à des événements très différents de ceux qui fondent sa mémoire sur une même ligne et d'y trouver aujourd'hui encore son identité. Les protestants cévenols, depuis les épreuves des guerres de religion des xvie et xviie siècles, réagissent, face à la Révolution de 1789, face à la république, face à l'affaire Dreyfus, face aux options idéologiques d'aujourd'hui en fonction de leur mémoire de Camisards, fidèle et mouvante comme toute mémoire[67].

CONCLUSION : L'ENJEU-MÉMOIRE

L'évolution des sociétés du second xxe siècle éclaire l'importance de l'enjeu que représente la mémoire collective. Débordant l'histoire comme science et comme culte public, à la fois en amont en tant que réservoir (mouvant) de l'histoire, riche d'archives et de documents/monuments, et en aval, écho sonore (et vivant) du travail historique, la mémoire collective fait partie des gros enjeux des sociétés développées et des sociétés en voie de développement, des classes dominantes et des classes dominées, luttant toutes pour le pouvoir ou pour la vie, pour la survie et pour la promotion.

Plus que jamais sont vraies les paroles d'André Leroi-Gourhan : « A partir de l'*homo sapiens*, la constitution d'un appareillage de la mémoire sociale domine tous les problèmes de l'évolution humaine » et encore « La tradition est biologiquement aussi indispensable à l'espèce humaine que le conditionnement génétique l'est aux sociétés d'insectes : la survie ethnique tient sur la routine, le dialogue qui s'établit suscite l'équilibre entre routine et progrès, la routine symbolisant le capital nécessaire à la survie du groupe, le progrès l'intervention des innovations individuelles pour une survie améliorée » (1964-5, p. 24). La mémoire est un élément essentiel de ce qu'on appelle désormais l'*identité* individuelle ou collective, dont la quête est une des activités fondamentales des individus et des sociétés d'aujourd'hui, dans la fièvre et l'angoisse. Mais la mémoire collective est non seulement une conquête, c'est un instrument et un objectif de puissance. Ce sont les sociétés dont la mémoire sociale est surtout orale ou qui sont en train de se constituer une mémoire collective écrite qui permettent le mieux de saisir cette lutte pour la domination du souvenir et de la tradition, cette manipulation de la mémoire.

Le cas de l'historiographie étrusque est peut-être l'illustration d'une mémoire collective si étroitement liée à une classe sociale dominante que l'identification de cette classe avec la nation a entraîné l'absence de mémoire quand la nation a disparu : « Nous ne connaissons les Etrusques, sur le plan littéraire, que par l'intermédiaire des Grecs et des Romains : aucune relation historique, en admettant qu'il en ait existé, ne nous est parvenue. Peut-être leurs traditions historiques ou parahistoriques nationales ont-elles disparu avec l'aristocratie qui paraît avoir été le dépositaire du patrimoine moral, juridique et religieux de leur nation. Quand celle-ci cessa d'exister en tant que nation autonome, les Etrusques perdirent, semble-t-il, la conscience de leur passé, c'est-à-dire d'eux-mêmes [68] ».

Paul Veyne, étudiant l'évergétisme grec et romain a admirablement montré comment les riches ont alors « sacrifié une partie de leur fortune pour laisser un souvenir de leur rôle » (1973, p. 272) et comment sous l'Empire romain l'empereur a monopolisé l'évergétisme, et du même coup la mémoire collective : « Seul, il fait bâtir tous les édifices publics (à l'exception des monuments que le Sénat et le peuple romain élèvent en son honneur) » (p. 688). Et le Sénat parfois se vengea par la destruction de cette mémoire impériale.

Georges Balandier donne l'exemple des Béti du Cameroun pour évoquer la manipulation des « généalogies » dont on sait le rôle qu'elles jouent dans la

mémoire collective des peuples sans écritures : « Dans
une étude inédite consacrée aux Béti du Cameroun
méridional, l'écrivain Mongo Béti rapporte et illustre
la stratégie qui permet aux individus ambitieux et
entreprenants d'" adapter " les généalogies afin de
légaliser une prééminence contestable [69] ».

Dans les sociétés développées, les nouvelles archives,
archives orales, archives de l'audio-visuel, n'ont pas
échappé à la vigilance des gouvernants, même s'ils ne
peuvent contrôler cette mémoire aussi étroitement que
les nouveaux outils de production de cette mémoire, la
radio et la télévision notamment.

Il incombe, en effet, aux professionnels scientifiques
de la mémoire, anthropologues, historiens, journalistes, sociologues de faire de la lutte pour la démocratisation de la mémoire sociale un des impératifs
prioritaires de leur objectivité scientifique. S'inspirant
de Terence O. Ranger (1977) qui a dénoncé la subordi-
nation de l'anthropologie africaine traditionnelle aux
sources « élitistes » et notamment aux « généalogies »
manipulées par les clans dominants, Alessandro
Triulzi (1977) a appelé à la recherche de la mémoire
de l' « homme commun » africain. Il a souhaité le
recours, en Afrique, comme en Europe « aux souvenirs familiaux, aux histoires locales, aux histoires
de clans, de familles, de villages, aux souvenirs per-
sonnels, à tout ce vaste complexe de connaissances
non officielles, non institutionnalisées, qui ne se sont
pas encore cristallisées en traditions formelles et qui
représentent en quelque sorte la conscience collective
de groupes entiers (familles, villages) ou d'individus
(souvenirs et expériences personnelles) faisant contrepoids à une connaissance privatisée et monopolisée
par des groupes précis pour la défense d'intérêts
constitués ».

La mémoire, où puise l'histoire qui l'alimente à son tour, ne cherche à sauver le passé que pour servir au présent et à l'avenir. Faisons en sorte que la mémoire collective serve à la libération et non à l'asservissement des hommes.

Histoire

Que l'histoire ne soit pas une science comme les autres, à peu près tout le monde en est persuadé, sans compter ceux qui estiment qu'elle n'est pas une science du tout. Parler de l'histoire n'est pas facile mais ces difficultés du langage introduisent au cœur même des ambiguïtés de l'histoire.

Je m'efforcerai dans cet essai à la fois de replacer la réflexion sur l'histoire dans sa durée, de situer la science historique elle-même dans les périodisations de l'histoire et de ne pas réduire l'histoire à la vision européenne, occidentale, même si celle-ci du fait de mes ignorances et de l'état — significatif — de la documentation me conduira à parler surtout de la science historique européenne et occidentale.

Le mot histoire (dans toutes les langues romanes et en anglais) vient du grec ancien *historie*, en dialecte ionien. Cette forme dépend de la racine indo-européenne wid — weid, *voir*. D'où le sanscrit *vettas*, témoin et le grec *istor*, témoin au sens de « voyeur ». Cette conception de la vue comme source essentielle de connaissance conduit à l'idée que *istor*, celui qui voit est aussi celui qui *sait*, *istorein*, en grec ancien, c'est « chercher à savoir », « s'informer ». *Istorie*, c'est donc l'enquête. C'est le sens du mot chez Hérodote au début de ses « Histoires » qui sont des « recherches » des « enquêtes »[1]. Voir, *d'où* savoir, c'est un premier problème. Mais, dans les langues romanes (et dans d'autres) *histoire* exprime deux, sinon trois concepts différents. C'est — 1) cette enquête sur « les actions accomplies par les hommes » (Hérodote) qui s'est efforcée de se constituer en science, la science historique — 2) l'objet de l'enquête, ce que les hommes ont accompli. Comme le dit Paul Veyne « l'histoire est soit une suite d'événements, soit le récit de cette suite d'événements » (1968, p. 423). Mais histoire peut avoir un troisième sens, celui précisément de *récit*. *Une* histoire c'est un récit, ce peut être vrai ou faux, à base de « réalité historique » ou purement imaginaire, ce peut être un récit « historique » ou une fable. L'anglais échappe à cette ultime confusion qui distingue entre *history* et *story* — histoire et conte. Les autres langues européennes s'efforcent plus ou moins d'éviter ces ambiguïtés. L'italien a tendance à distinguer sinon la science historique, du moins les productions de cette science par le mot *storiografia*, l'allemand tente de faire la différence entre cette activité « scientifique », *Geschichtschreibung* et la science historique proprement dite, *Geschichtswissenschaft*. Ce jeu de miroirs et d'équivoques s'est poursuivi au cours des âges. Le XIXᵉ siècle, siècle de l'histoire, invente à la fois des doctrines qui privilégient l'histoire dans le savoir, parlant, comme on verra, soit d'*historisme*, soit d'*historicisme*, et une fonction, je dirai plus volontiers une catégorie du réel, l'*historicité*, (le mot apparaît en 1872 en français). Charles Morazé la définit ainsi : « Il faut chercher au-delà de la géopolitique, du commerce, des arts et de la science même, ce qui justifie l'obscure certitude des hommes qu'ils ne font qu'un, amputés qu'ils sont dans l'énorme flux de progrès qui les spécifie en les opposant. On sent bien que cette solidarité est liée à l'existence implicite, que chacun éprouve en soi, d'une certaine fontion » (p. 59). Ce concept d'*historicité* s'est détaché de ses origines « historiques » liées à l'historicisme du xixe siècle pour jouer un rôle de premier plan dans le renouvellement épistémologique de la seconde moitié du xxe siècle. L'*historicité* permet par exemple de refuser au plan théorique la notion de « société sans histoire » réfutée d'autre part par l'étude empirique des sociétés étudiées par l'ethnologie[2]. Elle oblige à insérer l'histoire elle-même dans une perspective historique : « Il y a une historicité de l'histoire. Elle implique le mouvement qui lie une pratique interprétative à une praxis sociale » (M. de Certeau, 1970, p. 484). Un philosophe comme Paul Ricœur voit dans la suppression de l'historicité par l'histoire de la philosophie le paradoxe du fondement épistémologique de l'histoire. En effet, selon Ricœur, le discours philosophique fait éclater l'histoire en deux modèles d'intelligibilité, un modèle événementiel et un modèle structural, ce qui fait disparaître l'historicité : « Le système est la fin de l'histoire parce qu'elle s'annule dans la Logique ; la singularité aussi est la fin de l'histoire, puisque toute l'histoire se nie en elle. On aboutit à ce résultat, tout à fait paradoxal, que c'est toujours à la frontière de l'histoire, de la fin de l'histoire, que l'on comprend les traits généraux de l'historicité[3] ». Enfin, Paul Veyne tire une double morale du fonctionnement du concept d'historicité — l'historicité permet l'inclusion dans le champ de la science historique de nouveaux objets de l'histoire : « Le " non-événementiel ", ce sont des événements non encore salués comme tels : histoire des terroirs, des mentalités, de la folie ou de la recherche de la sécurité à travers les âges. On appellera donc non-événementiel l'historicité dont nous n'avons pas conscience comme telle » (P. Veyne, 1971, p. 31). D'autre part, l'historicité exclut l'idéalisation de l'histoire, l'existence de l'Histoire, avec un H majuscule : « Tout est historique, donc l'Histoire n'existe pas ».

Mais il faut bien vivre et penser avec ce double ou triple sens d'*histoire*. Lutter certes contre les confusions trop grossières et trop mystifiantes entre les différents sens, ne pas confondre science historique et philosophie de l'histoire. Je partage avec la plupart des historiens de métier la méfiance à l'égard de cette philosophie de l'histoire, « tenace et insidieuse » (G. Lefebvre, p. 16) qui a tendance, sous ses diverses formes, à ramener l'explication historique à la découverte, ou à l'application d'une cause unique et première, à remplacer précisément l'étude, par des techniques scientifiques, de l'évolution des sociétés par cette évolution même conçue en abstractions fondées sur l'apriorisme ou une très sommaire connaissance des travaux scientifiques. C'est pour moi un grand sujet d'étonnement que le retentissement plutôt hors des milieux d'historiens, il est vrai, du pamphlet de Karl Popper : *Misère de l'historicisme*. Pas un seul historien de métier n'y est cité. Il ne faut pourtant pas faire de cette méfiance à l'égard de la philosophie de l'histoire la justification d'un refus de ce genre de réflexion. L'ambiguïté du vocabulaire elle-même révèle que la frontière entre les deux disciplines, les deux orientations de recherche, n'est pas — en toute hypothèse — strictement tracée ni traçable. L'historien ne doit pas en conclure qu'il doit pour autant se détourner d'une réflexion *théorique* nécessaire au travail historique. Qui ne voit que les historiens les plus enclins à ne se réclamer que des faits non seulement ignorent qu'un fait historique résulte d'un montage et que l'établir réclame non seulement un travail technique mais aussi un travail théorique mais aussi, mais surtout sont aveuglés par une philosophie inconsciente de l'histoire souvent sommaire et incohérente. Certes, je le répète, l'ignorance des travaux historiques par la plupart des philosophes de l'histoire — pendant du mépris des historiens pour la philosophie — n'a pas facilité le dialogue. Mais l'existence par exemple d'une revue de haute qualité comme *History and Theory. Studies in the Philosophy of History*, éditée depuis 1960 par la Wesleyan University à Middletown (Connecticut, U.S.A.), prouve la possibilité et l'intérêt d'une commune réflexion des philosophes et des historiens et de la constitution de spécialistes informés dans le champ de la réflexion théorique sur l'histoire.

Je pense donc que la brillante démonstration de Paul Veyne contre la philosophie de l'histoire dépasse quelque peu la réalité. Il estime qu'il ne s'agit plus que d'un genre mort ou « qui ne survit plus que chez des épigones de savoir assez populaire » et que « c'était un genre faux ». En effet, « à moins d'être une philosophie révélée, une philosophie de l'histoire fera double emploi avec l'explication concrète des faits et renverra aux mécanismes et lois qui expliquent ces faits. Seuls les deux extrêmes sont viables : le providentialisme de la *Cité de Dieu*, l'épistémologie historique ; tout le reste est bâtard » (P. Veyne, 1961, p. 40). Sans aller jusqu'à dire avec Raymond Aron : « L'absence et le besoin d'une philosophie de l'histoire sont donc également caractéristiques de notre temps » (R. Aron, 1961, p. 38), je dirai qu'il est légitime qu'en marge de la science historique se développe une philosophie de l'histoire comme des autres branches du savoir. Il est souhaitable qu'elle n'ignore pas l'histoire des historiens mais ceux-ci doivent admettre qu'elle puisse avoir avec l'objet de l'histoire d'autres rapports de connaissance que les leurs.

C'est la dualité de l'histoire comme histoire-réalité et histoire-étude de cette réalité qui explique souvent, me semble-t-il les ambiguïtés de certaines déclarations de Claude Lévi-Strauss.

Strauss sur l'histoire. Ainsi, dans une discussion avec Maurice Godelier, celui-ci ayant relevé que l'hommage rendu, dans *Du Miel aux cendres*, à l'histoire comme contingence irréductible, se retournait contre l'histoire et que c'était « donner à la science de l'histoire un statut impossible, en faire une impasse », Lévi-Strauss répliquait : « Je ne sais pas ce que vous appelez une science de l'histoire. Je me contenterai de dire l'histoire tout court ; et l'histoire tout court, c'est quelque chose dont nous ne pouvons pas nous passer, précisément par ce que cette histoire nous met constamment en face de phénomènes irréductibles » (C. Lévi-Strauss, 1975, pp. 182-183). Toute l'ambiguïté du mot histoire est dans cette déclaration.

J'aborderai donc l'histoire en empruntant à un philosophe l'idée de base :

« L'histoire n'est histoire que dans la mesure où elle n'a accédé, ni au discours absolu ni à la singularité absolue, dans la mesure où le sens en reste confus, mêlé... L'histoire est essentiellement équivoque, en ce sens qu'elle est virtuellement événementielle et virtuellement structurale. L'histoire est vraiment le royaume de l'inexact. Cette découverte n'est pas vaine ; elle justifie l'historien. Elle le justifie de tous ses embarras. La méthode historique ne peut être qu'une méthode inexacte... L'histoire veut être objective, et elle ne peut pas l'être. Elle veut faire revivre et elle ne peut que reconstruire. Elle veut rendre les choses contemporaines, mais en même temps, il lui faut restituer la distance et la profondeur de l'éloignement historique. Finalement, cette réflexion tend à justifier toutes les apories du métier d'historien, celles que Marc Bloch avait signalées dans son plaidoyer pour l'histoire et le métier d'historien. Ces difficultés ne tiennent pas à des vices de méthode, ce sont des équivoques bien fondées » (Paul Ricœur, 1961, p. 226).

Discours sur certains points un peu trop pessimiste, mais qui me paraît vrai. Je présenterai donc d'abord les paradoxes et les ambiguïtés de l'histoire, mais pour mieux la définir comme une science, science originale, mais fondamentale.

Je traiterai ensuite de l'histoire sous trois aspects essentiels souvent mêlés mais qu'il faut à mon sens distinguer : la culture historique, la philosophie de l'histoire, le métier d'historien. Je le ferai dans une perspective historique, au sens chronologique. La critique que j'aurai faite, dans la première partie, d'une conception linéaire et téléologique de l'histoire, écartera le soupçon que j'identifie la chronologie au progrès qualitatif même si je souligne les effets cumulatifs de la connaissance, et ce qu'Ignace Meyerson a appelé « la montée de la conscience historique » (Meyerson, 1956, p. 354).

Je ne chercherai pas à être exhaustif*. Ce qui m'importe c'est de montrer, dans la première perspective, sur quelques exemples, le type de rapports que les sociétés historiques ont entretenus avec leur passé, la place de l'histoire dans leur présent. Dans l'optique de la philosophie de l'histoire, je voudrais montrer, à

---

* La bibliographie, qui pourrait être énorme, n'est pas non plus exhaustive. Mais elle englobe, pour permettre au lecteur d'aller plus loin et, parfois, ailleurs, des travaux non cités dans le texte.

travers le cas de certains grands esprits et de certains
courants importants de pensée, comment, au-delà ou
en dehors de la pratique disciplinaire de l'histoire, on
a, dans certains milieux et à certaines époques, conceptualisé, idéologicisé l'histoire. L'horizon professionnel
de l'histoire fera, paradoxalement, plus de place à la
notion d'évolution et de perfectionnement. C'est que,
se plaçant dans la perspective de la technologie et de la
science, il y rencontrera l'inévitable idée du progrès
technique.

Une dernière partie consacrée à la situation actuelle
de l'histoire retrouvera quelques-uns des thèmes fondamentaux de cet essai et quelques aspects nouveaux.

La science historique a connu depuis un demi-siècle
un prodigieux essor : renouvellement, enrichissement
des techniques et des méthodes, des horizons et des
domaines. Mais, entretenant avec les sociétés globales
des relations plus intenses que jamais, l'histoire professionnelle, scientifique vit une crise profonde. Le
savoir de l'histoire est d'autant plus troublé que son
pouvoir est plus grand.

I – PARADOXES ET AMBIGUÏTÉS DE L'HISTOIRE

1 – *L'histoire, science du passé ou « il n'y a d'histoire que contemporaine » ?*

Marc Bloch n'aimait pas la définition : « L'histoire
est la science du passé » et trouvait que « l'idée même
que le passé, en tant que tel, puisse être objet de
science est absurde » (M. Bloch, p. 32-33). Il proposait

de définir l'histoire comme « la science des hommes dans le temps ». Il voulait par là souligner trois caractères de l'histoire. Le premier est un caractère humain. Bien que la recherche historique aujourd'hui englobe volontiers certains domaines de l'histoire de la nature[4], on admet généralement en effet que l'histoire est l'histoire humaine et Paul Veyne a souligné qu'une « différence énorme » sépare l'histoire humaine de l'histoire naturelle : « L'homme délibère, la nature ne le fait pas ; l'histoire humaine deviendrait un non-sens si on négligeait le fait que les hommes ont des buts, des fins, des intentions » (P. Veyne, 1968, p. 424). Cette conception de l'histoire humaine inspire d'ailleurs à beaucoup d'historiens l'idée que la partie centrale, essentielle de l'histoire, est l'histoire sociale. Charles-Edmond Perrin a écrit de Marc Bloch : « A l'histoire, il assigne comme objet l'étude de l'homme en tant que celui-ci est intégré dans un groupe social », et Lucien Febvre renchérissait : « Pas l'homme, pas l'homme, encore une fois, jamais l'homme. Les sociétés humaines, les groupes organisés[5] ». Marc Bloch pensait ensuite aux relations qu'entretiennent au sein de l'histoire le passé et le présent. Il estimait en effet que l'histoire doit non seulement permettre de « comprendre le présent par le passé » — attitude traditionnelle — mais aussi de « comprendre le passé par le présent » (M. Bloch, p. 44-50). Affirmant résolument le caractère scientifique, abstrait, du travail historique, Marc Bloch refusait que ce travail fût étroitement tributaire de la chronologie : « L'erreur, en effet, serait grave de croire que l'ordre adopté par les historiens dans leurs enquêtes doit nécessairement se modeler sur celui des événements. Quitte à restituer ensuite à l'histoire son mouvement véritable, ils ont souvent profit à commencer par la lire, comme disait Maitland,

" à rebours " » (*Ibid.*, p. 48-9). D'où l'intérêt d' « une méthode prudemment régressive ». « Prudemment » — c'est-à-dire qui ne transporte pas naïvement le présent dans le passé et qui ne parcoure pas à rebours un trajet linéaire qui serait aussi illusoire que dans le sens contraire. Il y a des ruptures, des discontinuités qu'on ne peut sauter dans un sens comme dans l'autre.

L'idée que l'histoire est dominée par le présent repose largement sur une phrase célèbre de Benedetto Croce affirmant que « toute histoire est histoire contemporaine ». Croce entend par là que « quelqu'é-loignés dans le temps que semblent les événements qu'elle raconte, l'histoire en réalité se rapporte aux besoins présents et aux situations présentes dans lesquelles retentissent ces événements ». En fait Croce pense que du moment que les événements historiques peuvent constamment être repensés, ils ne sont pas « dans le temps », l'histoire est la « connaissance de l'éternel présent » (P. Gardiner). Ainsi cette forme extrême de l'idéalisme est la négation de l'histoire. Comme l'a bien vu E. H. Carr, Croce a inspiré la thèse de Collingwood dans *The Idea of History*, 1932-1946, recueil posthume d'articles, où l'historien britannique affirme — mêlant les deux sens d'histoire, l'enquête de l'historien et les séries d'événements passés par les-quels il enquête — que l'histoire n'est concernée ni par le passé en lui-même ni par ce qu'en pense l'historien mais par le rapport entre les deux (E. H. Carr, p. 15-16). Conception à la fois féconde et dangereuse. Féconde car il est vrai que l'historien part de son présent pour poser des questions au passé. Dangereuse parce que, si le passé a malgré tout une existence en dehors du présent, il est vain de croire à un passé indépendant de celui que l'historien constitue[6]. Cette considération condamne toutes les conceptions d'un passé « ontolo-

gique » — comme l'exprime par exemple la définition
de l'histoire par Emile Callot : « une narration intelligible d'un passé définitivement écoulé [7] ». Le passé est
une construction et une réinterprétation constante, et
il a un avenir qui fait partie intégrante et significative
de l'histoire. Cela est vrai en un double sens. D'abord
parce que le progrès des méthodes et des techniques
permet de penser qu'une partie importante des documents du passé est encore à découvrir. Partie matérielle : l'archéologie découvre sans cesse des monuments enfouis du passé, les archives du passé conti-
nuent sans arrêt de s'enrichir. Mais aussi de nouvelles
lectures des documents, fruits d'un présent à naître
dans le futur doivent assurer une survie — ou mieux
une vie — au passé qui n'est pas définitivement
écoulé. Au rapport essentiel présent/passé, il faut
donc ajouter l'horizon du futur. Ici encore les sens
sont multiples. Les théologies de l'histoire ont subordonné celle-ci à un but défini comme sa fin, son
accomplissement et sa révélation. C'est vrai de l'histoire chrétienne, happée par l'eschatologie, ce l'est
aussi du matérialisme historique — dans sa version
idéologique — greffant sur une science du passé un
désir d'avenir qui ne dépend pas seulement de la
fusion d'une analyse scientifique de l'histoire écoulée
et d'une praxis révolutionnaire éclairée par cette analyse. Une des tâches de la science historique est
d'introduire autrement que par l'idéologie et en respectant l'imprévisibilité de l'avenir l'horizon du futur
dans sa réflexion (Erdmann, Schulin). Que l'on songe
simplement à cette constatation banale mais lourde
de conséquences : un élément essentiel des historiens
des périodes anciennes est qu'ils savent ce qui s'est
passé *après*. Les historiens du contemporain, du temps
présent, l'ignorent. L'histoire proprement contempo-

raine diffère ainsi (il y a d'autres raisons à cette
différence) de l'histoire des époques antérieures.

Cette dépendance de l'histoire du passé par rapport
au présent de l'historien doit le conduire à quelques
précautions. Elle est inévitable et légitime, dans la
mesure où le passé ne cesse de vivre et de se faire
présent. Mais cette longue durée du passé ne doit pas
empêcher l'historien de prendre ses distances avec le
passé, distances révérencieuses, nécessaires pour le
respecter et éviter l'anachronisme.

Je pense en définitive que l'histoire est bien la
science du passé, à condition de savoir que ce passé
devient objet de l'histoire par une reconstitution sans
cesse remise en cause. On ne peut par exemple parler
des Croisades comme on l'aurait fait avant la colonisation du XIXe siècle, mais il faut se demander si et dans
quelles perspectives, le terme de colonialisme s'applique bien à l'installation des Croisés du Moyen Age en
Palestine [8].

Cette interaction du passé et du présent c'est ce
qu'on a appelé la fonction sociale du passé ou de
l'histoire. Ainsi Lucien Febvre : « C'est en fonction de
ses besoins présents que l'histoire récolte systématiquement, puis qu'elle classe et groupe les faits passés.
C'est en fonction de la vie qu'elle interroge la mort :
Organiser le passé en fonction du présent : c'est ce
qu'on pourrait nommer la fonction sociale de l'histoire » (L. Febvre, p. 438). Et Eric Hobsbawm s'est
interrogé sur « la fonction sociale du passé [9] » (Hobsbawm, 1972).

De ce que « chaque époque se fabrique mentalement
sa représentation du passé historique » prenons quelques exemples.

C'est, ressuscitée, recréée par Georges Duby, la
bataille de Bouvines (27 juillet 1214), victoire décisive

du roi de France Philippe Auguste sur l'empereur Otton IV et ses alliés. Orchestrée par les historiographes français et devenue légendaire, la bataille, après le XIIIe siècle, tombe dans l'oubli, puis connaît des résurgences au XVIIe siècle parce qu'on loue les souvenirs de la monarchie française, sous la Monarchie de Juillet parce que les historiens libéraux et bourgeois (Guizot, Augustin Thierry) y voient l'alliance bénéfique de la royauté et du peuple, entre 1871 et 1914 parce que c'est « la première victoire des Français sur les Allemands ». Après 1945, Bouvines sombre dans le mépris pour l'histoire-bataille (G. Duby, 1973). Nicole Loraux et Pierre Vidal-Naquet ont montré comment, en France, de 1750 à 1850, de Montesquieu à Victor Duruy se monte une image « bourgeoise » de l'Athènes antique, dont les principales caractéristiques auraient été « respect de la propriété, respect de la vie privée, épanouissement du commerce, du travail et de l'industrie » et où l'on retrouve même les hésitations de la bourgeoisie du XIXe siècle : « République ou empire ? Empire autoritaire ? Empire libéral ? Athènes assume simultanément toutes ces figures » (N. Loraux et P. Vidal-Naquet, pp. 207-208-222). Cependant, Zvi Yavetz se demandant pourquoi Rome avait été le modèle historique de l'Allemagne au début du XIXe siècle répondait : « parce que le conflit entre seigneurs et paysans prussiens arbitré après Iena (1806) par l'intervention réformiste de l'Etat sans l'impulsion des hommes d'état prussiens fournissait un modèle qu'on croyait retrouver dans l'histoire de la Rome Antique : B. G. Niebuhr, auteur de la *Römanische Geschichte* parue en 1811-1812, était un proche collaborateur du ministre prussien Stein » (Yavetz).

Philippe Joutard a suivi à la trace la mémoire du soulèvement populaire des Camisards huguenots dans les Cévennes au début du XVIIIᵉ siècle. Dans l'historiographie écrite un tournant apparaît vers 1840. Jusqu'alors les historiens, aussi bien catholiques que protestants, n'avaient que mépris pour cette révolte de paysans. Mais avec l'*Histoire des Pasteurs du Désert* de Napoléon Peyrat (1842), *Les prophètes protestants* d'Ami Bost (1842) et l'*Histoire de France* de Michelet (1862), une légende dorée des Camisards se développe à laquelle s'oppose une légende noire catholique. Cette opposition s'alimente explicitement aux passions politiques de la seconde moitié du XIXᵉ siècle faisant s'affronter partisans du mouvement et partisans de l'ordre qui font des Camisards les ancêtres de tous les révoltés du XIXᵉ siècle, des pionniers de « l'éternelle armée du désordre », « les premiers précurseurs des démolisseurs de la Bastille », les précurseurs des Communards et des socialistes actuels, leurs « descendants directs » avec qui ils « auraient réclamé le droit au pillage, au meurtre, à l'incendie au nom de la liberté de la grève ». Cependant, dans un autre type de mémoire qui sécrète « une autre histoire », celui transmis par la tradition orale, Philippe Joutard a trouvé une légende positive et vivante des Camisards mais qui elle aussi fonctionne par rapport au présent et fait des révoltés de 1702 « les laïcs et les républicains » de la fin du règne de Louis XIV. Puis le réveil régionaliste les transforme en rebelles occitans et la Résistance en maquisards.

C'est aussi en fonction de positions et d'idées contemporaines qu'était née dans l'Italie d'après la Première Guerre mondiale une polémique sur le Moyen Age [10]. Récemment encore, le médiéviste Ovidio Capitani a évoqué la distance et la proximité du Moyen Age dans un recueil d'essais au titre significatif : *Medioevo passato prossimo*, « Moyen Age passé et tout proche ». Il écrit : « L'actualité du Moyen Age est celle-ci : savoir ne pas pouvoir faire à moins de chercher Dieu là où il n'est pas... Le Moyen Age est " actuel " précisément parce qu'il est passé, mais passé comme un élément qui s'est attaché à *notre histoire* de manière définitive pour toujours et nous oblige à en tenir compte, car il renferme un formidable ensemble de réponses que l'homme a données et ne peut oublier, même s'il en a vérifié l'inadéquation. L'unique serait abolir l'histoire... » (O. Capitani, p. 276).

Ainsi, l'historiographie apparaît comme une suite de nouvelles lectures du passé, pleine de pertes et de résurgences, de trous de mémoire et de révisions. Ces « aggiornamenti » peuvent aussi affecter le vocabulaire de l'historien et par des anachronismes de concepts et de mots fausser gravement la qualité de son travail. C'est ainsi que sur des exemples concernant l'histoire anglaise et européenne entre 1450 et 1650, et à propos de termes comme « parti », « classe », etc. J. H. Hexter a réclamé une grande et rigoureuse révision du vocabulaire historique [11].

R. G. Collingwood a vu dans cette relation entre le passé et le présent l'objet privilégié de la réflexion de l'historien sur son travail : le passé est un aspect ou une fonction du présent, c'est ainsi qu'il doit toujours apparaître à l'historien qui réfléchit intelligemment sur son propre travail ou, en d'autres termes, vise à une philosophie de l'histoire [12]. Ce rapport entre le présent et le passé dans le discours de l'histoire est en tout cas un aspect essentiel du problème traditionnel de l'objectivité en histoire.

2 – *Savoir et pouvoir : objectivité et manipulation du passé.*

Selon Heidegger, l'histoire serait non seulement une projection par l'homme du présent dans le passé mais la projection de la partie la plus imaginaire de son présent, la projection dans le passé de l'avenir qu'il s'est choisi, une histoire-fiction, une histoire-désir à rebours. Paul Veyne a raison de condamner ce point de vue et de dire qu'Heidegger « ne fait qu'ériger en philosophie anti-intellectualiste l'historiographie nationaliste du siècle dernier » (P. Veyne, 1968, p. 424). Mais n'est-il pas optimiste en ajoutant : « ce faisant, comme la chouette de Minerve, il s'est éveillé un peu trop tard » ?

D'abord, parce qu'il y a deux histoires au moins et j'y reviendrai : celle de la mémoire collective et celle des historiens. La première apparaît comme essentiellement mythique, déformée, anachronique. Mais elle est le vécu de ce rapport jamais fini entre le présent et le passé. Il est souhaitable que l'information historique prodiguée par les historiens de métier, vulgarisée par l'école et — c'est au moins ce qui devrait être — les mass médias, corrige cette histoire traditionnelle fausse. L'histoire doit éclairer la mémoire et l'aider à rectifier ses erreurs. Mais l'historien est-il lui-même indemne d'une maladie sinon du passé, du moins du présent et peut-être d'une image inconsciente d'un futur rêvé ?

Une première distinction doit être faite entre *objectivité et impartialité.* « L'impartialité est délibérée, l'objectivité inconsciente. L'historien n'a pas le droit de poursuivre une démonstration en dépit des témoignages, de défendre une cause quelle qu'elle soit. Il doit établir et manifester la vérité ou ce qu'il croit la vérité. Mais il lui est impossible d'être objectif, de faire abstraction de ses conceptions de l'homme, notamment lorsqu'il s'agit de jauger l'importance des faits et leurs relations causales » (L. Génicot, 1980, p. 112).

Il faut aller plus loin. Si cette distinction suffisait, le problème de l'objectivité ne serait pas, selon l'expression d'E. H. Carr, « a famous crux » qui a fait couler beaucoup d'encre [13].

Repérons d'abord les incidences de l'environnement social sur les idées et méthodes de l'historien. Wolfgang Mommsen a relevé trois éléments de cette pression sociale : « 1) L'image qu'a de lui-même (self-image) le groupe social dont l'historien est l'interprète ou auquel il appartient ou est inféodé. 2) Sa conception des causes du changement social. 3) Les perspectives de changements sociaux à venir que l'historien juge probables ou possibles et qui orientent son interprétation historique » (W. J. Mommsen, p. 23). Mais on ne peut éviter tout « présentisme » — toute influence déformante du présent sur la lecture du passé — on peut en limiter les conséquences néfastes pour l'objectivité. D'abord — et je reviendrai sur ce fait capital — parce qu'il existe un corps de spécialistes habilités à examiner et juger la production de leurs collègues. « Thucydide n'est pas un collègue », a dit judicieusement Nicole Loraux en montrant que son *Histoire* bien qu'elle se présente à nous comme un document réunissant « toutes les garanties de sérieux du discours historique — n'est pas un document au sens moderne du mot, mais un texte, un texte antique, qui est d'abord un discours et relève de la rhétorique » (N. Loraux, 1980). Mais je montrerai plus tard — comme le sait bien Nicole Loraux — que tout document est un monument ou un texte, et n'est jamais « pur », c'est-à-dire purement objectif. Il reste que dès qu'il y a histoire, il y a entrée dans un monde de professionnels, exposition à la critique des autres historiens. Quand un peintre dit du tableau d'un autre peintre : « c'est mal fait », un écrivain de l'œuvre d'un autre écrivain dit : « c'est mal écrit », personne ne s'y trompe, cela ne veut dire que : « je n'aime pas ça ». Mais quand un historien critique l'œuvre d'un « collègue » il peut certes se tromper lui-même et une partie de son jugement peut venir de son goût personnel, mais sa critique se fondera du moins en partie sur des critères « scientifiques ». Dès l'aube de l'histoire c'est à l'aune de la vérité qu'on juge l'historien. A tort ou à raison Hérodote passe longtemps pour un « menteur » (Momigliano, pp. 127-142, Hartog), et Polybe au livre XII de ses *Histoires* où il expose ses idées sur l'histoire attaque surtout un « confrère », Timée.

Comme l'a dit Wolfgang Mommsen, les œuvres historiques, les jugements historiques sont « intersubjectivement compréhensibles » et « intersubjectivement vérifiables » (« intersubjectively understandable and verifiable »). Cette intersubjectivité est constituée par le jugement des autres, et d'abord celui des autres historiens. Mommsen relève trois modes de vérification : a) les sources pertinentes ont-elles été utilisées et le dernier état de la recherche pris en considération ? b) jusqu'à quel point ces jugements historiques se sont-ils approchés d'une intégration optimale de toutes les données historiques possibles ? c) les modèles explicites ou sous-jacents d'explication sont-ils rigoureux, cohérents et non-contradictoires ? (Mommsen, p. 33). On pourrait trouver d'autres critères mais la possibilité d'un large accord des spécialistes sur la valeur d'une grande partie de toute œuvre historique est la première preuve de la « scientificité » de l'histoire et la première pierre de touche de l'objectivité historique.

Si l'on veut toutefois appliquer à l'histoire la maxime du grand journaliste libéral C. P. Scott : « Les faits sont sacrés, l'opinion est libre » (cité par E. H. Carr, p. 4), il faut faire deux remarques. La première est que le champ de l'opinion est moins vaste en histoire que le profane ne le croit si on reste dans le domaine de l'histoire scientifique (je parlerai plus loin de l'histoire des amateurs). La seconde est qu'en revanche les faits sont souvent moins sacrés qu'on ne le croit car si des faits bien établis (par exemple la mort de Jeanne d'Arc sur le bûcher à Rouen en 1431 — ce dont ne doutent que les mystificateurs et les ignorants abusés) ne peuvent être niés, le fait n'est pas en histoire la base essentielle de l'objectivité à la fois parce que les faits historiques sont fabriqués et non donnés et que l'objectivité n'est pas en histoire la pure soumission aux faits.

Sur la construction du fait historique, on trouvera des mises au point dans tous les traités de méthodologie historique (cf. par exemple P. Salmon, p. 46-48 — E. H. Carr, p. 1-24 — J. Topolski, Ve Partie, etc.). Je ne citerai que Lucien Febvre dans sa célèbre leçon d'ouverture au Collège de France, le 13 décembre 1933 : « Du donné ? Mais non, du créé par l'historien, combien de fois ? De l'inventé et du fabriqué, à l'aide d'hypothèses et de conjectures, par un travail délicat et passionnant... Elaborer un fait, c'est construire. Si l'on veut, c'est à une question fournir une réponse. Et s'il n'y a pas de question, il n'y a que du néant » (L. Febvre, p. 7-9). Il n'y a de fait historique qu'à l'intérieur d'une histoire-problème.

Que l'objectivité historique ne soit pas la pure soumission aux faits en voici deux autres témoins. Max Weber d'abord : « Tout essai pour comprendre la réalité (historique) sans hypothèses subjectives n'aboutirait à rien d'autre qu'un chaos de jugements existentiels sur d'innombrables événements isolés [14] ». E. H. Carr parle avec humour du « fétichisme des faits » des historiens positivistes du xixᵉ siècle : « Ranke croyait pieusement que la divine providence prendrait soin de la signification de l'histoire si lui-même prenait soin des faits... La conception libérale de l'histoire du xixᵉ siècle avait une étroite affinité avec la doctrine économique du *laissez-faire*... C'était l'âge de l'innocence et les historiens se promenaient dans le Jardin d'Eden... nus et dépourvus de honte devant le dieu de l'histoire. Depuis nous avons connu le Péché et fait l'expérience de la chute, et les historiens qui prétendent aujourd'hui se dispenser d'une philosophie de l'histoire (prise ici dans le sens d'une réflexion critique sur la pratique historique) essaient simplement et vainement, comme les membres d'une colonie de nudistes, de recréer le Jardin d'Eden dans leur jardin de banlieue » (Carr, p. 13-14).

L'impartialité ne requiert que de l'honnêteté de la part de l'historien, l'objectivité suppose davantage. Si la mémoire est un enjeu du pouvoir, si elle autorise des manipulations conscientes ou inconscientes, si elle obéit aux intérêts individuels ou collectifs, l'histoire, comme toutes les sciences, a pour norme la vérité. Les abus de l'histoire ne sont le fait de l'historien que lorsqu'il devient lui-même un partisan, un politicien ou un valet du pouvoir politique (Th. Schieder, K. G. Faber, in *History and Theory*, Beiheft, 1978). Quand Paul Valéry déclare : « L'histoire est le produit le plus dangereux que la chimie de l'intellect ait élaboré... L'histoire justifie ce que l'on veut. Elle n'enseigne rigoureusement rien, car elle contient tout et donne des exemples de tout » (P. Valéry, p. 63-64), cet esprit si aigu par ailleurs confond l'histoire humaine et l'histoire scientifique et montre son ignorance du travail historique.

Même s'il est un peu optimiste, Paul Veyne a raison qui écrit : « C'est ne rien comprendre à la connaissance historique, et à la science en général que de ne pas voir qu'elle est sous-tendue par une norme de véracité... Assimiler l'histoire scientifique aux souvenirs nationaux dont elle est issue, c'est confondre l'essence d'une chose avec son origine ; c'est ne plus distinguer la chimie de l'alchimie, l'astronomie de l'astrologie... Dès le premier jour... l'histoire des historiens se définit contre la fonction sociale des souvenirs historiques et s'est posée comme relevant d'un idéal de vérité et d'un intérêt de pure curiosité » (P. Veyne, 1968, p. 424).

Visée ambitieuse, l'objectivité historique se construit peu à peu, à travers les révisions incessantes du travail historique, les laborieuses rectifications successives, l'accumulation des vérités partielles. Ce sont peut-être deux philosophes qui ont le mieux exprimé cette lente marche de l'histoire vers l'objectivité.

Paul Ricœur dans *Histoire et vérité* (2e éd. 1955, pp. 24-25) : « Nous attendons de l'histoire une certaine objectivité, l'objectivité qui lui convient ; la façon dont l'histoire naît et renaît nous l'atteste ; elle procède toujours de la *rectification* de l'arrangement officiel et pragmatique de leur passé par les sociétés traditionnelles. Cette rectification n'est pas d'un autre esprit que la rectification que représente la science physique par rapport au premier arrangement des apparences dans la perception et dans les cosmologies qui lui restent tributaires ».

Et Adam Schaff (pp. 338, sqq.) : « La connaissance prend nécessairement le caractère d'un processus infini qui — perfectionnant notre savoir en cheminant à partir de diverses approches de la réalité saisie sous ses différents aspects, accumulant les vérités partielles — aboutit non seulement à une simple addition des connaissances, à des changements quantitatifs de notre savoir mais aussi à des transformations qualitatives de notre vision de l'histoire ».

3 – *Le singulier et l'universel : généralisations et régularités de l'histoire.*

La contradiction la plus flagrante de l'histoire est sans doute que son objet est singulier, un événement, une suite d'événements, des personnages qui ne se produisent qu'une fois alors que son but, comme celui de toutes les sciences, est d'atteindre l'universel, le général, le régulier.

Déjà Aristote avait rejeté l'histoire du nombre des sciences précisément parce qu'elle s'occupe du particulier qui n'est pas un objet de science. Chaque fait historique n'est arrivé qu'une fois, il n'arrivera qu'une fois. Cette singularité constitue même pour beaucoup, producteurs ou consommateurs d'histoire, le principal attrait de l'histoire :

> *Aimez ce que jamais on ne verra deux fois*

L'explication historique doit traiter des objets « uniques » (P. Gardiner, II, 3 : Uniqueness in History).

Les conséquences de cette reconnaissance de la singularité du fait historique peuvent être ramenées à trois — qui ont joué un très grand rôle dans l'histoire de l'histoire.

La première c'est la primauté de l'événement. Si l'on pense en effet que le travail historique consiste à établir des événements, il suffit d'appliquer aux documents une méthode qui en fasse sortir les événements. Ainsi V. K. Dibble a distingué quatre types d'inférence

conduisant des documents aux événements en fonction
de la nature des documents qui peuvent être : des
témoignages individuels *(testimony)*, des sources collectives *(social bookkeeping)*, des indicateurs directs
(direct indicators), des corrélats *(correlates)* [15]. Cette
excellente méthode n'a que le tort de se fixer un
objectif contestable. Il y a d'abord une confusion entre
événement et fait historique et nous savons aujour-
d'hui que le but de l'histoire n'est pas l'établissement
de ces données faussement « réelles » qu'on a baptisées
événements ou faits historiques. La seconde conséquence d'une limitation de l'histoire au singulier c'est
de privilégier le rôle des individus et plus particulièrement des grands hommes. E. H. Carr a montré comment cette tendance remonte, dans la tradition occidentale, aux Grecs qui ont attribué leurs plus
anciennes épopées et leurs premières lois à des individus hypothétiques Homère, Lycurgue et Solon, s'est
renouvelée à la Renaissance avec la vogue de Plutarque et il retrouve ce qu'il appelle plaisamment « la
théorie de l'histoire du méchant roi Jean (Sans Terre) »
(The bad King John theory of history) d'après l'ouvrage
d'Isaiah Berlin, *Historical Inevitability* (1954) (E. H.
Carr, 1961, chap. II, *Society and the Individual*). Cette
conception qui a pratiquement disparu de l'histoire
scientifique reste malheureusement répandue par trop
de vulgarisateurs et par les *medias*, à commencer par
les éditeurs. Je ne confonds pas cette explication
vulgaire de l'histoire par les individus avec le genre
biographique qui — malgré ses erreurs et ses médio-
crités — est un des genres majeurs de l'histoire et a
produit des chefs-d'œuvre historiographiques comme
le *Frederic II* d'Ernst Kantorowicz, 1927. Carr a raison
de rappeler ce que Hegel disait des grands hommes :
« Les individus historiques sont ceux qui ont voulu et

accompli non une chose imaginée et présumée, mais une chose juste et nécessaire et qui ont compris, parce qu'ils en ont reçu intérieurement la révélation, ce qui est nécessaire et appartient réellement aux possibilités du temps » (Hegel, 1822-1830, p. 121).

A vrai dire, comme l'a bien dit Michel de Certeau (*L'écriture de l'Histoire*, p. 99), la spécialité de l'histoire c'est bien le *particulier* mais le particulier, comme l'a montré G. R. Elton dans *The Practice of History*, est différent de l'individuel et « le particulier spécifie à la fois l'attention et la recherche historiques non pas en tant qu'il est un objet pensé mais parce qu'il est au contraire la *limite du pensable* ».

La troisième conséquence abusive que l'on a tirée du rôle du particulier en histoire est de réduire celle-ci à une narration, un récit. Augustin Thierry, comme le rappelle Roland Barthes, a été un des tenants — en apparence parmi les plus naïfs — de cette croyance aux vertus du récit historique : « On a dit que le but de l'historien était de raconter, non de prouver ; je ne sais, mais je suis certain qu'en histoire le meilleur genre de preuve, le plus capable de frapper et de convaincre tous les esprits, celui qui permet le moins de défiance et laisse le moins de doute, c'est la narration complète... » (*Récits des temps mérovingiens*, éd. de 1851, II, p. 227). Mais que veut dire *complète* ? Passons sur le fait qu'un récit — historique ou non — est une construction et, sous son apparence honnête et objective, procède de toute une série de choix non explicites. Toute conception de l'histoire qui l'identifie au récit m'apparaît aujourd'hui comme inacceptable. Certes, la successivité qui constitue l'étoffe du matériau de l'histoire oblige à accorder au récit une place qui me paraît surtout d'ordre pédagogique. C'est tout simplement la nécessité en histoire d'exposer le comment avant de rechercher le pourquoi qui place le récit à la base de la logique du travail historique. Le récit n'est donc qu'une phase préliminaire même s'il a exigé un long travail préalable de la part de l'historien. Mais cette reconnaissance d'une indispensable rhétorique de l'histoire ne doit pas conduire à la négation du caractère scientifique de l'histoire.

Dans un livre séduisant *(Metahistory : The Historical Imagination in XIXth C. Europe),* Hayden White a récemment traité l'œuvre des principaux historiens du XIXe siècle comme une pure forme rhétorique, un discours narratif en prose. Pour parvenir à expliquer, ou plutôt pour atteindre un « effet d'explication », les historiens ont le choix entre trois stratégies : explication par argument formel, par intrigue *(emplotment),* par implication idéologique. A l'intérieur de ces trois stratégies, il y a quatres modes d'articulation possibles pour atteindre l'effet explicatif : pour les arguments il y a le formalisme, l'organicisme, le mécanisme et le contextualisme, pour les intrigues le roman, la comédie, la tragédie et la satire et pour l'implication idéologique l'anarchisme, le conservatisme, le radicalisme et le libéralisme. La combinaison spécifique des modes d'articulation a pour résultat le « style » historiographique des auteurs individuels. Ce style est atteint par un acte essentiellement poétique pour lequel Hayden White utilise les catégories aristotéliciennes de la métaphore, de la métonymie, de la synecdoque et de l'ironie. Il a appliqué cette grille à quatre historiens : Michelet, Ranke, Tocqueville et Burckhardt et à quatre philosophes de l'histoire : Hegel, Marx, Nietzsche et Croce.

Le résultat de cette enquête, c'est d'abord la constatation que les œuvres des principaux philosophes de l'histoire au XIXe siècle ne diffèrent de celles de leurs correspondants dans le domaine de l' « histoire à proprement parler » que par l'emphase, non par le contenu. Je répondrai tout de suite à cette constatation que Hayden White n'a fait ainsi que découvrir la relative unité de style d'une époque et retrouver ce que Taine avait remarqué dans une perspective encore plus large pour le XVIIᵉ siècle : « Entre une charmille de Versailles, un raisonnement philosophique de Malebranche, un précepte de versification de Boileau, une loi de Colbert sur les hypothèques, une sentence de Bossuet sur le royaume de Dieu la distance semble infinie. Les faits sont si dissemblables qu'au premier abord on les juge isolés et séparés. Mais les faits communiquent entre eux par la définition des groupes où ils sont compris » (cité par Ehrard Palmade, p. 72).

C'est ensuite la caractérisation des huit auteurs choisis de la façon suivante : Michelet c'est le réalisme historique comme roman, Ranke le réalisme historique comme comédie, Tocqueville le réalisme historique comme tragédie, Burckhardt le réalisme historique comme satire, Hegel la poétique de l'histoire et la voie au-delà de l'ironie, Marx la défense philosophique de l'histoire sur le mode métonymique, Nietzsche la défense poétique de l'histoire sur le mode métaphorique et Croce la défense philosophique de l'histoire sur le mode ironique.

Quant aux sept conclusions générales sur la conscience historique du XIXᵉ siècle auxquelles parvient Hayden White, elles peuvent se résumer en trois idées : 1) il n'y a pas de différence fondamentale entre histoire et philosophie de l'histoire, 2) le choix des stratégies d'explication historique est d'ordre moral ou esthétique plus qu'épistémologique, 3) la revendication d'une scientificité de l'histoire n'est que le déguisement d'une préférence pour telle ou telle modalité de conceptualisation historique.

Enfin, la conclusion la plus générale — au-delà même de la conception de l'histoire au XIXᵉ siècle — est que l'œuvre de l'historien est une forme d'activité intellectuelle qui est à la fois poétique, scientifique et philosophique.

Il serait trop facile d'ironiser — surtout à partir du squelettique résumé que j'ai donné d'un livre qui fourmille d'analyses de détail suggestives — sur cette conception de « la métahistoire », sur ses a priori et ses simplismes.

J'y vois deux possibilités intéressantes de réflexion. La première est qu'il contribue à éclairer la crise de l'historicisme à la fin du XIXᵉ siècle dont je parlerai plus loin. La seconde est qu'il permet de poser — sur un exemple historique — le problème des rapports entre l'histoire comme science, comme art et comme philosophie.

Il me semble que ces rapports se définissent d'abord historiquement et que là où Hayden White voit une sorte de nature historique, il y a la situation historique d'une discipline et qu'on peut dire en gros que l'histoire intimement mêlée jusqu'à la fin du XIXᵉ siècle à l'art et à la philosophie, s'efforce — et réussit partiellement — à être davantage spécifique, technique, scientifique et moins littéraire et philosophique.

Il faut toutefois remarquer que certains des plus grands historiens d'aujourd'hui revendiquent encore pour l'histoire le caractère d'art. Ainsi Georges Duby : « Je juge que l'histoire est d'abord un art, un art littéraire essentiellement. L'histoire n'existe que par le discours. Pour qu'elle soit bonne, il faut que le discours soit bon » (G. Duby et G. Lardreau, p. 50). Mais il affirme par ailleurs : « L'histoire, si elle doit être, ne

peut pas être libre : il se peut bien qu'elle soit un mode
du discours politique, elle ne doit pas être une propagande ; il se peut bien qu'elle soit un genre littéraire,
elle ne *doit* pas être de la littérature » (*Ibid.*, p. 15-16).
Il est donc clair que l'œuvre historique n'est pas une
œuvre d'art comme les autres, que le discours historique a sa spécificité.

La question a été bien posée par Roland Barthes :
« La narration des événements passés, soumise com-
munément, dans notre culture, depuis les Grecs, à la
sanction de la " science " historique, placée sous la
caution impérieuse du " réel ", justifiée par des principes d'exposition " rationnelle ", cette narration dif-
fère-t-elle vraiment par quelque trait spécifique, par
une pertinence indubitable, de la narration imaginaire, telle qu'on peut la trouver dans l'épopée, le
roman, le drame ? » (R. Barthes, 1967, p. 65). A cette
époque Emile Benveniste avait répondu en insistant
sur l'intention de l'historien : « L'énonciation historique des événements est indépendante de leur vérité
" objective ". Seul compte le dessein " historique " de
l'écrivain » (*Problèmes de linguistique générale*, I,
p. 240). La réponse de Roland Barthes, en termes de
linguistique, est que « dans l'histoire "objective ", le
" réel " n'est jamais qu'un signifié informulé, abrité
derrière la toute-puissance apparente du référent.
Cette situation définit ce que l'on pourrait appeler
l'*effet de réel*... le discours historique ne suit pas le réel,
il ne fait que le signifier, ne cessant de répéter *c'est
arrivé*, sans que cette assertion puisse être jamais autre
chose que l'envers signifié de toute la narration historique » (*ibid.*, p. 74). Barthes termine son étude en
éclairant le recul de l'histoire-récit aujourd'hui par la
recherche d'une plus grande scientificité : « Ainsi l'on
comprend que l'effacement (sinon la disparition) de la

narration dans la science historique actuelle, qui cherche à parler des structures plus que des chronologies, implique bien plus qu'un simple changement d'écoles une véritable transformation idéologique : la narration historique meurt parce que le signe de l'Histoire est désormais moins le réel que l'intelligible » (*Ibid.*, p. 75).

Sur une autre ambiguïté du terme *histoire* qui, dans la plupart des langues, désigne la science historique *et* un récit, imaginaire, *l'*histoire et *une* histoire (l'anglais distingue *story* et *history* [16]), Paul Veyne a fondé une vue originale de l'histoire.

Pour lui, l'histoire est bien un récit, une narration mais c'est « un récit d'événements *vrais* » (P. Veyne, 1971, p. 16).

Elle s'intéresse à une forme particulière de singularité, d'individualité qui est le spécifique : « l'histoire s'intéresse à des événements individualisés dont aucun ne fait pour elle double emploi mais ce n'est pas l'individualité elle-même qui l'intéresse : elle cherche à les comprendre, c'est-à-dire à retrouver en eux une sorte de généralité ou plus précisément de spécificité » (*Ibid.*, p. 72), et encore : « l'histoire est la description de ce qui est spécifique, c'est-à-dire compréhensible, dans les événements humains » (*Ibid.*, p. 75). L'histoire ressemble donc à un roman. Elle est faite d'*intrigues*. On voit ce que cette notion a d'intéressant dans la mesure où elle préserve la singularité sans la faire tomber dans le désordre, où elle refuse le déterminisme mais implique une certaine logique, où elle met en valeur le rôle de l'historien qui « bâtit » son étude historique comme un romancier son « histoire ». Elle a, à mes yeux, le tort de laisser croire que l'historien a la même liberté que le romancier, et que l'histoire n'est pas du tout une science, mais, quelques précautions que prenne Veyne, un genre littéraire, alors qu'elle m'apparaît comme une science qui a — ce qui est bien banal, mais qu'il faut bien dire — à la fois les caractères de toutes sciences et des caractères spécifiques.

Une première précision : face aux tenants de l'histoire positiviste qui croit pouvoir bannir toute imagination — et même toute « idée » — du travail historique, de nombreux historiens et théoriciens de l'histoire ont revendiqué et revendiquent encore le droit à l'imagination.

William Dray a même défini la « représentation imaginative » (imaginative re-enactment) du passé comme une forme d'explication rationnelle. La « sympathie » qui permet de sentir et de faire sentir un phénomène historique ne serait donc qu'un procédé d'exposition [17]. Gordon Leff a opposé la reconstruction imaginative de l'historien à la démarche du spécialiste des sciences de la nature : « L'historien, à la différence du " natural scientist ", doit créer son propre cadre pour évaluer les événements dont il s'occupe ; il doit faire une reconstruction imaginative de ce qui, par nature, n'était pas réel, mais était plutôt contenu dans des événements individuels. Il doit abstraire le complexe d'attitudes, de valeurs, d'intentions et de conventions qui fait partie de nos actions pour en saisir la signification » (G. Leff, pp. 117-118).

Cette appréciation de l'imagination de l'historien me paraît insuffisante. Il y a deux sortes d'imagination dont l'historien peut faire montre ; celle qui consiste à animer ce qui est mort dans les documents et qui fait partie du travail historique puisque celui-ci montre et explique les actions des hommes. Il est souhaitable de rencontrer cette capacité d'imagination qui rend *concret* le passé — tout comme Georges Duby souhaitait du talent littéraire chez l'historien. Il est encore plus désirable car il est *nécessaire* que l'historien fasse preuve de cette forme d'imagination qu'est l'imagination *scientifique*, ce qui se manifeste au contraire par le pouvoir d'*abstraction*. Rien ici ne distingue et ne doit distinguer l'historien des autres hommes de science. Il doit travailler sur ses documents avec la même imagination que le mathématicien dans ses calculs ou le physicien et le chimiste dans leurs expériences. C'est une affaire *d'état d'esprit* et on ne peut ici que suivre Huizinga quand il déclare que l'histoire n'est pas seulement une branche du savoir mais aussi « une forme intellectuelle pour comprendre le monde » (J. Huizinga, 1936).

En revanche, je déplore qu'un esprit aussi aigu que Raymond Aron, dans sa passion empirique, ait affirmé que les concepts de l'historien sont vagues parce que « à mesure que l'on se rapproche du concret, on élimine la généralité » (R. Aron, 1938 a, p. 206). Les concepts de l'historien sont en effet non pas vagues mais souvent métaphoriques parce qu'ils doivent précisément renvoyer à la fois à du concret et à de l'abstrait, l'histoire étant — comme les autres sciences humaines ou sociales — une science non pas tellement du complexe comme on se plaît à le dire que du spécifique, comme le dit bien Veyne.

L'histoire comme toute science doit donc généraliser et expliquer. Elle le fait de façon originale. Comme le dit Gordon Leff après beaucoup d'autres la méthode d'explication en histoire est essentiellement déductive : « Il n'y aurait pas d'histoire ni de discours conceptuel sans généralisation... La compréhension historique ne diffère pas par les processus mentaux qui sont inhérents à tout raisonnement humain mais par son statut qui est celui d'un savoir déductif plutôt que démontrable » (p. 79-80). La signification en histoire se fait autant par la mise en intelligibilité d'un ensemble de données séparées au départ que par une logique interne de chaque élément : « La signification en histoire est essentiellement contextuelle » (*Ibid.*, p. 57). Enfin, les explications en histoire sont plus des évaluations que des démonstrations mais elles incluent l'opinion de l'historien d'une façon rationnelle, inhérente au processus intellectuel d'explication : « Certaines formes d'analyse causale sont clairement indispensables à toute tentative de rapporter des événements ; tout comme il a à distinguer entre le hasard et la nécessité, l'historien doit décider si chaque situation est gouvernée par des facteurs à long terme ou à court terme. Mais, comme ses catégories, ces facteurs sont conceptuels, ils ne correspondent pas à des entités empiriquement confirmées ou infirmées. Pour cette raison, les explications de l'historien sont plutôt des évaluations » (*Ibid.*, p. 97-9). Les théoriciens de l'histoire se sont efforcés au cours des siècles d'introduire de grands principes susceptibles de fournir des clés générales de l'évolution historique. Les deux principales notions avancées ont été d'une part celle d'un *sens* de l'histoire et d'autre part de *lois* de l'histoire.

La notion d'un sens de l'histoire peut se décomposer en trois types d'explication : la croyance en de grands mouvements cycliques, l'idée d'une fin de l'histoire consistant en la perfection de ce monde, la théorie d'une fin de l'histoire située en dehors d'elle-même [18]. On peut considérer que les conceptions aztèques, ou, d'une certaine façon, celles d'Arnold Toynbee, relèvent de la première opinion, le marxisme de la seconde et le christianisme de la troisième.

A l'intérieur du christianisme un grand clivage passe entre ceux qui, avec Saint Augustin et l'orthodoxie catholique, se fondant sur l'idée des deux cités, la Cité terrestre et la Cité céleste exposée dans *La Cité de Dieu*, soulignent l'ambivalence du temps de l'histoire (Marrou, 1950) emporté à la fois dans les chaos apparents de l'histoire humaine (Rome n'est pas éternelle et n'est pas la fin de l'histoire) et dans le flux eschatologique de l'histoire divine et ceux qui, avec les millénaristes comme Joachim de Flore, cherchent à concilier la seconde et la troisième conception du sens de l'histoire. L'histoire se terminerait une première fois dans l'avènement d'un Troisième Age, règne de saints sur la Terre, avant de s'achever par la résurrection des corps et le jugement dernier. C'est au XIIIe siècle l'opinion de Joachim de Flore et de ses disciples. On ne sort pas seulement ici de la théorie historique mais même de la philosophie de l'histoire pour entrer dans la théologie de l'histoire. Au XXe siècle, le renouveau religieux a engendré chez certains penseurs un regain de la théologie de l'histoire. Le Russe Berdjaev (1874-1948) a prophétisé que les contradictions de l'histoire contemporaine feraient place à une nouvelle « création conjointe de l'homme et de Dieu » (Berdjaev). Le protestantisme du XXe siècle a vu s'affronter divers courants eschatologiques : celui de l' « eschatologie conséquente » de Schweizer, celui de l' « eschatologie démythisée » de Bultmann, celui de l' « eschatologie réalisée » de Dodd, celui de l' « eschatologie anticipée » de Cullmann par exemple [19]. Reprenant l'analyse de Saint Augustin, l'historien catholique Henri-Irénée Marrou a développé l'idée de l'ambiguïté du temps de l'histoire : « Le temps de l'histoire apparaît ainsi chargé d'une ambiguïté, d'une ambivalence radicale : il est certes, mais n'est pas seulement, comme l'imaginait une doctrine superficielle, un facteur de progrès ; l'histoire a aussi une face sinistre et sombre : cette croissance qui s'accomplit mystérieusement se fraie un chemin à travers la souffrance, la mort et l'échec » (Marrou, 1968).

Sur la conception cyclique et l'idée de décadence, je me suis expliqué ailleurs [20] et j'exposerai plus loin un échantillon de cette conception, la philosophie de l'histoire de Spengler.

Sur l'idée d'une fin de l'histoire consistant en la perfection de ce monde la loi la plus cohérente qui ait été avancée a été celle du progrès [21].

V. Gordon Childe après avoir affirmé que le travail de l'historien consistait à trouver un ordre dans le processus de l'histoire humaine (V. G. Childe, p. 5) et soutenu qu'il n'y avait pas en histoire de lois mais une « sorte d'ordre », a pris pour exemple de cet ordre la technologie. Pour lui, il y a un progrès technologique « de la préhistoire à l'âge du charbon » et il consiste en une séquence ordonnée d'événements historiques. Mais Gordon Childe rappelle qu'à chaque phase le progrès technique est un « produit social » et si on cherche à l'analyser de ce point de vue, on s'aperçoit que ce qui semblait linéaire est irrégulier (*erratic*) et pour expliquer « ces errances et ces fluctuations, il faut se tourner vers les institutions sociales, économiques, politiques, juridiques, théologiques, magiques, les coutumes et les croyances — qui ont agi comme éperons ou comme freins », — bref, à toute l'histoire dans sa complexité. Mais est-il légitime d'isoler un domaine technologique et de considérer que le reste de l'histoire n'agit sur lui que de l'extérieur ? La technologie n'est-elle pas une composante d'un plus vaste ensemble dont les parties n'existent que par le découpage plus ou moins arbitraire de l'historien ?

Le problème a été récemment posé de façon remarquable par Bertrand Gille [22]. Gille propose la notion de système technique, ensemble cohérent de structures compatibles les unes avec les autres. Ces systèmes techniques historiques révèlent un « ordre technique ». Ce « mode de préhension du phénomène technique » oblige à un dialogue avec les spécialistes des autres systèmes : l'économiste, le linguiste, le sociologue, le politique, le juriste, le savant, le philosophe... De cette conception suit la nécessité d'une périodisation, les systèmes techniques se succédant les uns aux autres et le plus important étant de comprendre, sinon d'expliquer totalement, les passages d'un système technique à un autre. Ainsi se pose le problème du progrès technique où d'ailleurs Gille distingue entre le « progrès de la technique » et le « progrès technique » qui se marque par l'entrée des inventions dans la vie industrielle ou courante.

Gille remarque encore que « la dynamique des systèmes, ainsi conçue, donne une nouvelle valeur à ce qu'on appelle, expression à la fois vague et ambiguë, les révolutions industrielles ».

Ainsi se trouve posé le problème que j'évoquerai plus généralement de la *révolution* en histoire. Il s'est posé à l'historiographie soit dans le domaine culturel (révolution de l'imprimerie, cf. M. McLuhan et E. L. Eisenstein, révolutions scientifiques, cf. Th. S. Kuhn), et même en historiographie (F. Smith Fussner, *The Historical Revolution. English Historical Writing and Thought 1560-1640*, 1962, c. r. de G. H. Nadel in *History and Theory*, 3, p. 255-261) soit dans le domaine politique (révolutions anglaise de 1640, française de 1789, russe de 1917). Ces événements et la notion même de révolution ont fait encore récemment l'objet de vives controverses. Il me semble que la tendance actuelle est d'une part de reposer le problème par rapport à la problématique de la *longue durée* [23], et d'autre part de

voir dans les controverses autour de « la » révolution
ou « des » révolutions un champ privilégié pour les
partis pris idéologiques et les choix politiques du
présent. « C'est un des terrains les plus " sensibles " de
toute l'historiographie [24] ».

Mon sentiment est qu'il n'y a pas en histoire de *lois*
comparables à celles qui ont été découvertes dans le
domaine des sciences de la nature — opinion largement répandue aujourd'hui avec le refus de l'historicisme et du marxisme vulgaire et la méfiance à l'égard
des philosophies de l'histoire. Beaucoup dépend d'ailleurs du sens accordé aux mots. On reconnaît par
exemple aujourd'hui que Marx n'a pas formulé de lois
générales de l'histoire mais qu'il a seulement conceptualisé le procès historique en unifiant théorie (critique) et pratique (révolutionnaire) [25]. W. C. Runciman a
bien dit que l'histoire, comme la sociologie et l'anthropologie, était « une consommatrice, non une produc-
trice de lois [26] ».

Mais face aux affirmations souvent plus provocantes
que convaincues de l'irrationalité de l'histoire, je dis
ma conviction que le travail historique a pour but de
mettre de l'intelligibilité dans le procès historique et
que cette intelligibilité conduit à la reconnaissance de
régularités dans l'évolution historique. C'est ce que
reconnaissent les marxistes ouverts même s'ils ont
tendance à faire déraper le terme de *régularités* vers
celui de *lois* [27].

Ces régularités sont à reconnaître d'abord à l'intérieur de chaque *série* étudiée par l'historien qui la rend
intelligible en y découvrant une logique, un *système*,
terme que je préfère à *intrigue*, car il insiste plus sur le
caractère objectif que subjectif de l'opération historique. Elles doivent l'être ensuite entre les séries d'où
l'importance de la méthode comparatiste en histoire.

Un proverbe dit : « Comparaison n'est pas raison », mais le caractère scientifique de l'histoire réside autant dans la mise en valeur des différences que des ressemblances alors que les sciences de la nature cherchent à éliminer les différences.

Le hasard a bien entendu sa place dans le procès de l'histoire et n'en dérange pas les régularités, puisque précisément le hasard est un élément constitutif du procès historique et de son intelligibilité.

Montesquieu a déclaré que « si une cause particulière, comme le résultat accidentel d'une bataille, a ruiné un état, il existait une cause générale qui faisait que l'effondrement de cet état dépendait d'une seule bataille » et Marx a écrit dans une lettre : « L'histoire mondiale aurait un caractère très mystique si elle ne faisait pas sa place au hasard. Ce hasard bien entendu fait partie du procès général de développement et est compensé par d'autres formes de hasard. Mais l'accélération ou le retard du procès dépend de tels " accidents ", y compris le caractère " fortuit " des individus qui sont à la tête d'un mouvement à ses débuts » (cité par Carr., p. 95). On a essayé récemment d'évaluer scientifiquement la part du hasard dans certains épisodes historiques. Ainsi Jorge Basadre a étudié la série des probabilités dans l'émancipation du Pérou. Il a utilisé les travaux de Pierre Vendryès[28] et de G.H. Bousquet[29]. Ce dernier soutient que l'effort pour mathématiser le hasard exclut aussi bien le providentialisme que la croyance en un déterminisme universel. Selon lui, le hasard ne joue ni dans le progrès scientifique ni dans l'évolution économique et il joue de façon à tendre vers un équilibre qui élimine non pas le hasard lui-même mais les conséquences du hasard. Les formes de hasard les plus « efficaces » en histoire seraient le hasard météorologique, l'assassinat, la naissance de génies.

Ayant ainsi esquissé la question des régularités et de la rationalité en histoire, il me reste à évoquer les problèmes de l'unité et de la diversité, de la continuité et de la discontinuité en histoire. Comme ces problèmes sont au cœur de la crise actuelle de l'histoire, j'y reviendrai à la fin de cet essai.

Je me contenterai de dire que si la visée de la véritable histoire a au fond toujours été d'être une histoire globale ou totale — *intégrale, parfaite* comme disaient les grands historiens de la fin du XVIᵉ siècle — l'histoire au fur et à mesure qu'elle se constitue en corps de discipline scientifique et scolaire doit s'incarner en des catégories qui — pragmatiquement — fractionnent l'histoire. Ces catégories dépendent de l'évolution historique elle-même. Le premier XXᵉ siècle a vu naître l'histoire économique et sociale, le second l'histoire des mentalités. Certains comme Chaim Perelman privilégient les catégories périodologiques, d'autres les catégories thématiques (Ch. Perelman, p. 13). Chacune a son utilité, sa nécessité. Elles sont des instruments de travail et d'exposé. Elles n'ont aucune réalité objective, substantielle. De même l'aspiration des historiens à la totalité historique peut et doit prendre des formes diverses qui évoluent elles aussi avec le temps. Le cadre peut être une réalité géographique ou un concept : ainsi Fernand Braudel avec *La Méditerranée au temps de Philippe II* d'abord, puis avec *La civilisation matérielle et le capitalisme*. Nous avons tenté, Pierre Toubert et moi-même, dans le cadre de l'histoire médiévale, de montrer comment la visée de l'histoire totale semble aujourd'hui accessible de façon pertinente à travers des objets globalisants construits par l'historien : par exemple l'*incastellamento*, la pau-

vreté, la marginalité, l'idée de travail, etc. (J. Le Goff et
P. Toubert).

Je ne crois pas que la méthode des approches
multiples — si elle ne se nourrit pas d'une idéologie
éclectique périmée — soit dommageable au travail de
l'historien. Elle est parfois plus ou moins imposée par
l'état de la documentation, chaque type de sources
réclamant un traitement différent à l'intérieur d'une
problématique d'ensemble. En étudiant la naissance
du Purgatoire du IIIᵉ au XIVᵉ siècle en Occident, je me
suis adressé tantôt à des récits de visions, tantôt à des
exempla, tantôt à des usages liturgiques, tantôt à des
pratiques dévotionnelles, et j'aurais eu recours à l'ico-
nographie si précisément le purgatoire n'en avait pas
été longtemps absent. J'ai analysé parfois des pensées
individuelles, parfois des mentalités collectives, parfois le niveau des puissants, parfois celui des masses.
Mais j'ai toujours eu présent à l'esprit que, sans
déterminisme ni fatalité, avec des lenteurs, des pertes,
des tournants, la croyance au purgatoire s'était incarnée au sein d'un système et que ce système n'avait de
sens que par son fonctionnement dans une société
globale [30].

Une étude monographique limitée dans l'espace et le
temps peut être un excellent travail historique si elle
pose un problème et se prête à la comparaison si elle
est conduite comme « case-study ». Seule me semble
condamnée la monographie refermée sur elle-même,
sans horizon, qui a été un des enfants chéris de
l'histoire positiviste et n'est pas tout à fait morte.

En ce qui concerne la continuité et la discontinuité,
j'ai déjà parlé du concept de révolution. Je voudrais
terminer le premier point de cet essai en insistant sur
le fait que l'historien doit respecter le temps qui —
sous diverses formes — est l'étoffe de l'histoire et

qu'aux durées du vécu il doit faire correspondre ses cadres d'explication chronologique. Dater reste et restera une des tâches et des devoirs fondamentaux de l'historien mais la datation doit s'accompagner d'une autre manipulation nécessaire de la durée pour la rendre historiquement pensable : la périodisation.

Gordon Leff l'a rappelé avec force : « La périodisation est indispensable à toute forme de compréhension historique » (G. Leff p. 130) en ajoutant avec pertinence : « La périodisation, comme l'histoire elle-même, est un processus empirique qui est façonné par l'historien » (*Ibid.*, p. 150). J'ajouterai qu'il n'y a pas d'histoire immobile et que l'histoire n'est pas non plus le changement pur mais qu'elle est l'étude des changements significatifs. La périodisation est l'instrument principal d'intelligibilité des changements significatifs.

II – LA MENTALITÉ HISTORIQUE : LES HOMMES ET LE PASSÉ

J'ai montré plus haut quelques exemples de la façon dont les hommes construisent ou reconstruisent leur passé. C'est plus généralement la place du passé dans les sociétés qui m'intéresse maintenant. J'accueille ici l'expression de « culture historique » employée par Bernard Guenée dans son livre *Histoire et culture historique dans l'Occident médiéval* (1980). Sous ce terme, Guenée rassemble plusieurs choses : d'une part le bagage professionnel des historiens, leur bibliothèque d'ouvrages historiques, de l'autre le public et l'audience des historiens. J'y ajoute le rapport qu'entretient, dans sa psychologie collective, une société avec son passé *. Je sais les risques de cette réflexion : prendre pour une unité une réalité complexe et structurée sinon en classes du moins en catégories sociales distinctes par leurs intérêts et leur culture, supposer un « esprit du temps » (*Zeitgeist*), voire un inconscient collectif — autant de dangereuses abstractions. Pourtant les enquêtes et les questionnaires mis en œuvre dans les sociétés « développées » d'aujourd'hui montrent qu'il est possible d'approcher les sentiments de l'opinion publique d'un pays sur son passé comme sur d'autres phénomènes et problèmes [31]. Comme ces enquêtes sont impossibles pour le passé, je m'efforcerai de caractériser — sans me dissimuler la part d'arbitraire et de simplification de cette démarche — l'attitude dominante dans un certain nombre de sociétés historiques vis-à-vis de leur passé et de l'histoire. Je prendrai pour interprètes de cette opinion collective surtout les historiens en m'efforçant de distinguer chez eux ce qui appartient à leurs idées personnelles et ce qui revient à la mentalité commune. Je vois bien que je confonds encore passé et histoire dans la mémoire collective. Je dois donc quelques explications supplémentaires qui préciseront mes idées sur l'histoire.

Je pense que l'histoire de l'histoire doit se préoccuper non seulement de la production historique professionnelle mais de tout un ensemble de phénomènes qui constituent la culture historique ou, mieux, la mentalité historique d'une époque. Une étude des manuels scolaires d'histoire en est un aspect privilégié mais ces manuels n'existent pratiquement que depuis

---

* Ma conception n'est pas très éloignée de ce que les Anglo-Saxons appellent « historical-mindedness ».

le XIXe siècle. L'étude de la littérature et de l'art peut
être éclairante à cet égard. La place de Charlemagne
dans les chansons de geste, la naissance du roman au
XIIe siècle et le fait que cette naissance se soit produite
sous la forme du roman historique (matière antique [32]),
l'importance des pièces historiques dans le théâtre de
Shakespeare [33], etc., témoignent du goût de certaines
sociétés historiques pour leur passé. Dans le cadre
d'une récente exposition sur le grand peintre du XVe
siècle, Jean Fouquet, Nicole Reynaud a bien montré
comment, à côté de l'intérêt pour l'histoire antique,
signe de la Renaissance (miniatures des *Antiquités
judaïques*, de l'*Histoire ancienne*, du *Tite-Live*), Fouquet
montre pour l'histoire moderne un goût prononcé
(Heures d'Etienne Chevalier, tapisserie de Formigny,
Grandes Chroniques de France, etc [34].). Il faudrait y
ajouter l'étude des prénoms, des guides de pèlerins et
de touristes, des gravures, de la littérature de colpor-
tage, des etc. etc. Marc Ferro a montré comment le
cinéma a ajouté une nouvelle source capitale à l'histoire : le film (M. Ferro, 1977), précisant d'ailleurs
justement que le cinéma était « agent et source de
l'histoire ». Ceci est vrai de l'ensemble des *medias*, ce
qui suffirait à expliquer que le rapport des hommes
avec l'histoire connaît avec les *medias* modernes
(presse de masse, cinéma, radio, télévision) un rebon-
dissement considérable. C'est à un tel élargissement de
la notion d'histoire (au sens d'historiographie) que
s'est livré Santo Mazzarino dans sa grande étude *Il
pensiero storico classico* [35]. Mazzarino traque de préférence la mentalité historique dans les éléments ethniques, religieux, irrationnels, les mythes, les fantaisies
poétiques, les théories cosmogoniques, etc. Il en résulte
même une nouvelle conception de l'historien qu'Arnaldo Momigliano a bien définie : « L'historien n'est

pas essentiellement pour Mazzarino un chercheur professionnel de la vérité dans le passé, mais plutôt un sourcier, un interprète " prophétique " du passé conditionné par ses opinions politiques, sa foi religieuse, ses caractéristiques ethniques et finalement, mais non exclusivement, par la situation sociale. Toute évocation poétique ou mythique ou utopique ou d'une autre façon fantastique du passé relève de l'historiographie [36] ».

Ici encore distinguons. L'objet de l'histoire est bien ce sens diffus du passé qui reconnaît dans les productions de l'imaginaire une des principales expressions de la réalité historique et notamment de leur façon de réagir en face de leur passé. Mais cette histoire indirecte n'est pas l'histoire des historiens qui seule a vocation scientifique.

Il en va de même pour la mémoire. De même que le passé n'est pas l'histoire mais son objet, de même la mémoire n'est pas l'histoire, mais à la fois un de ses objets et un niveau élémentaire d'élaboration historique. La revue *Dialectiques* a récemment publié (n° 30, 1980) un numéro spécial consacré aux rapports entre la mémoire et l'histoire : « Sous l'histoire la mémoire ». L'historien anglais Ralph Samuel, un des principaux initiateurs des « History Workshops » dont je reparlerai, y tient des propos ambigus sous le titre non moins ambigu : « Déprofessionnaliser l'histoire ». S'il veut dire par là que le recours à l'histoire orale, aux autobiographies, à l'histoire subjective élargit la base du travail scientifique, modifie l'image du passé, donne la parole aux oubliés de l'histoire, il a parfaitement raison et souligne un des grands progrès de la production historique contemporaine. Mais s'il met sur le même plan « production autobiographique » et « production professionnelle » et ajoute « la pratique professionnelle ne fonde ni un monopole ni une garantie » (*Dialectiques* 30, p. 16), le danger me paraît grand. Ce qui est vrai — j'y reviendrai — c'est que les sources traditionnelles de l'historien ne sont souvent pas plus « objectives » — et en tout cas pas plus « historiques » — que l'historien ne le croit. La critique des sources traditionnelles est insuffisante mais le travail de l'historien doit s'exercer sur les unes et sur les autres. Une science historique autogérée non seulement serait un désastre, mais même n'a pas de sens. Car l'histoire, même si elle n'y parvient que de loin, est une science et dépend d'un savoir qu'on acquiert professionnellement. Certes, l'histoire n'a pas atteint le degré de technicité des sciences de la nature ou de la vie et je ne souhaite pas qu'elle l'atteigne afin qu'elle puisse demeurer plus facilement compréhensible et même contrôlable par le plus grand nombre. L'histoire a déjà — seule parmi toutes les sciences — la chance (ou la malchance) de pouvoir être faite convenablement par des amateurs. En effet, elle a besoin de vulgarisateurs — et les historiens professionnels ne daignent pas toujours accéder à cette fonction pourtant essentielle et digne, ou y sont malhabiles — et l'ère des nouveaux *medias* multiplie besoin et occasions de médiateurs semi-professionnels. Est-il besoin d'ajouter que je prends souvent plaisir — quand ils sont bien faits et écrits — aux romans historiques et que je reconnais à leurs auteurs la liberté de fantaisie qui leur appartient, quitte si l'on me demande mon avis d'historien, à signaler les libertés prises avec l'histoire. Et pourquoi pas un secteur littéraire d'histoire — fiction où, en respectant les données de base de l'histoire : mœurs, institutions, mentalités, on la récrirait en jouant sur le hasard, sur l'événementiel ? J'y verrais le double plaisir de la surprise et du respect de ce qu'il y a de plus important en histoire. Ainsi ai-je aimé un roman de Jean d'Ormesson *La gloire de l'empire*, récrivant avec talent et savoir l'histoire byzantine. Non pas une intrigue se glissant dans les interstices de l'histoire comme *Ivanhoé*, *Les derniers jours de Pompéi*, *Quo vadis*, *Les trois mousquetaires*, etc. mais l'invention d'un nouveau cours des événements politiques à partir des structures fondamentales de la société. Ce travail est souvent bien fait et utile. Mais voit-on chacun devenir historien ? Je ne réclame pas le pouvoir pour les historiens en dehors de leur territoire, c'est-à-dire le travail historique et son retentissement dans la société globale — en particulier dans l'enseignement. Ce qui doit être révolu c'est l'impérialisme historique dans le domaine de la science et dans celui de la politique. Au début du xixᵉ siècle l'histoire n'était à peu près rien. L'historicisme sous ses diverses formes a voulu tout. L'histoire n'a pas à régenter les autres sciences et encore moins la société. Mais comme le physicien, le mathématicien, le biologiste — et, d'une autre façon, les spécialistes des sciences humaines et sociales — l'historien doit être écouté pour sa part c'est-à-dire une branche fondamentale du savoir.

Pas plus que les rapports entre mémoire et histoire, les relations entre passé et présent ne doivent conduire ni à la confusion ni au scepticisme. Nous savons maintenant que le passé dépend partiellement du présent. Toute histoire est bien contemporaine dans la mesure où le passé est saisi dans le présent et répond donc à ses intérêts. Ceci n'est pas seulement inévitable mais légitime. Puisque l'histoire est durée, le passé est à la fois passé et présent. Il appartient à l'historien de faire une étude « objective » du passé sous sa double forme. Certes, engagé lui-même dans l'histoire, il ne parviendra pas à une véritable « objectivité » mais aucune autre histoire n'est possible. L'historien fera encore des progrès dans la compréhension de l'histoire en s'efforçant de se mettre lui-même en cause dans son processus d'analyse, tout comme un observateur scientifique tient compte des modifications qu'il apporte éventuellement à l'objet de son observation. Nous savons très bien par exemple que les progrès de la démocratie nous conduisent à rechercher davantage la place des « petits » dans l'histoire, à nous placer au niveau de la vie quotidienne — et cela s'impose selon des modalités diverses à tous les historiens. Nous savons aussi que l'évolution du monde nous conduit à poser l'analyse des sociétés en termes de *pouvoir* et cette problématique est ainsi entrée dans l'histoire. Nous savons aussi que l'histoire se fait — en gros — de la même façon dans les trois grands groupes de pays qui existent aujourd'hui dans le monde : le monde occidental, le monde communiste, le Tiers Monde. Les rapports entre la production historique de ces trois ensembles dépendent certes des rapports de force et des stratégies politiques internationales mais aussi du dialogue entre spécialistes, entre professionnels qui se développe dans une perspective scientifique commune. Ce cadre professionnel n'est pas purement scientifique ou plutôt, comme pour tous les savants et les hommes de métier, il requiert un code moral, ce que Georges Duby appelle une *éthique* (G. Duby, G. Lardreau, p. 15-16) et que je nommerai plus « objectivement » une *déontologie*. Je n'y insiste pas mais c'est essentiel et je constate que, malgré quelques errements, cette déontologie existe et fonctionne tant bien que mal.

La culture (ou la mentalité) historique ne dépend pas seulement des rapports mémoire/histoire, présent/passé. L'histoire est science du temps. Elle est étroitement liée aux différentes conceptions du temps qui existent dans une société et sont un élément essentiel de l'outillage mental de ses historiens. Je reviendrai sur la conception d'un affrontement dans l'Antiquité, dans les sociétés confrontées à des processus d'acculturation et dans la pensée même des historiens, entre une conception circulaire et une conception linéaire du temps. On a à juste titre rappelé aux historiens que leur propension à n'envisager qu'un temps historique « chronologique » doit faire place à plus d'inquiétude s'ils tiennent compte des interrogations philosophiques sur le temps dont l'aveu de saint Augustin est représentatif : « Qu'est-ce que le temps ? Si personne ne me le demande, je sais ; mais si on me demandait de l'expliquer, j'en serais bien incapable » (*Confessions*, 11, 14) (C. G. Starr, pp. 24-25). Elizabeth Eisenstein, réfléchissant sur le livre célèbre de Marshall McLuhan, *La galaxie Gutenberg* (1962), insiste sur la dépendance des conceptions du temps par rapport aux moyens techniques d'enregistrement et de transmission des faits historiques. Elle voit dans l'imprimerie la naissance d'un temps nouveau, celui des livres, qui marquerait une rupture dans les relations entre Clio et Chronos (E. Eisenstein, p. 36-64). Cette conception repose sur l'opposition entre oral et écrit. Historiens et ethnologues ont attiré l'attention sur l'importance du passage de l'écrit à l'oral. Jack Goody a lui aussi montré comment les cultures dépendent de leurs moyens de traduction, l'avènement de la *literacy* étant liée à une mutation profonde d'une société (J. Goody, 1977 b). Il a d'ailleurs rectifié quelques idées reçues sur le « progrès » que marque le passage de l'oral à l'écrit. L'écrit apporterait plus de liberté, l'oralité conduisant à un savoir mécanique, « par cœur » intangible. Or l'étude de la tradition en milieu oral montre que les spécialistes de la tradition peuvent innover tandis que l'écrit peut au contraire présenter un caractère « magique » qui le rend plus ou moins intouchable. Il ne faut donc pas opposer une histoire orale qui serait celle de la fidélité et de l'immobilisme à une histoire écrite qui serait celle de la malléabilité et du perfectible. Dans un livre capital, M. T. Clanchy, étudiant le passage du souvenir mémorisé au document écrit dans l'Angleterre médiévale, a aussi mis en évidence que l'essentiel est moins le recours à l'écrit que le changement de nature et de fonction de l'écrit, le glissement de l'écrit comme technique sacrée à l'écrit comme pratique utilitaire, la conversion d'une production écrite élististe et mémorisée à une production écrite de masse, phénomène qui ne s'est généralisé dans les pays occidentaux qu'au XIXe siècle mais dont les origines remontent aux XIIe-XIIIe siècles (M. T. Clanchy, 1979).

A propos de ce couple, lui aussi fondamental, pour l'histoire : oral/écrit, je voudrais faire deux remarques.

Il est clair que le passage de l'oral à l'écrit est très important pour la mémoire et aussi pour l'histoire. Mais il ne faut pas oublier, 1) qu'oralité et écriture coexistent en général dans les sociétés et que cette coexistence est très importante pour l'histoire, 2) que l'histoire, si elle a connu une étape décisive avec l'écriture, n'est pas née avec elle car il n'y a pas de société sans histoire.

A propos de « sociétés sans histoire », je prendrai deux exemples. D'une part, celui d'une société « historique » que certains considèrent comme réfractaire au temps et non susceptible d'être analysée et comprise en termes d'histoire : l'Inde. D'autre part, celui des sociétés dites « préhistoriques » ou « primitives ».

La thèse a-historique sur l'Inde a été le plus brillamment soutenue par Louis Dumont. Louis Dumont rappelle que Hegel et Marx ont fait à l'histoire de l'Inde un sort à part, l'ont mise pratiquement hors de l'histoire, Hegel en faisant des *castes* hindous le fondement d'une « différenciation inébranlable », Marx en estimant que par contraste avec le développement occidental, l'Inde connaît « une stagnation, stagnation d'une économie « naturelle » — par opposition à l'économie mercantile — à laquelle se superpose un « despotisme » (Dumont, p. 49). L'analyse de Louis Dumont le conduit à des conclusions très voisines de celles de Marx, mais à travers des considérations différentes et plus précises. Après avoir aisément réfuté l'opinion des marxistes vulgaires qui veulent ramener le cas de l'Inde à celui de l'image simpliste d'une évolution unilinéaire, il montre que « le développement indien, extraordinairement précoce, s'arrête tôt et ne fait pas éclater son propre cadre, la forme d'interaction n'est pas celle que, à tort ou à raison, nous identifions avec notre histoire » (*Ibid.*, p. 64). De ce blocage, Louis Dumont voit la cause dans deux phénomènes du passé lointain de l'Inde, la sécularisation précoce de la fonction royale et l'affirmation — très tôt également — de l'individu. Ainsi, « la sphère politico-économique, coupée des valeurs par la sécularisation initiale de la fonction royale, est demeurée subordonnée à la religion » (p. 63). Ainsi, l'Inde s'est arrêtée dans une structure immobile de caste où l'homme hiérarchique [36] se différencie radicalement de l'homme des sociétés occidentales, que j'appellerai par contraste l'homme historique. Enfin, Louis Dumont se penche sur « la transformation contemporaine » de l'Inde en notant qu'elle ne peut être déchiffrée à la lumière des concepts valables pour l'Occident, remarquant notamment que l'Inde est parvenue à se débarrasser de la domination étrangère « en réalisant le minimum de modernisation » (p. 72). Je n'ai pas la compétence pour discuter les idées de Louis Dumont. Je me contente de noter que sa thèse ne nie pas l'existence d'une histoire indienne mais en revendique la spécificité. J'en retiens, plus que le refus devenu aujourd'hui banal d'une conception unilinéaire de l'histoire, la mise en évidence de longues plages temporelles sans évolution significative dans certaines sociétés et la résistance de certains types de société au changement.

Il en va de même, me semble-t-il, pour les sociétés préhistoriques et « primitives ». Pour les premières, un grand spécialiste comme André Leroi-Gourhan a souligné que les incertitudes sur leur histoire viennent surtout de l'insuffisance des investigations. « Il est évident que si depuis un demi-siècle on avait pratiqué seulement l'analyse exhaustive d'une cinquantaine de sites bien choisis, on disposerait aujourd'hui pour un certain nombre des étapes culturelles de l'humanité des matériaux d'une substantielle histoire » (A. Leroi-Gourhan, 1974, p. 104). Henri Moniot notait en 1974 : « Il y avait l'Europe, et c'était toute l'histoire. En amont et à distance, quelques " grandes civilisations ", que leurs textes, leurs ruines, parfois leurs liens de parenté, d'échanges ou d'héritage avec l'Antiquité classique, notre mère, ou l'ampleur des masses humaines qu'elles opposèrent aux pouvoirs et au regard européens, faisaient admettre aux marges de l'empire de Clio. Le reste : peuplades sans histoire, comme en tombaient d'accord l'homme de la rue, les manuels et l'Université ». Et d'ajouter : « On nous a changé tout cela. Depuis dix à quinze ans, par exemple, l'Afrique noire entre en force dans le champ des historiens » (H. Moniot, p. 160). Henri Moniot explique et définit cette histoire africaine à faire. La décolonisation la permet car les nouveaux rapports d'inégalité entre anciens colonisateurs et colonisés « ne sont plus anéantisseurs d'histoire » et les anciennes sociétés dominées s'efforcent à un « essai de repossession de soi » qui « appelle la reconnaissance des héritages ». Histoire qui bénéficie des nouvelles méthodes des sciences humaines (histoire, ethnologie, sociologie) et qui a l'avantage d'être « une science de terrain » utilisant toutes sortes de documents et notamment le document oral.

Une dernière opposition se présente dans le champ de la culture historique que je m'efforce de mettre en lumière, celle entre mythe et histoire. Il est utile de distinguer ici deux cas. Nous pouvons étudier, dans des sociétés historiques la naissance de nouvelles curiosités historiques dont les débuts recourent souvent au mythe. Ainsi, dans l'Occident médiéval, quand les lignages nobles, les nations ou les communautés urbaines se préoccupent de se donner une histoire, c'est souvent en commençant par des ancêtres mythiques qui inaugurent les généalogies, des héros fondateurs légendaires : les Francs prétendent descendre des Troyens, la famille des Lusignan de la fée Mélusine, les moines de Saint-Denis attribuent la fondation de leur abbaye à Denys l'Aréopagite, l'Athénien converti par saint Paul. On voit très bien dans ces cas dans quelles conditions historiques ces mythes sont nés et font donc partie de l'histoire.

Le problème est plus difficile quand il s'agit des origines des sociétés humaines ou des sociétés dites « primitives ». La plupart de ces sociétés ont expliqué leurs origines par des mythes et l'on a généralement estimé qu'une phase décisive de l'évolution de ces sociétés consistait à passer du mythe à l'histoire.

Daniel Fabre a bien montré comment le mythe en apparence « réfractaire à l'analyse historique » est récupérable par l'historien car « il s'est bien constitué quelque part en une période historique précise » [37]. Ou bien, comme l'a dit Lévi-Strauss, le mythe récupère et restructure les reliquats désuets de « systèmes sociaux anciens » ou bien la longue vie culturelle des mythes permet à travers la littérature d'en faire un « gibier d'historien » comme, par exemple, à travers le théâtre tragique de la Grèce antique, J.-P. Vernant et P. Vidal-Naquet l'ont fait pour les mythes helléniques. Comme le dit Marcel Détienne : « A l'histoire événementielle de l'antiquaire et du chiffonnier qui traversent la mythologie, un crochet à la main, heureux de dénicher ça et là un lambeau d'archaïsme ou le souvenir fossilisé de quelque événement " réel ", l'analyse structurale des mythes, en dégageant certaines formes invariantes à travers des contenus différents, oppose une histoire globale qui s'inscrit dans la longue durée, plonge par-dessous les expressions conscientes et repère sous l'apparente mouvance des choses les grands courants internes qui le traversent en silence... » [38].

Ainsi, le mythe, dans les perspectives de la nouvelle problématique historique, non seulement est objet d'histoire, mais allonge vers les origines les temps de l'histoire, enrichit les méthodes de l'historien et alimente un nouveau niveau de l'histoire, l'histoire lente.

On a justement souligné les rapports qui existent entre l'expression du temps dans les systèmes linguistiques et la conception, par-delà le temps, de l'histoire qu'avaient ou qu'ont les peuples utilisant ces langues. Une étude-modèle sur ces problèmes est celle d'Emile Benveniste : « Les relations de temps dans le verbe français » (E. Benveniste, p. 237-250). Une étude précise de l'expression grammaticale du temps dans les documents utilisés par l'historien et dans le récit historique lui-même apporte de précieuses informations à l'analyse historique. André Miquel en a donné un remarquable exemple dans son étude d'un conte des Mille et Une Nuits où il a pu ainsi retrouver comme grille sous-jacente au conte la nostalgie de l'Islam arabe des origines [39]. Il reste que l'évolution des conceptions du temps est d'une très grande importance pour l'histoire. Le christianisme a marqué un tournant dans l'histoire et dans la façon d'écrire l'histoire parce qu'il a combiné au moins trois temps : le temps circulaire de la liturgie liée aux saisons et récupérant le calendrier païen, le temps chronologique, homogène et neutre calculé par le comput et le temps linéaire téléologique ou temps eschatologique. Les Lumières et l'évolutionnisme ont échafaudé l'idée d'un progrès irréversible qui a eu la plus grande influence sur la science historique du XIXe siècle, l'historicisme en particulier. Les travaux des sociologues, des philosophes, des artistes, des critiques littéraires, ont eu, au XXe siècle, un impact considérable sur de nouvelles conceptions du temps que la science historique a accueillies. Ainsi l'idée de la multiplicité des temps sociaux élaborée par Maurice Halbwachs [40] a été le point de départ de la réflexion de Fernand Braudel concrétisé dans l'article fondamental sur « la longue durée » (F. Braudel, 1958) proposant à l'historien de distinguer trois vitesses historiques, celles du « temps individuel », du « temps social » et du « temps géographique » — temps rapide et agité de l'événementiel et du politique, temps intermédiaire des cycles économiques rythmant l'évolution des sociétés, temps très lent « presque immobile » des structures. Ou encore le sens de la durée exprimé dans une littérature comme celle de Marcel Proust et que certains philosophes et critiques proposent à la réflexion des historiens (H. R. Jauss, *Zeit und Erinnerung in Marcel Proust* : « *A la recherche du temps perdu* », Heidelberg, 1955, S. Kracauer, 1966). Cette dernière orientation sous-tend une des tendances actuelles de l'histoire, celle qui se préoccupe d'une histoire du *vécu*.

Comme l'a dit Georges Lefebvre, « pour nous, hommes d'Occident, l'histoire a été créée, comme presque toute notre pensée, par les Grecs » (G. Lefebvre, p. 36).

Pourtant, pour nous en tenir aux documents écrits, les plus anciens vestiges du souci de laisser à la postérité des témoignages du passé s'échelonnent du début du IVe millénaire au début du Ier millénaire avant Jésus-Christ et concernent d'une part le Moyen-Orient (Iran, Mésopotamie, Asie Mineure) et de l'autre la Chine. Au Moyen-Orient, cette préoccupation de perpétuation d'événements datés semble surtout liée aux structures politiques : à l'existence d'un Etat et plus particulièrement d'un état monarchique. Inscriptions détaillant les campagnes militaires et les victoires des souverains, liste royale sumérienne (vers 2000 avant Jésus-Christ), annales des rois assyriens, gestes des rois dans l'Iran antique que l'on retrouve dans les légendes royales de la tradition médo-perse antique [41] : archives royales de Mari (xixe avant J.-C.), d'Ugarit à Ras-Shamra, de Hattousha à Bogazköy (xve-xiiie s. avant J.-C. [42]). Ainsi, les thèmes de la gloire royale et du modèle royal ont souvent joué un rôle décisif aux origines des histoires de différents peuples et civilisations. Pierre Gibert a soutenu que, dans la Bible, l'histoire apparaît avec la royauté, laissant d'ailleurs entrevoir, autour des personnages de Samuel, Saul et David un courant promonarchique et un courant antimonarchique [43]. Quand les chrétiens créeront une histoire chrétienne, ils insisteront sur l'image d'un roi-modèle, l'empereur Théodose le Jeune, dont le *topos* s'imposera au Moyen Age par exemple aux personnages d'Edouard le Confesseur et de Saint-Louis[44].

Plus généralement, c'est aux structures de l'Etat et à l'image de l'Etat que sera souvent attachée l'idée de l'histoire, à laquelle s'opposera — positivement ou négativement — l'idée d'une société sans Etat et sans histoire. Ne retrouve-t-on pas un avatar de cette idéologie de l'histoire liée à l'Etat dans le roman autobiographique de Carlo Levi : *Le Christ s'est arrêté à Eboli* (1945) ? L'intellectuel piémontais antifasciste, dans son exil du Mezzogiorno, se découvre une haine commune de Rome avec les paysans abandonnés par l'Etat et glisse à un état d'a-historisme, de mémoire immobile : « Enfermé dans une pièce, et dans un monde fermé, il m'est agréable de retourner par la mémoire dans cet autre monde, refermé sur la douleur et les usages, refusé à l'Histoire et à l'Etat, éternellement patient, dans cette terre à moi, sans consolation ni douceur, où le paysan vit, dans la misère et l'éloignement, sa civilisation immobile, sur un sol aride, en présence de la mort. »

Des mentalités historiques non occidentales, je parlerai donc très peu et ne voudrais pas les réduire à des stéréotypes et laisser croire qu'à l'instar de l'indienne (et encore, comme on l'a vu, il faut s'entendre sur l'idée d'une civilisation indienne « hors de l'histoire »), elles se seraient enfermées dans une tradition sclérosée peu accueillante à l'esprit historique.

Prenons le cas hébraïque. Il est clair que, pour des raisons historiques, aucun peuple n'a davantage ressenti l'histoire comme destin, n'a vécu l'histoire comme drame de l'identité collective. Pourtant, le sens de l'histoire a connu dans le passé chez les Juifs d'importantes vicissitudes et la création de l'état d'Israël a conduit les Juifs à une réévaluation de leur histoire (cf. M. Ferro, 1981). Pour nous en tenir au passé, voici l'appréciation d'H. Butterfield : « Aucune nation — pas même l'Angleterre avec sa Grande Charte — n'a jamais été autant obsédée par l'histoire et il n'est pas étrange que les anciens juifs aient montré de puissants dons narratifs et aient été les premiers à produire une sorte d'histoire nationale, les premiers à esquisser l'histoire de l'humanité depuis l'époque de la Création. Ils ont atteint une haute qualité dans la construction du pur récit spécialement dans le récit d'événements récents, comme dans le cas de la mort de David, et de la succession à son trône. Après l'Exil, ils se sont davantage concentrés sur le droit que sur l'histoire et ils ont tourné leur attention vers la spéculation sur le futur et en particulier la fin de l'ordre terrestre. En un sens, ils ont perdu le contact avec la terre. Mais ils ont mis du temps à perdre leur don pour la narration historique, comme on le voit avec le Premier livre des Macchabées avant l'ère chrétienne et les écrits de Flavius Josèphe du 1er siècle après J.-C.[45] ».

Mais si cette fuite dans le droit et l'eschatologie ne sont pas niables, il faut encore nuancer. Voici par exemple ce que dit Robert R. Geis de l'image de l'histoire dans le Talmud : « Le IIIe siècle marque un tournant dans l'enseignement historique. Les causes en sont d'une part l'amélioration de la situation des Juifs grâce à l'octroi du droit de citoyenneté romaine en 212 et à l'apaisement qui s'en est ensuivi et d'autre part, l'influence toujours plus forte des écoles babylonniennes qui éloigne la représentation de la fin de l'histoire de son caractère terrestre. Pourtant, la croyance biblique en l'ici-bas demeure reconnaissable comme le montre l'image de l'histoire des premiers maîtres, les Tannaïm. Le renoncement à l'histoire ne sera pas définitif. Ce que Rabbi Meir (130-160) dans son interprétation de Rome dit n'a jamais été abandonné : " Un jour viendra où la suprématie sera rendue à son possesseur (Koh. r. 1) pour l'accomplissement du royaume de Dieu sur cette terre " » (Robert R. Geis, p. 124).

Comme l'Inde, comme le peuple juif, et, ainsi qu'on le verra, comme l'Islam, la Chine semble avoir connu un sens précoce de l'histoire qui s'est assez rapidement bloqué. Mais Jacques Gernet a contesté que les phénomènes culturels qui ont fait croire à une culture historique très ancienne relèvent du sens de l'histoire. Dès la première moitié du Ier millénaire avant l'ère chrétienne, apparaissent des recueils de documents classés dans l'ordre chronologique, tels les *Annales de Lou* et le *Chou King*. A partir de Sima Qian (145 ?-85 avant J.-C.) qu'on a surnommé « l'Hérodote chinois » des histoires dynastiques se développent selon le même schéma : ce sont des recueils d'actes solennels réunis selon l'ordre chronologique : « L'histoire chinoise est une marqueterie de documents ». On a donc l'impression que très tôt les Chinois ont accompli deux gestes conscients de la démarche historique : rassembler les archives, dater les documents. Pourtant si on examine la nature et la fonction de ces textes et les attributions des personnes qui en sont les producteurs ou les gardiens, une autre image apparaît. L'histoire en Chine est étroitement liée à l'écrit : « Il n'y a d'histoire au sens chinois du mot que de ce qui est écrit ». Mais ces écrits n'ont pas une fonction de mémoire, mais une fonction rituelle, sacrée, magique. Ce sont des moyens de communication avec les puissances divines. Ils sont notés « pour que les dieux les observent », qu'ils deviennent ainsi efficaces dans un éternel présent. Le document n'est pas fait pour servir de preuve, mais pour être un objet magique, un talisman. Il n'est pas produit à l'intention des hommes mais des dieux. La date n'a pas d'autre but que d'indiquer le caractère faste ou néfaste du temps de la production du document : « Elle n'indique pas un moment du temps mais un aspect ». Les annales ne sont pas des documents historiques mais des écrits rituels, « loin d'impliquer la notion d'un devenir humain, elles notent des correspondances qui sont valables pour toujours ». Le Grand Scribe qui les conserve n'est pas un archiviste mais un prêtre du temps symbolique chargé aussi du calendrier. A l'époque Han (v. 200 av. J.-C.-220 ap. J.-C.) l'historien de cour est un magicien, un astronome qui établit précisément le calendrier[46]. Pourtant, l'utilisation par les sinologues actuels de ces fausses archives n'est pas seulement une ruse de l'histoire montrant que le passé est création constante de l'histoire. Les documents chinois révèlent un sens et une fonction différents de l'histoire selon les civilisations et l'évolution de l'historiographie chinoise sous les Song (x^e-xiie siècle) par exemple et son renouveau à l'époque *Qianlong* (1736-1795), dont témoigne l'œuvre très originale de Zhang Xuecheng (1738-1801), montrent que la culture historique chinoise n'a pas été immobile (cf. C. S. Gardner, G. Hölscher).

L'Islam favorisa d'abord un type d'histoire fortement lié à la religion et plus particulièrement à l'époque de son fondateur, Mahomet, et au Coran. L'histoire arabe a pour berceau Médine et pour motivation la collecte des souvenirs des origines destinés à devenir « un dépôt sacré et intangible ». Avec la conquête l'histoire acquiert un double caractère : celui d'une histoire du califat, de nature annalistique et d'une histoire universelle dont le grand exemple est l'histoire de Tabarî (mort en 310/923) et de Mas'ûdî (mort en 345/956), écrite en arabe et d'inspiration shi'îte [47]. Pourtant dans le grand rassemblement des œuvres des vieilles cultures (indienne, iranienne, grecque) à Bagdad, au temps des Abassides, les historiens grecs sont oubliés. Dans les domaines des Zengides et Ayyubides (Syrie, Palestine, Egypte) du xiie siècle, l'histoire domine la production littéraire, notamment avec la biographie. L'histoire est florissante aussi à la Cour mongole, chez les Mameluks, sous la domination turque. D'Ibn Khaldoun, génie solitaire, je parle à part (voir p. 262-265). Pourtant, l'histoire ne prit jamais dans le monde musulman la place de choix qu'elle conquit en Europe et dans l'Occident. Elle demeure « si puissamment centrée sur le phénomène de la révélation coranique, de son aventure au cours des siècles et des innombrables problèmes qu'elle pose, qu'elle semble aujourd'hui ne s'ouvrir qu'avec difficultés, sinon avec réticences, à un type d'études et de méthodes historiques inspiré de l'Occident [48] ». Si pour les Juifs l'histoire joua un rôle de facteur essentiel de l'identité collective — rôle tenu par la religion dans l'Islam — pour les Arabes et les Musulmans l'histoire a été surtout « la nostalgie du passé », l'art et la science du regret (cf. F. Rosenthal et les textes qu'il présente). Il reste que si l'Islam a eu un autre sens de l'histoire que l'Occident, il n'a pas connu les mêmes développements méthodologiques en histoire et le cas d'Ibn Khaldoun est particulier (cf. B. Spuler).

Le savoir occidental considère donc que l'histoire est née avec les Grecs. Elle est liée à deux motivations principales. L'une est d'ordre ethnique. Il s'agit de distinguer les Grecs des Barbares. A la conception de l'histoire est unie l'idée de civilisation. Hérédote considère les Lybiens, les Egyptiens et surtout les Scythes et les Perses. Il projette sur eux un regard ethnographe. Les Scythes, par exemple, sont des nomades — et le nomadisme est difficile à penser. Au centre de cette géo-histoire il y a la notion de frontière : civilisation en deçà, barbarie au-delà. Les Scythes qui ont franchi la frontière et ont voulu s'helléniser — se civiliser — ont été tués par les leurs car les deux mondes ne peuvent se mélanger. Les Scythes ne sont qu'un miroir où les Grecs se voient à l'envers (F. Hartog, *Le miroir d'Hérodote*).

L'autre aiguillon de l'histoire grecque c'est la politique liée aux structures sociales. M. I. Finley remarque qu'il n'y a pas d'histoire en Grèce avant le Ve siècle avant Jésus-Christ. Pas d'annales comparables à celles des rois d'Assyrie, pas d'intérêt de la part des poètes et des philosophes, pas d'archives. C'est l'époque des mythes, hors du temps, transmis par l'oralité. Au Ve siècle, la mémoire naît de l'intérêt des familles nobles (et royales) et des prêtres de temples comme ceux de Delphes, d'Eleusis, de Délos.

Santo Mazzarino estime de son côté que la pensée historique est née à Athènes dans le milieu orphique, au sein d'une réaction démocratique contre la vieille aristocratie et notamment la famille des Alcméonides : « L'histoire naît dans une secte religieuse à Athènes, et non parmi les penseurs libres de l'Ionie... L'orphisme s'était répandu à travers la personne de Phylos, dans le *génos* le plus hostile aux Alcméonides, le *génos* d'où naquit plus tard Thémistocle, l'homme de la flotte athénienne... La révolution athénienne contre le parti conservateur de la vieille aristocratie terrienne partit certainement, déjà vers 630 av. J.-C., des nouvelles exigences du monde commercial et maritime qui dominait la cité... La " prophétie sur le passé " était l'arme principale de la lutte politique » (S. Mazzarino, I, 32-33).

L'histoire, arme politique. Cette motivation finalement absorbe la culture historique grecque car l'opposition aux Barbares n'est qu'une autre façon d'exalter la cité. Cet éloge de la civilisation inspire d'ailleurs aux Grecs l'idée d'un certain progrès technique : « L'orphisme qui avait donné la première impulsion à la pensée historique avait " découvert " aussi l'idée même de progrès technique, sous la forme que les Grecs pouvaient concevoir. Des Nains de l'Ida, inventeurs de la métallurgie ou " art d'Héphaistos " la poésie épique avait déjà parlé sous la forme d'esprits plus ou moins orfèvres » (S. Mazzarino, *Ibid.*, p. 240).

Aussi quand disparut l'idée de cité, la conscience de l'historicité disparut aussi. Les sophistes, tout en gardant l'idée du progrès technique, rejetèrent toute notion de progrès moral, réduisirent le devenir historique à la violence individuelle, l'émiettèrent en une collection d' « anecdotes scabreuses ». C'est l'affirmation d'une anti-histoire qui ne considère plus le devenir comme une histoire, comme une succession intelligible d'événements, mais comme une collection d'actes contingents œuvres d'individus ou de groupes isolés (F. Chatelet, 21 p. 9-86).

La mentalité historique romaine n'a pas été très différente de la grecque, qui d'ailleurs l'a formée. Polybe, son maître grec à penser l'histoire, voit dans l'impérialisme romain la dilatation de l'esprit de la cité et face aux barbares les historiens romains célébreront la civilisation incarnée par Rome qu'un Salluste exalte face à Jugurtha, l'Africain qui n'a emprunté à Rome que les moyens pour la combattre, qu'un Tite-Live illustre face aux peuples sauvages d'Italie et aux Carthaginois, ces étrangers qui ont essayé de réduire les Romains en esclavage comme les Perses l'avaient tenté avec les Grecs, qu'un César incarne contre les Gaulois, qu'un Tacite semble admirer dans les bons sauvages bretons et germains, qu'il voit en définitive sous les traits des antiques Romains vertueux d'avant la décadence. La mentalité historique romaine est en effet — comme le sera plus tard l'islamique — dominée par le regret des origines, le mythe de la vertu des anciens, la nostalgie des mœurs ancestrales, du *mos maiorum*. L'identification de l'histoire à la civilisation gréco-romaine n'est tempérée que par cette croyance à la décadence dont Polybe a fait une théorie fondée sur la ressemblance entre les sociétés humaines et les individus. Les constitutions se développent, déclinent et meurent comme les individus car elles sont soumises comme eux aux « lois de la nature » et même la grandeur romaine périra — théorie dont se souviendra Montesquieu. La leçon de l'histoire pour les Anciens se résume en définitive en une négation de l'histoire. Ce qu'elle lègue de positif ce sont les exemples des ancêtres, héros et grands hommes. Il faut combattre la décadence en reproduisant à titre individuel les hauts faits des ancêtres, en répétant les modèles éternels du passé. L'histoire, source d'*exempla*, n'est pas loin de la rhétorique des techniques de persuasion. Elle recourra donc avec dilection aux harangues, aux discours. Ammien Marcellin, à la fin du IVe siècle, résume dans son style baroque et avec son goût de l'extravagant et du tragique les traits essentiels de la mentalité historique antique. Ce Syrien idéalise le passé, évoque l'histoire romaine à travers des *exempla* littéraires et a pour seul horizon — bien qu'il ait voyagé dans une grande partie de l'empire romain, à l'exception de la Bretagne, de l'Espagne et de l'Afrique du Nord à l'ouest de l'Egypte — Rome éternelle, *Roma aeterna* [49].

On a vu dans le christianisme une coupure, une révolution dans la mentalité historique. En donnant à l'histoire trois points fixes : la Création, début absolu de l'histoire, l'Incarnation, début de l'histoire chrétienne et de l'histoire du salut, le Jugement dernier, fin de l'histoire, le christianisme aurait substitué aux conceptions antiques d'un temps circulaire la notion d'un temps linéaire, orienté et donné à l'histoire *un sens*. Sensible aux dates, il cherche à dater la Création, les principaux points de repère de l'Ancien Testament, il date aussi précisément que possible la naissance et la mort de Jésus. Religion historique, ancré dans l'histoire, le christianisme aurait imprimé à l'histoire en Occident une impulsion décisive. Guy Lardreau et Georges Duby ont encore insisté sur le lien entre le christianisme et le développement de l'histoire en Occident. Guy Lardreau rappelle le mot de Marc Bloch : « Le christianisme est une religion d'historiens » et ajoute : « Je suis convaincu, tout simplement, que nous faisons de l'histoire parce que nous sommes chrétiens. » A quoi Georges Duby répond : « Vous avez raison : il y a une manière chrétienne de penser qui est l'histoire. La science historique n'est-elle pas chose occidentale ? Qu'est-ce que l'histoire en Chine, aux Indes, en Afrique noire ? L'Islam a eu d'admirables géographes, mais des historiens ? » (G Duby, G. Lardreau, p. 138-139). Le christianisme a certainement favorisé une certaine propension à raisonner en termes historiques caractéristiques des habitudes de pensée occidentale mais la mise en rapport étroit du christianisme avec l'histoire me paraît devoir être nuancée. D'abord, des études récentes ont montré qu'il ne fallait pas réduire la mentalité historique antique — et notamment grecque — à l'idée d'un temps circulaire [50]. Le christianisme de son côté ne se réduit pas à la conception d'un temps linéaire : un type de temps circulaire, le temps liturgique, y joue un rôle de premier plan. Sa primauté a longtemps conduit le christianisme à dater des seuls jour et mois sans mentionner l'année — de façon à intégrer l'événement dans le calendrier liturgique. D'autre part, le temps téléologique, eschatologique, ne conduit pas forcément à une valorisation de l'histoire. On peut considérer que le salut se fera aussi bien hors de l'histoire que par l'histoire. Les deux tendances ont existé et existent encore dans le christianisme (Cf. article *escatologia*, J. Le Goff, in *Enciclopedia Einaudi* V, 1978, pp. 712-746). Si l'Occident a accordé une attention spéciale à l'histoire et a particulièrement développé la mentalité historique et attribué une place importante à la science historique, c'est en raison de l'évolution sociale et politique. Très tôt certains groupes sociaux et les idéologues des systèmes politiques ont eu intérêt à se penser historiquement et à imposer des cadres de pensée historiques. Comme on l'a vu, cet intérêt est apparu d'abord dans le Moyen Orient et en Egypte, chez les Hébreux, puis chez les Grecs. Ce n'est que parce qu'il a été longtemps l'idéologie dominante de l'Occident que le christianisme a fourni à l'Occident certaines formes de pensée historiques. Quant aux autres civilisations, si elles paraissent faire moins de place à l'esprit historique, c'est d'une part parce que nous réservons le nom d'histoire à des conceptions occidentales et ne reconnaissons pas comme telles d'autres façons de penser l'histoire et d'autre part parce que les conditions sociales et politiques qui ont favorisé le développement de l'histoire en Occident ne se sont pas toujours produites ailleurs.

Il reste que le christianisme a apporté d'importants éléments à la mentalité historique en dehors même de la conception augustinienne de l'histoire [51] qui a eu une très grande influence au Moyen Age et plus tard. Des historiens chrétiens orientaux des IVe et Ve siècles ont eu ainsi une influence importante sur la mentalité historique non seulement en Orient mais aussi, indirectement, en Occident. C'est le cas d'Eusèbe de Césarée, de Socrate le Scolastique, d'Evagre, de Sozomène, de Théodoret de Cyr. Ils croyaient au libre arbitre (Eusèbe et Socrate étaient même origénistes) et pensaient donc que le destin hasardeux, le *fatum*, ne jouait pas de rôle en histoire à la différence de ce que croyaient les historiens gréco-romains. Pour eux le monde était gouverné par le *Logos* ou *Raison divine* (autrement appelée *Providence*) qui constituait la structure de toute la nature et de toute l'histoire. « On pouvait donc analyser l'histoire et considérer la logique interne de ses chaînes d'événements » [52]. Nourri de culture antique, cet humanisme historique chrétien avait accueilli la notion de Fortune pour expliquer les « accidents » de l'histoire. Le caractère fortuit de la vie humaine se retrouvait en histoire et donna notamment naissance à l'idée de la roue de fortune, si populaire au Moyen Age, et qui introduisit un autre élément circulaire dans la conception de l'histoire. Les chrétiens conservèrent aussi deux idées essentielles de la pensée historique païenne mais en les transformant profondément : l'idée de l'empereur, mais sur le modèle de Théodose le Jeune ce fut sous l'image d'un empereur à moitié guerrier, à moitié moine, et l'idée de Rome, mais en rejetant aussi bien l'idée du déclin de Rome et celle de la Rome éternelle. Le thème de Rome devint au Moyen Age soit le concept d'un saint empire romain à la fois chrétien et universel (cf. F. Galco, *La Santa Romana Repubblica*, 1942) soit l'utopie d'un Empire des Derniers Jours, les rêves chiliastiques d'un empereur de la fin des temps.

A la pensée historique chrétienne, l'Occident dut encore deux idées qui firent fortune au Moyen Age : le cadre, emprunté aux Juifs, d'une chronique universelle[53], l'idée de types privilégiés d'histoire : histoire biblique[54] et histoire ecclésiastique.

J'évoquerai maintenant quelques types de mentalité et de pratique historiques liées à certains intérêts sociaux et politiques à diverses périodes de l'histoire occidentale.

Aux deux grandes structures sociales et politiques du Moyen Age : la féodalité et les villes, sont liés deux phénomènes de mentalité historique : les généalogies et l'historiographie urbaine. A quoi ajouter — en faveur d'une histoire nationale monarchique — des chroniques royales dont les plus importantes furent, depuis la fin du XIIe siècle les *Grandes Chroniques de France* « auxquelles les Français crurent comme à la Bible » (B. Guenée, 1980, p. 339).

L'intérêt qu'ont les grandes familles d'une société à l'établissement de leur généalogie quand les structures sociales et politiques de cette société ont atteint un certain stade est bien connu. Déjà les premiers livres de la Bible déroulent la litanie des généalogies des patriarches. Dans les sociétés dites « primitives », les généalogies sont souvent la forme première de l'histoire, le produit du moment où la mémoire a tendance à s'organiser en séries chronologiques. Georges Duby a montré comment au XIe et surtout au XIIe siècle, les seigneurs — grands et petits — ont, en Occident, et surtout en France, patronné une abondante littérature généalogique « pour hausser la réputation de leur lignage, plus précisément pour aider leur stratégie matrimoniale et pouvoir contracter de plus flatteuses alliances » (B. Guenée, 1980, p. 64 d'après G. Duby). A plus forte raison, les dynasties régnantes ont fait établir des généalogies imaginaires ou manipulées pour affirmer leur prestige et leur autorité. Ainsi les Capétiens réussirent au xII[e] siècle à se rattacher aux Carolingiens[55]. Ainsi, l'intérêt des princes et des nobles conduit à une mémoire organisée autour de la descendance des grandes familles (Cf. L. Génicot, 1975). La parenté diachronique devient un principe d'organisation de l'histoire. Cas particulier : celui de la papauté qui éprouve, quand s'affirme la monarchie pontificale, le besoin d'avoir une histoire propre qui ne peut évidemment être dynastique mais qui veut se distinguer de l'histoire de l'Eglise[56].

D'autre part, les villes quand elles se sont constituées en organismes politiques conscients de leur force et de leur prestige ont voulu, elles aussi, *rehausser* ce prestige en vantant leur antiquité, la gloire de leurs origines et de leurs fondateurs, les exploits de ses anciens enfants, les moments exceptionnels où ils ont été favorisés de la protection de Dieu, de la Vierge ou de leur saint patron. Certaines de ces histoires acquièrent un caractère officiel, authentique. Ainsi, le 3 avril 1262, la chronique du notaire Rolandino est lue publiquement dans le cloître de Saint Urbain de Padoue devant les maîtres et les étudiants de l'Université qui confèrent à cette chronique le caractère d'histoire vraie de la cité et de la communauté urbaine[57]. Florence monte en épingle sa fondation par Jules César[58]. Gênes possédait son histoire authentique dès le xII[e] siècle[59]. Il est normal que la Lombardie, région de fortes cités, ait connu une puissante historiographie urbaine[60]. Il est naturel qu'aucune ville n'ait, au Moyen Age, donné naissance à plus d'intérêt pour sa propre histoire que Venise. Mais l'autohistoriographie vénitienne médiévale a connu beaucoup de vicissitudes révélatrices. D'abord, il y a un contraste frappant entre l'historiographie ancienne qui reflète davantage les divisions et les luttes internes de la ville que l'unité et la sérénité finalement conquises : « L'historiographie reflètera une réalité en mouvement, les luttes et les conquêtes partielles qui la marquent, une ou plusieurs forces qui agissent en elle — et non pas avec la sérénité satisfaite de qui contemple un processus achevé » (G. Gracco, in Petursi, p. 45). D'autre part, les Annales du doge Andrea Dandolo au milieu du XIVᵉ siècle acquièrent une telle réputation qu'elles oblitèrent l'historiographie vénitienne antérieure (G. Fasoli, *Ibid.*, p. 11-12). C'est le début de l' « historiographie publique » ou « historiographie de commande » qui culmine au début du XVIᵉ siècle avec les *Diarii* de Marin Sanudo il Giovane.

La Renaissance est une grande époque pour la mentalité historique. Elle est marquée par l'idée d'une histoire nouvelle, globale, l'histoire *parfaite*, et par des progrès de méthode, de critique historique importants. De ses rapports ambigus avec l'Antiquité (à la fois modèle paralysant et prétexte inspirant) l'histoire humaniste de la Renaissance tire une double et contradictoire attitude face à l'histoire. D'autre part, le sens des différences et du passé, de la relativité des civilisations mais aussi la recherche de l'homme, d'un humanisme et d'une éthique où l'histoire, paradoxalement, se fait *magistra vitae*, « maîtresse de vie », en se niant elle-même, en fournissant des exemples et des leçons intemporellement valables (Cf. Landfester). Nul n'a mieux manifesté ce goût ambigu pour l'histoire que Montaigne : « Les historiens sont ma droite balle *, ils sont plaisants et aisés,... l'homme en général, de qui je cherche la connaissance, y paraît plus vif et plus entier

---

* La balle qui me va le mieux (métaphore tirée du jeu de paume).

qu'en nul autre lieu, la diversité et vérité de ses conditions internes en gros et en détail, la variété des moyens de son assemblage et des accidents qui le menacent[61]. »

Il n'est pas étonnant dans ces conditions que Montaigne déclare qu'en histoire « son homme » c'est Plutarque, que nous considérons plus comme un moraliste qu'un historien. D'autre part, l'histoire fait alors alliance avec le droit et cette tendance culmine avec l'œuvre du protestant François Baudouin, élève du grand juriste Dumoulin : *De Institutione historiae universae et eius cum jurisprudentia conjunctione* (1561). Cette alliance a pour but d'unir le réel et l'idéal, la coutume et la moralité. Baudouin se joindra aux théoriciens qui rêvent d'une histoire « intégrale » mais sa vision de l'histoire reste « utilitaire » (D. R. Kelley).

Je voudrais évoquer ici les contrecoups, au XVI⁰ siècle et au début du XVII⁰ siècle, d'un des plus importants phénomènes de cette époque — la découverte et la colonisation du Nouveau Monde. J'en mentionnerai deux exemples, l'un chez les colonisés, l'autre chez les colonisateurs. Dans un livre pionnier, *La vision des vaincus*, Nathan Wachtel a étudié les réactions de la mémoire indienne à la conquête espagnole du Pérou. Wachtel rappelle d'abord que la conquête n'affecte pas une société sans histoire : « On ne peut imaginer de malin génie, en histoire tout événement se produit dans un champ déjà constitué, fait d'institutions, de coutumes, de pratiques, de significations et de traces multiples, qui à la fois résistent et donnent prise à l'action humaine » (p. 300). Le résultat de la conquête semble être la perte par les Indiens de leur identité. La mort des Dieux et de l'Inca, la destruction des idoles constituent pour les Indiens « un traumatisme collectif » — notion fort importante en histoire, dont je rappelle qu'elle doit prendre place parmi les formes principales de discontinuité historique : les grands événements (révolution, conquête, défaite) sont ressentis comme des « traumatismes collectifs ». A cette déstructuration, les vaincus réagissent en inventant une « praxis restructurante » dont la principale expression est en l'occurrence « la danse de la conquête » : c'est « une restructuration dansée, sur le mode imaginaire, car les autres formes de praxis avortent » (p. 305-306). Nathan Wachtel place ici une importante réflexion sur la rationalité historique : « Lorsque nous parlons d'une logique ou d'une rationalité de l'histoire, ces termes n'impliquent pas que nous prétendions définir des lois mathématiques, nécessaires, valables pour toutes les sociétés, comme si l'histoire obéissait à un déterminisme naturel ; mais la combinaison des facteurs qui composent le non-événementiel de l'événement dessine un paysage original, distinct, que soutient un ensemble de mécanismes et de régularités, c'est-à-dire une cohérence, souvent inconsciente des contemporains, dont la restitution s'avère en retour indispensable à la compréhension de l'événement » (p. 307). Cette conception permet à Wachtel de définir alors la conscience historique des vainqueurs et des vaincus : « L'histoire ne paraît alors rationnelle qu'aux vainqueurs, tandis que les vaincus la vivent comme irrationalité et aliénation » (p. 309). Cependant, une dernière ruse de l'histoire apparaît. Les vaincus, à la place d'une véritable histoire, se constituent une « tradition comme moyen de refus ». Une histoire lente des vaincus est ainsi une forme d'opposition, de résistance à l'histoire rapide des vainqueurs. Et, paradoxalement, « dans la mesure où des débris de l'ancienne civilisation inca ont traversé les siècles jusqu'à nos jours, on peut dire que même ce

type de révolte, cette praxis impossible, a d'une certaine manière triomphé » (p. 314). Double leçon pour
l'historien ; d'une part, la tradition est bien de l'histoire, et souvent, même si elle charrie des épaves d'un
lointain passé, c'est une construction historique relativement récente, réaction à un traumatisme politique
ou culturel, le plus souvent les deux à la fois ; d'autre
part, cette histoire lente, qu'on retrouve dans la
culture « populaire » est en effet une sorte d'antihis-
toire dans la mesure où elle s'oppose à l'histoire
ostentatoire et animée des dominants.

Bernadette Bucher, à travers l'étude de l'iconogra-
phie de la collection *Les Grands Voyages*, publiés et
illustrés par la famille de Bry entre 1590 et 1634, a
défini les rapports que les occidentaux ont établis
entre l'histoire et le symbolisme rituel selon lequel ils
ont représenté et interprété la société indienne/améri-
caine qu'ils avaient découverte. Ils ont transporté leurs
idées et leurs valeurs d'Européens et de protestants
dans les structures symboliques des images des
Indiens. C'est ainsi que les différences culturelles entre
Indiens et Européens — notamment dans les habitudes
culinaires — sont apparues à un certain moment aux
de Bry « comme la marque que l'Indien est repoussé
par Dieu[62] ». La conclusion est que « les structures
symboliques sont l'œuvre d'une combinatoire où
l'adaptation au milieu, aux événements et donc l'ini-
tiative humaine entrent constamment en jeu, au
moyen d'une dialectique entre structure et événement » (p. 229-230). Ainsi, les Européens de la Renaissance retrouvent la démarche d'Hérodote et se font
tendre par les Indiens un miroir où ils se regardent
eux-mêmes. Ainsi les rencontres de cultures font-elles
naître des réponses historiographiques diverses au
même événement.

Il reste que — malgré ses efforts vers une histoire nouvelle, indépendante, érudite — l'histoire de la Renaissance est étroitement dépendante des intérêts sociaux et politiques dominants, en l'occurrence de l'Etat. Du xiiᵉ au xivᵉ siècle, le protagoniste de la production historiographique avait été un milieu seigneurial, monarchique, les protégés des grands, un Geoffroy de Monmouth, un Guillaume de Malmesbury, dédiant leurs œuvres à Robert de Gloucester, les moines de Saint-Denis travaillant à la gloire des rois de France protecteurs de leur abbaye, Froissard écrivant pour Philippa de Hainaut, reine d'Angleterre, etc. ou, dans le milieu urbain, le notaire-chroniqueur[63].

Désormais, en milieu urbain, l'historien est un membre de la haute bourgeoisie au pouvoir, tel Leonardo Bruni, chancelier de Florence de 1427 à 1444, ou de hauts fonctionnaires de l'Etat, dont les deux plus célèbres exemples sont, toujours à Florence, Machiavel, secrétaire de la chancellerie florentine (bien qu'il ait écrit ses grandes œuvres après 1512, date où il fut chassé de la chancellerie par le retour des Médicis) et Guicciardini, ambassadeur de la République florentine puis serviteur successivement du pape Léon X et du duc de Toscane Alessandro.

C'est en France qu'on peut le mieux suivre une tentative de domestication de l'histoire par la monarchie — notamment au xviiᵉ siècle où les défenseurs de l'orthodoxie catholique et les partisans de l'absolutisme royal condamneront comme « libertinisme » la critique historique des historiens du xviᵉ siècle et du règne d'Henri IV (G. Huppert, 1970, p. 178-180). Cette tentative se manifesta par l'appointement d'historiographes officiels du xviᵉ siècle à la Révolution.

Si le mot est employé pour la première fois pour Alain Chartier à la cour de Charles VI, il s'agit alors

« d'une distinction plutôt que d'une charge précise ». Le premier véritable historiographe royal est Pierre de Paschal en 1554. Désormais, l'historiographe est un apologiste. Il n'occupe d'ailleurs qu'une place modeste bien que Charles Sorel ait tenté de définir en 1646 dans l'*Avertissement à l'Histoire du roi Louis XIII*, de Charles Bernard, la charge d'historiographe de France, de façon à lui donner de l'importance et du prestige. Il met en valeur son utilité et sa fonction : prouver les droits du roi et du royaume, louer les bonnes actions, donner des exemples à la postérité, tout ceci pour la gloire du roi et du royaume. Pourtant la charge demeura relativement obscure et la tentative de Boileau et de Racine, en 1677, échoua. Les philosophes critiqueront vivement l'institution et le programme de réformes de la fonction exposé par Jacob Nicolas Moreau dans une lettre du 22 août 1774 au premier président de la Cour des Comptes de Provence, J. B. D'Albertas, arrivera trop tard. La Révolution supprimera la charge d'historiographe (F. Fossier, « La charge d'historiographe du seizième au dix-neuvième siècle », in *Revue historique*, CCLVIII, 1977, pp. 73-92). L'esprit des Lumières, un peu comme celui de la Renaissance, aura à l'égard de l'histoire une attitude ambiguë. Certes l'histoire philosophique — surtout avec Voltaire (principalement dans l'*Essai sur les mœurs et l'esprit des nations*, conçu en 1740 et dont l'édition définitive est de 1769) apporte au développement de l'histoire « un élargissement considérable de la curiosité et surtout les progrès de l'esprit critique » (J. Ehrard et G. Palmade, p. 37). Mais « le rationalisme des philosophes gêne le développement du sens historique. Vaut-il mieux rationaliser l'irrationnel, comme tente de le faire Montesquieu, ou le couvrir de sarcasmes à la façon de Voltaire ? Dans les deux cas

l'histoire est passée au crible d'une raison intemporelle » (*Ibid.*, p. 36). L'histoire est une arme contre le
« fanatisme » et les époques où celui-ci a régné, notamment le Moyen Age, ne sont dignes que du mépris et de
l'oubli : « Il ne faut connaître l'histoire de ces temps-là
que pour la mépriser [64] ». A la veille de la Révolution
française, l'*Histoire philosophique et politique des éta-
blissements et du commerce des Européens dans les deux
Indes* (1770) de l'abbé Raynal connaît un grand
succès : « Pour Raynal, comme pour tout le parti
" philosophique " l'histoire est le champ clos où s'af-
frontent la raison et les préjugés » (*Ibid.*, p. 36).

Paradoxalement, la Révolution Française n'a pas
stimulé en son temps la réflexion historique. Georges
Lefebvre (*La naissance...* p. 154-150) a vu plusieurs
raisons à cette indifférence : les révolutionnaires ne
s'intéressaient pas à l'histoire, ils la faisaient, ils
voulaient détruire un passé détesté et ne songeaient
pas à lui consacrer un temps mieux employé aux
tâches créatrices. De même que la jeunesse était attirée
par le présent et l'avenir, « le public qui sous l'Ancien
Régime, s'était intéressé à l'histoire, s'était dispersé,
ou avait disparu, ou se trouvait ruiné ».

Pourtant, Jean Ehrard et Guy Palmade ont rappelé à
juste titre l'œuvre de la Révolution en faveur de
l'histoire dans le domaine des institutions, de l'équipement documentaire et de l'enseignement. J'y reviendrai. De même si Napoléon a essayé de mettre l'histoire à son service, il a continué et développé, en ce
domaine comme en beaucoup d'autres, ce qu'avait fait
la Révolution.

L'œuvre principale de celle-ci dans le domaine de la
mentalité historique fut d'avoir constitué une rupture
et donné à beaucoup en France et en Europe, le
sentiment que non seulement elle avait marqué le

début d'une ère nouvelle, mais que l'histoire commen-
çait avec elle, en tout cas l'histoire de France : « Nous
n'avons, à proprement parler, une histoire de France
que depuis la Révolution » écrit en germinal an X, le
journal *La Décade philosophique*. Michelet écrira :
« Par devant l'Europe, la France, sachez-le, n'aura
jamais qu'un seul nom, inexpiable, et qui est son vrai
nom éternel : la Révolution ». Ainsi s'établit, positif
pour les uns et négatif pour les autres (contre-révolu-
tionnaires et réactionnaires[65]) un traumatisme historique majeur : le mythe de la Révolution française.

J'évoquerai plus loin le climat idéologique et
l'atmosphère de sensibilité romantique dans lesquels
est né et s'est développé l'hypertrophie du sens historique qu'a été l'historicisme.

Je mentionnerai simplement ici deux courants, deux
idées qui contribuent au premier chef à promouvoir la
passion de l'histoire au XIXe siècle : l'inspiration bourgeoise à laquelle sont alors liées les notions de classe et
de démocratie, le sentiment national. Le grand historien de la bourgeoisie, c'est Guizot. Dans le mouvement communal du XIIe siècle, il voit déjà la victoire
des bourgeois et la naissance de la bourgeoisie : « La
formation d'une grande classe sociale, de la bourgeoisie, était le résultat nécessaire de l'affranchissement
local des bourgeois[66] ». D'où l'origine de la lutte des
classes, moteur de l'histoire : « Le troisième grand
résultat de l'affranchissement des communes, c'est la
lutte des classes, lutte qui emplit l'histoire moderne.
L'Europe moderne est née de la lutte des diverses
classes de la société » (Ehrard-Palmade, p. 212). Guizot
et Augustin Thierry (surtout l'Augustin Thierry de
l'*Essai sur l'histoire de la formation et des progrès du
Tiers Etat*, 1850) ont eu un lecteur attentif, Karl Marx :
« Longtemps avant moi, les historiens bourgeois

avaient décrit le développement historique de cette
lutte des classes, et les économistes bourgeois en
avaient exprimé l'anatomie économique [67]... ». La
démocratie issue des victoires bourgeoises a un observateur aigu en la personne du comte de Tocqueville :
« J'ai pour les institutions démocratiques un goût de
tête, mais je suis aristocrate par instinct, c'est-à-dire
que je méprise et crains la foule. J'aime avec passion la
liberté, la légalité, le respect des droits mais non la
démocratie » (*Ibid.*, p. 61). Il étudie les progrès de la
démocratie dans la France de l'Ancien Régime où elle
chemine pour éclater dans la Révolution qui, ainsi,
n'est plus un cataclysme, une nouveauté déchirante
mais l'aboutissement d'une longue histoire et dans
l'Amérique du début du XIXe siècle avec ce mélange
d'attirance et de recul [68] des formules qui dépassent
presque celles de Guizot : « On est avant tout de sa
classe avant d'être de son opinion » ou « On peut
m'opposer sans doute des individus, je parle des
classes ; elles seules doivent occuper l'histoire »
(Ehrard-Palmade, p. 61).

L'autre courant est le sentiment national qui déferle
sur l'Europe du XIXe siècle et contribue puissamment à
y répandre le sens historique. C'est Michelet s'écriant :
« Français de toute condition, de toute classe et de tout
parti, retenez bien une chose, vous n'avez sur cette
terre qu'un ami sûr, c'est la France...! ». Federico
Chabod rappelle que si l'idée de nation remonte au
Moyen Age, la nouveauté c'est la religion de la patrie
qui date de la Révolution française : « La *nation*
devient la *patrie* : et la patrie devient la nouvelle
divinité du monde moderne*. Nouvelle divinité et

---

* Je pense exactement le contraire : Le Moyen Age avait découvert
la patrie, la nation date de la Révolution.

comme telle *sacrée*. Voilà la grande nouveauté qui découle de l'époque de la Révolution Française et de l'Empire. Le premier, Rouget de Lisle le dit dans l'avant-dernière strophe de *La Marseillaise* :

> *Amour sacré de la patrie*
> Conduis, soutiens nos bras vengeurs

Et notre Foscolo le répète quinze ans plus tard à la fin des *Sepolcri* :

> Où devient *saint* et déploré le sang
> Versé pour la patrie * »

(F. Chabod, 1943-47, p. 51).

Et il ajoute que ce sentiment a été surtout vif dans les nations, chez les peuples qui n'avaient pu encore réaliser leur unité nationale : « Il est évident que l'idée de nation sera particulièrement chère aux peuples non encore politiquement unis... Ainsi ce sera surtout en Italie et en Allemagne que l'idée nationale trouvera des partisans enthousiastes et persévérants ; et, derrière eux, chez les autres peuples divisés et dispersés, avant tous, les Polonais. » (*Ibid.*, p. 55.) La France en fait n'est pas moins touchée par cette influence du nationalisme sur l'histoire. C'est le sentiment national qui inspire ce grand ouvrage classique : l'*Histoire de France* publiée sous la direction d'Ernest Lavisse de 1900 à 1912, à la veille de la Première Guerre mondiale. Or, voici le programme qu'Ernest Lavisse assignait à l'enseignement de l'histoire : « A l'enseignement historique incombe le glorieux devoir de faire aimer et de comprendre la patrie... nos ancêtres gaulois et les forêts de druides, Charles Martel à Poitiers, Roland à Ronce-

---

* Ove fia *santo* e lagrimato il sangue
  Per la patria versato.

vaux, Godefroy de Bouillon à Jérusalem, Jeanne d'Arc, tous nos héros du passé, même enveloppés de légende... Si l'écolier n'emporte pas avec lui le vivant souvenir de nos gloires nationales, s'il ne sait pas que nos ancêtres ont combattu sur mille champs de bataille pour de nobles causes, s'il n'a point appris ce qu'il a coûté de sang et d'efforts pour faire l'unité de notre patrie et dégager ensuite du chaos de nos institutions vieillies des lois sacrées qui nous ont fait libres, s'il ne devient pas un citoyen pénétré de ses devoirs et un soldat qui aime son drapeau, l'instituteur aura perdu son temps » (cf. P. Nora, 1962).

Je n'ai pas encore souligné que jusqu'au XIXᵉ siècle manque un élément essentiel de la formation d'une mentalité historique. L'histoire n'est pas objet d'enseignement. Aristote l'avait écartée du nombre des sciences. Les universités médiévales ne la mirent pas au nombre des matières enseignées (cf. H. Grundmann). Les Jésuites et les Oratoriens lui donnèrent une certaine place dans les collèges (cf. F. de Dainville). Mais c'est la Révolution française qui donne le branle et ce sont les progrès de l'enseignement scolaire — primaire, secondaire et supérieur — au XIXᵉ siècle qui assurent la diffusion dans les masses d'une culture historique. Désormais un des meilleurs observatoires pour étudier la mentalité historique ce sont les manuels d'histoire scolaires (C. Amalvi).

III – PHILOSOPHIES DE L'HISTOIRE

Je partage, je l'ai dit, avec la plus grande partie des historiens, une méfiance née du sentiment de la nocivité du mélange des genres et des méfaits de toutes les idéologies propres à faire reculer la réflexion historique sur le difficile chemin de la scientificité. Je dirais volontiers avec Fustel de Coulanges : « Il y a une philosophie et il y a une histoire, mais il n'y a pas de philosophie de l'histoire » et avec Lucien Febvre : « Philosopher — ce qui, dans une bouche d'historien, signifie... le crime capital » (*Combats pour l'histoire*, p. 433). Mais je dirais aussi avec celui-ci : « Deux esprits, c'est entendu : le philosophe et l'historique. Deux esprits irréductibles. Mais il ne s'agit pas, précisément, de les " réduire " l'un à l'autre. Il s'agit de faire en sorte que, demeurant l'un et l'autre sur leurs positions, ils n'ignorent pas le voisin au point de lui demeurer sinon hostile, du moins étranger » (*Ibid.*, p. 282).

J'irai plus loin. Dans la mesure où l'ambiguïté — révélée par le vocabulaire — entre l'histoire, déroulement du temps des hommes et des sociétés et l'histoire, science de ce déroulement, reste fondamentale, dans la mesure où la philosophie de l'histoire a été souvent la volonté de combler — d'une façon probablement inadéquate — le regrettable inintérêt des historiens « positivistes », qui se voulaient de purs érudits, pour les problèmes théoriques et leur refus de prendre conscience des préjugés « philosophiques » sous-jacents à leur travail prétendument purement scientifique*, l'étude des philosophies de l'histoire non seulement fait partie d'une réflexion sur l'histoire mais s'impose à toute étude de l'historiographie.

---

* « Les historiens qui refusent de juger ne réussissent pas à s'abstenir de jugement. Ils ne réussissent qu'à se cacher à eux-mêmes les principes qui fondent leurs jugements » (Keith Hancock cité par Barraclough, *History in a changing world*, p. 157).

Cependant, plus encore que dans les autres parties de cet essai, je ne chercherai pas à être complet, je me placerai résolument dans le discontinu des doctrines car ce sont les modèles intellectuels et non l'évolution de la pensée qui m'intéressent, même si l'insertion des exemples choisis dans leur environnement historique requerra mon attention. Je choisirai des exemples parmi des pensées individuelles (Thucydide, Augustin, Bossuet, Vico, Hegel, Marx, Croce, Gramsci), parmi des écoles (l'augustinisme, le matérialisme historique) ou des courants (l'historicisme, le marxisme, le positivisme). Je prendrai deux exemples de théoriciens qui ont été à la fois des historiens et des philosophes de l'histoire, sans avoir atteint à un très haut niveau ni dans l'une ni dans l'autre de ces disciplines, mais qui ont suscité des réactions révélatrices au XXᵉ siècle : Spengler et Toynbee. Je mets à part le cas d'un grand esprit non occidental, Ibn Khaldoun, et d'un grand intellectuel contemporain qui est à la fois un grand historien et un grand philosophe et a joué un rôle de premier plan dans le renouvellement de l'histoire : Michel Foucault.

Il me semble que E. H. Carr a, en gros, raison en écrivant : « Les civilisations classiques de la Grèce et de Rome étaient fondamentalement a-historiques. Hérodote en tant que père de l'histoire n'a pas eu beaucoup d'enfants ; et les écrivains de l'antiquité classique étaient dans l'ensemble aussi peu concernés par le futur que par le passé. Thucydide croyait que rien de significatif ne s'était passé avant les événements qu'il décrivait et qu'il était peu vraisemblable qu'il arrivât quelque chose de significatif après » (Carr, p. 103-108). Il serait peut-être souhaitable de scruter de plus près le résumé de l'histoire grecque (l'*Archéologie*) et des principaux événements depuis les guerres médiques (la *Pentécontraetie*) qui précède l'*Histoire de la guerre du Péloponnèse*.

Thucydide (v. 460 av. J.-C.-v. 400 av. J.-C.) a écrit une Histoire de la Guerre du Péloponnèse de son début en 431 jusque vers 411. « Il se veut positiviste [69] », exposant « les faits dans l'ordre sans commentaires ». Sa philosophie est donc incomplète. « La guerre du Péloponnèse est d'elle-même *stylisée* et pour ainsi dire *idéalisée* (R. Aron, 1961, p. 164). Le grand moteur de l'histoire, c'est la nature humaine. J. de Romilly a bien mis en valeur les phrases où Thucydide indique que son œuvre sera « une acquisition pour toujours » car elle sera valable « tant que la nature humaine restera la même » et parce qu'elle éclaire non seulement les événements grecs du Ve siècle mais aussi « ceux qui, à l'avenir, en vertu du caractère humain qui est le leur, seront semblables ou analogues ». Ainsi, l'histoire serait comme immobile, éternelle, ou plutôt elle a des chances d'être le recommencement éternel d'un même modèle de changement. Ce modèle de changement c'est la guerre : « Après Thucydide il n'y eut plus de doute que les guerres représentaient le plus évident facteur de changement » (Momigliano, p. 165). La guerre est « une catégorie de l'histoire » (F. Chatelet, I, p. 216 sqq). Elle est suscitée par les réactions de peur et de jalousie des autres Grecs face à l'impérialisme athénien. Les événements sont les produits d'une rationalité que l'historien doit rendre intelligible : « Thucydide, en même temps qu'il étend, de proche en proche, l'intelligibilité de l'action voulue par un acteur à l'événement, qui n'a été voulu tel par personne, élève l'événement, qu'il ait été conforme ou non aux intentions des acteurs, au-dessus de la particularité historique en l'éclairant par l'emploi de termes abstraits, sociologiques ou psychologiques » (*Ibid.*). Thucydide

comme presque tous les historiens de l'Antiquité considère que l'histoire, dans son écriture, est étroitement
liée à la rhétorique. Il accorde donc une importance
particulière aux *discours* (oraison funèbre des soldats
athéniens par Périclès, dialogue des Athéniens et des
Méliens) et le rôle qu'il attribue — avec un pessimisme
foncier — au heurt de la morale individuelle et de la
politique en a fait un précurseur de Machiavel, un des
maîtres à penser de la philosophie occidentale de
l'histoire. Ranke lui a consacré son premier travail
historique — sa « thèse ».

Même si on exagère le contraste entre une histoire
païenne qui tournerait autour d'une conception circulaire de l'histoire et une histoire chrétienne qui
l'ordonnerait vers un but en une course linéaire, la
tendance dominante de la pensée judéo-chrétienne
opéra un changement radical dans la pensée — et
l'écriture — de l'histoire. « Les Juifs, et après eux les
Chrétiens, introduisirent un élément entièrement nouveau en supposant un but vers lequel tendait le
processus historique — la conception téléologique de
l'histoire. L'histoire acquérait ainsi une signification et
un projet, mais elle y perdait son caractère séculier...
L'histoire devint une théodicée » (Carr, p. 104). Celui
qui, plus que les historiens chrétiens anciens et comme
malgré lui, fut le grand théoricien de l'histoire chrétienne fut saint Augustin. Augustin fut amené à traiter
de l'histoire par les tâches de son apostolat et par les
événements. Il dut d'abord réfuter le philosophe néo-
platonicien Porphyre (234-305), « le meilleur érudit de
son temps », qui avait affirmé que la « voie universelle
de salut » telle que la proclamaient les chrétiens
« n'était pas attestée par la connaissance historique »
(P. Brown, p. 374). Il voulut ensuite réfuter les accusa-
tions lancées par les païens, après le sac de Rome par

Alaric et ses Goths en 410, contre le christianisme qui, selon eux, aurait miné les traditions et les forces du monde romain, incarnation de la civilisation. Augustin repoussa l'idée que l'idéal de l'humanité était de s'opposer au changement. Le salut des hommes n'était pas lié à la pérennité de la romanité. Il y avait deux schémas historiques à l'œuvre dans l'histoire humaine. Ses prototypes étaient Caïn et Abel. Le premier était à l'origine d'une histoire humaine qui servait le diable, le second était à la source d'une histoire qui s'efforce de rejoindre Dieu, elle « soupire vers le ciel », la première c'est Babylone, la seconde c'est Jérusalem et Sion. Dans l'histoire humaine, les deux cités sont inextricablement liées, les hommes y sont des étrangers, des « pérégrins » (P. Brown, ch. 27, *civitas perigrina*) jusqu'à la fin des temps où Dieu séparera les deux cités. L'histoire humaine a d'abord été une chaîne sans signification, « ce temps au cours duquel ceux qui meurent cèdent la place à ceux qui naissent pour leur succéder » (*La Cité de Dieu*, IX, 1,1) jusqu'à ce que l'Incarnation vienne lui donner un sens : « Les siècles passés de l'histoire seraient demeurés comme des jarres vides si le Christ n'était pas venu les remplir » (*Tractatus in Johannem* 9,6). L'histoire de la cité terrestre est semblable à l'évolution d'un organisme unique, d'un corps individuel. Il passe par les six âges de la vie et avec l'Incarnation, il est entré dans la vieillesse, le monde vieillit *(mundus senescit)* mais l'humanité a trouvé le sens de l'immense concert qui l'emporte jusqu'à ce que se révélera « la splendeur de l'ensemble des siècles ». La « précision de l'histoire » ne montre que la morne succession des événements tandis que quelques moments privilégiés laissent entrevoir dans une « prévision prophétique », la possibilité du salut. Telle est la fresque que finalement trace *La Cité de Dieu*

(413-427), mêlant l'espérance joyeuse du salut et le sens tragique de la vie (H. I. Marrou, 1950).

Les ambiguïtés de la pensée historique augustinienne ont donné lieu par la suite, et en particulier au Moyen Age, à toute une série de déformations et de simplifications : « On peut suivre de siècle en siècle les métamorphoses qui ne sont le plus souvent que des caricatures du schéma augustinien de *La Cité de Dieu* » (H. I. Marrou, 1961, p. 20). La première caricature fut l'œuvre d'un prêtre espagnol, Orose, dont l'*Histoire contre les Païens* (415-417) inspirée de l'enseignement direct d'Augustin à Hippone eut une grande influence au Moyen Age. Ainsi naquirent la confusion entre la notion mystique d'Eglise, préfiguration de la cité divine, et l'institution ecclésiastique qui prétendit se soumettre la société terrestre, la pseudo-explication de l'histoire par une Providence imprévisible mais toujours bien orientée, la persuasion en une décadence progressive de l'humanité par ailleurs infailliblement entraînée vers la fin voulue par Dieu, le devoir de convertir à tout prix les non-chrétiens, pour les faire entrer dans cette histoire du salut réservé aux seuls chrétiens.

Tandis que l'histoire occidentale, au Moyen Age, à l'ombre de cette théorie « augustinienne » de l'histoire, poursuivait lentement et humblement les tâches du métier d'historien, l'Islam, de son côté, produisait tardivement une œuvre géniale dans le domaine de la philosophie de l'histoire, la *Muqqaddima* d'Ibn Khaldoun. Mais à la différence de *La Cité de Dieu*, la *Muqqaddima*, sans avoir d'influence immédiate, préfigurait quelques-unes des démarches et de l'état d'esprit de l'histoire scientifique moderne.

Tous les spécialistes s'accordent à considérer Ibn Khaldoun comme « un esprit critique exceptionnel pour son temps », « un génie, c'est-à-dire un des êtres à l'intuition sans égale », « en avance sur son temps par ses idées et sa méthode » (V. Monteil in Préface à Ibn Khaldoun, et Arnold Toynbee voit dans *Al-Muqqaddima*, « sans aucun doute, la plus grande œuvre de son genre qui ait jamais été créée encore par qui que ce soit, en tout temps et en tout lieu ».

Sans être capable de l'analyser en son temps, je l'évoque ici comme faisant désormais partie d'une part de l'ensemble de la production historique de l'humanité, et capable d'autre part d'influencer directement aujourd'hui la réflexion historique du monde musulman et du Tiers Monde. Voici l'opinion d'un intellectuel algérien, un médecin emprisonné par les Français pendant la guerre d'Algérie et qui lut Ibn Khaldoun dans sa prison : « J'ai été notamment frappé par la finesse et la pénétration de ses réflexions sur l'Etat et son rôle, sur l'Histoire et sa définition. Il a ouvert des perspectives inouïes à la psychologie... ainsi qu'à la sociologie politique, en mettant l'accent, par exemple, sur l'opposition entre citadins et campagnards ou sur le rôle de l'esprit de corps dans la constitution des empires et le rôle du luxe dans leur décadence »[70]. Le géographe français Yves Lacoste voit de son côté dans la *Muqqaddima* « une contribution fondamentale à l'histoire du sous-développement. Elle marque la naissance de l'Histoire en tant que science, et elle nous fait déboucher sur une étape essentielle du passé de ce qu'on appelle aujourd'hui le Tiers Monde ».

Ibn Khaldoun, né à Tunis en 1332, et mort au Caire en 1406, écrivit dans sa retraite en Algérie, près de Biskra, en 1377, la *Muqqaddima* avant de finir sa vie au Caire comme *cadi* (juge) de 1382 à 1406. Son œuvre est une *Introduction (Muqqaddima)* à l'Histoire Universelle. A cet égard, il se place dans une grande tradition

musulmane et revendique ouvertement cette filiation.
Pour un lecteur occidental moderne, le début de la
Muqqaddima évoque ce qu'on écrivit en Occident sous
la Renaissance, un à deux siècles plus tard et ce
qu'avaient écrit certains historiens de l'Antiquité.

« L'histoire est une noble science. Elle présente
beaucoup d'aspects utiles. Elle se propose d'atteindre
un noble but. Elle nous fait connaître les conditions
propres aux nations anciennes, telles qu'elles se tradui-
sent par leur caractère national. Elle nous transmet la
biographie des prophètes, la chronique des rois, leurs
dynasties et leur politique. Ainsi, celui qui le désire
peut obtenir un heureux résultat : en imitant les
modèles historiques en matière religieuse ou profane.
Pour écrire des ouvrages historiques, il faut disposer de
nombreuses sources et de connaissances très variées. Il
faut aussi un esprit réfléchi et de la profondeur : pour
conduire le chercheur à la vérité et le garder de
l'erreur » (Ibn Khaldoun, I, p. 13).

Ibn Khaldoun présente son œuvre comme « un
commentaire sur la civilisation » (*'umrāh*). Ce à quoi il
s'attache c'est le changement et son explication. Il se
distingue des historiens qui se contentent de parler
d'événements et de dynasties sans les expliquer. Ibn
Khaldoun, lui, « donne les causes des événements » et
pense qu'il renferme donc « la philosophie (*hikma*) de
l'histoire ». On a vu en Ibn Khaldoun le premier
sociologue. Il me semble qu'il est plutôt un mélange
d'anthropologue historique et de philosophe de l'histoire. Il prend ses distances vis-à-vis de la tradition :
« La recherche historique allie étroitement l'erreur à la
légèreté. La foi aveugle en la tradition (*taqlīd*) est
congénitale... ». Grâce à son livre « on n'aura plus
besoin de croire aveuglément à la tradition ». Ce qu'il y
a de particulièrement remarquable dans ses explica-

tions, c'est la référence à la société et à la civilisation qui sont pour lui les structures et domaines essentiels bien qu'il ne néglige ni la technique ni l'économie. Voici par exemple le type de témoignage que constituent pour l'historien les monuments édifiés par une dynastie : « Tous ces travaux des Anciens n'ont été possibles que par la technique et le labeur concerté d'une main-d'œuvre nombreuse... Il ne faut pas ajouter foi à la croyance populaire, selon laquelle les Anciens étaient plus grands et plus forts que nous... L'erreur des conteurs vient ici du fait qu'ils admirent les vastes proportions des monuments antiques, sans comprendre les conditions différentes d'organisation sociale (*itgimā*) et de coopération. Ils ne voient pas que tout a été affaire d'organisation sociale et de technique (*hindām*). En conséquence, ils s'imaginent, bien à tort, que les monuments antiques sont dus à la force et à l'énergie d'êtres de taille supérieure » (Ibn Khaldoun, I, 346-348). Comme il est naturel à un musulman, en fonction de ce qu'il voit et de ce qu'il sait du passé de l'Islam, il accorde une grande importance à l'opposition nomades-sédentaires, bédouins et citadins. Homme du Maghreb urbanisé, il s'intéresse particulièrement à la civilisation urbaine. Le phénomène dynastique et monarchique le retient aussi, et il constate qu'il n'est pas un produit de l'urbanisation : « La dynastie précède la cité » mais qu'il lui est étroitement lié : « La monarchie appelle la cité » (II, chap. 4). Où il nous paraît plutôt comme un philosophe de l'histoire c'est pour sa théorie de l'influence des climats (qui annonce Montesquieu, mais qui est déjà traditionnelle à son époque chez les historiens et géographes musulmans) et non dépourvu de racisme (à l'égard des noirs) et surtout sa théorie du déclin [71]. Chaque organisation sociale et politique ne dure qu'un temps et va vers le

déclin, plus ou moins vite : par exemple le prestige
d'un lignage ne dure que quatre générations. Ce mécanisme est particulièrement frappant pour les monar-
chies : par nature la monarchie veut la gloire, le luxe et
la paix mais devenue glorieuse, luxueuse et pacifique,
la monarchie est sur le déclin. Ibn Khaldoun ne sépare
pas dans ce processus les aspects moraux et les aspects
sociaux : « Une dynastie ne dure, généralement, pas
plus de trois générations : la première garde les vertus
bédouines, la rudesse et la sauvagerie du désert... elle
conserve donc son esprit de clan, ses membres sont
tranchants et redoutés et les gens leur obéissent... sous
l'influence de la monarchie et du bien-être la seconde
génération passe de la vie bédouine à la vie sédentaire,
de la privation au luxe et à l'abondance, de la gloire
commune et partagée à celle d'un seul... La vigueur de
l'esprit tribal est quelque peu rompue. Les gens s'habi-
tuent à la servilité et à l'obéissance... La troisième
génération a complètement oublié l'époque de la rude
vie bédouine... Elle a perdu le goût de la gloire et des
liens du sang, parce qu'elle est gouvernée par la force...
ses membres dépendent de la dynastie qui les protège,
comme des femmes et des enfants. L'esprit de clan
disparaît tout à fait... Le souverain doit donc faire
appel à sa clientèle, à sa suite. Mais Dieu permet un
jour que la monarchie soit détruite » (Ibn Khaldoun, I,
3, 22, p. 334-335). Ce qui sous-tend cette théorie, c'est
l'assimilation d'une forme socio-politique à une personne humaine, un modèle organiciste, biologique de
l'histoire. Il n'en reste pas moins que la *Muqqaddima*
est une des grandes œuvres du savoir historique.
Comme l'a dit Jacques Berque : « C'est une pensée
maghrébine, islamique et mondiale... L'amère joie de
l'intelligible a marqué, pour cet homme en disgrâce,
l'histoire qui tournait en ce moment même, et qu'il eut

le mérite de situer le premier dans d'aussi vastes perspectives ».

Revenons à l'Occident. L'Antiquité gréco-romaine n'avait pas eu de véritable sens de l'histoire. Elle n'avait avancé comme schémas explicatifs généraux que la nature humaine (c'est-à-dire l'immutabilité), le destin et la fortune (c'est-à-dire l'irrationalité), le développement organique (c'est-à-dire le biologisme). Elle avait situé le genre historique dans le domaine de l'art littéraire et lui avait assigné comme fonctions le divertissement et l'utilité morale. Mais elle avait préfiguré une conception et une pratique « scientifique de l'histoire » en insistant sur le témoignage (Hérodote), l'intelligibilité (Thucydide), la recherche des causes (Polybe), la recherche et le respect de la vérité (tous et finalement Cicéron). Le christianisme avait donné un sens à l'histoire mais l'avait soumise à la théologie. Le XVIIIe et surtout le XIXe siècle allaient assurer le triomphe de l'histoire en lui donnant un sens sécularisé par l'idée de *progrès*, en fusionnant sa fonction de savoir et sa fonction de sagesse au moyen de conceptions (et de pratiques) scientifiques qui l'assimilaient soit à la *réalité*, et non plus seulement la vérité (historicisme), soit à la *praxis* (marxisme).

Mais l'entre-deux qui sépare la théologie de l'histoire médiévale de l'historisme triomphant du XIXe siècle n'est pas dépourvu d'intérêt du point de vue de la philosophie de l'histoire.

Selon George Nadel, l'âge d'or de la philosophie de l'histoire aurait été la période s'étendant approximativement de 1550 à 1750 [72].

Son point de départ serait l'affirmation de Polybe (I, 2) : « La meilleure éducation et le meilleur apprentissage pour la vie politique active est l'étude de l'histoire ».

J'introduis une remarque. On peut en effet voir ici l'influence de Machiavel et de Guicciardini. Mais à condition de noter la position originale de chacun de ces penseurs sur les rapports entre histoire et politique. Je suis ici Félix Gilbert. Pour Machiavel, l'idée essentielle est celle de la spécificité de la politique et, d'une certaine façon, la politique qui doit être recherche de la stabilité de la société doit s'opposer à l'histoire qui est un flux perpétuel, soumis aux caprices de la Fortune comme le voulaient en effet Polybe et les historiens de l'Antiquité. Pour Machiavel les hommes devaient se rendre compte de « l'impossibilité de fonder un ordre social permanent, qui respecte la volonté de Dieu ou dans lequel la justice serait distribuée de façon à répondre à toutes les exigences humaines ». Par conséquent, « Machiavel se tient fermement à l'idée que la politique a ses propres lois et, par conséquent, est ou devrait être une science ; son but est de maintenir en vie la société dans le flux perpétuel de l'histoire ». Les conséquences de cette conception étaient « la reconnaissance de la nécessité de la cohésion politique et la thèse de l'autonomie de la politique connaissant une phase ultérieure de développement avec le concept d'état » (P. Gilbert, p. 171).

Giucciardini au contraire veut et réalise l'autonomie de l'histoire à partir de la même constatation du changement (dont on a dit plaisamment qu'elle était la seule *loi* discernable de l'histoire). Spécialiste de l'étude du changement, « l'historien acquérait ainsi sa fonction spécifique et l'histoire assumait une existence autonome dans le monde de la connaissance ; la signification de l'histoire n'était pas à chercher ailleurs que dans l'histoire elle-même. L'historien devenait enregistreur et interprète en même temps. La *Storia d'Italia* de Guicciardini est la dernière grande œuvre historique conduite selon le schéma classique, mais elle est aussi la première grande œuvre de l'historiographie moderne » (Gilbert, p. 255).

Pour revenir à Nadel, son idée est que la conception dominante de l'histoire, de la Renaissance aux Lumières, a été la conception de l'histoire exemplaire, didactique dans son propos, inductive dans sa méthode et fondée sur les lieux communs des stoïciens, rhéteurs et historiens romains. L'histoire était redevenue un enseignement pour les gouvernants comme au temps de Polybe. Cette conception de l'histoire *magistra vitae* inspira soit des études particulières, soit des traités sur l'histoire, des *Artes Historicae* (une collection de ces traités, *l'Artis Historicae Penus* en deux volumes fut éditée à Bâle en 1579) dont les plus importants furent au xvie siècle le *Methodus ad facilem historiarun cognitionem*, de Jean Bodin (1560), au xviie siècle, l'*Ars Historica* (1623) de Vossius pour qui l'histoire était la connaissance des particularités dont la mémoire est utile « ad bene beateque vivendum » (« pour vivre bien et heureusement »), au xviiie siècle, la *Méthode pour étudier l'Histoire* de Lenglet du Fresnoy, dont la première édition, suivie de plusieurs autres, est de 1713.

L'histoire des philosophes des Lumières qui s'efforcèrent de rendre l'histoire rationnelle, ouverte aux idées de civilité et de progrès, n'a pas remplacé la conception de l'histoire exemplaire et l'histoire a échappé à la grande révolution scientifique des xviie et xviiie siècles. Celle-ci a survécu jusqu'à son remplacement par l'historicisme. Cette nouvelle conception dominante de l'histoire est née en Allemagne, plus particulièrement à Göttingen. A la fin du xviiie et au début du xixe siècle, des universitaires qui n'avaient pas été préoccupés d'un public pour qui l'histoire

serait une science éthique transformèrent l'histoire en
une affaire de professionnels, de spécialistes. « La lutte
entre l'historien antiquaire et l'historien philosophe, le
savant pédant et le gentleman bien élevé se termina
par la victoire de l'*érudit* sur le *philosophe* » (Nadel,
p. 315). Déjà en 1815 Savigny avait dit : « L'histoire
n'est plus seulement une collection d'exemples mais la
seule voie à la vraie connaissance de notre condition
particulière[73] ». La déclaration la plus nette, qui est
devenue célèbre, est celle de Ranke : « On a attribué à
l'histoire la fonction de juger le passé et d'instruire le
présent pour rendre le futur utile ; ma tentative ne vise
pas à de si hautes fonctions — elle tend seulement à
montrer comment les choses se sont réellement passées[74] ».

Avant d'examiner les nouvelles conceptions de l'histoire érudite allemande du XIXᵉ siècle, c'est-à-dire
l'historicisme, je voudrais amender l'intéressante idée
de Nadel sur deux points. Le premier, c'est que les
idées des principaux historiens de la fin du XVIᵉ siècle
ne se réduisent pas à l'idée de l'histoire exemplaire,
mais que la théorie de l'histoire *parfaite* ou *intégrale* va
bien au-delà. Le second — à quoi Nadel fait allusion,
c'est que la théorie chrétienne providentialiste de
l'histoire se poursuit au XVIIᵉ siècle et trouve sa plus
remarquable expression dans le *Discours sur l'histoire
universelle* de Bossuet (1681).

Un certain nombre d'historiens français dans la
seconde moitié du XVIᵉ siècle, exprimèrent une vue très
ambitieuse de l'histoire *intégrale* accomplie ou *parfaite*.
On rencontre cette conception chez Bodin, chez Nicolas Vignier, auteur d'un *Sommaire de l'histoire des
François* (1579), d'une *Bibliothèque historiale* (1588),
chez Louis le Roy (*De la vicissitude ou variété des choses
en l'univers*... 1575) et surtout chez Lancelot de la

Popelinière avec un volume en trois traités : *L'Histoire des histoires, L'Idée de l'histoire accomplie, Le Dessein de l'Histoire nouvelle des François* (1599). Bodin est surtout connu pour son idée de l'influence du climat sur l'histoire qui annonce Montesquieu et la sociologie historique. Mais sa *Méthode* (1566) n'est qu'une introduction à son grand traité *La République* (1576). C'est un philosophe de l'histoire et de la politique et non un historien. Sa conception de l'histoire reste fondée sur l'idée humaniste d'*utilité*. Tous ces savants ont en commun trois idées que La Popelinière exprimera le mieux. La première c'est que l'histoire n'est pas pure narration, œuvre littéraire. Elle doit rechercher les causes. La seconde, la plus neuve et la plus importante, c'est que l'objet de l'histoire, ce sont *les civilisations* et *la civilisation*. Cela commence avant même l'écriture. « Sous sa forme la plus primitive, écrit Georges Huppert, La Popelinière soutient que l'histoire est à chercher partout dans les chansons et les danses, dans les symboles et dans d'autres procédés mnémotechniques » (G. Huppert, 1970, p. 143). C'est l'histoire des temps où les hommes étaient « ruraux et non civilisés ». La troisième idée c'est que l'histoire doit être universelle, au sens le plus complet : « L'histoire digne de ce nom doit estre *générale* ». Myriam Yardeni a justement souligné que cette histoire était très neuve et que La Popelinière en a précisément souligné la *nouveauté*. Mais, il a été handicapé par sa conception chrétienne pessimiste [75].

L'augustinisme historique qui pèse encore sur La Popelinière a donné son dernier chef-d'œuvre avec le *Discours sur l'Histoire Universelle* de Bossuet (1681). Bossuet qui avait écrit un *Abrégé de l'Histoire de France* pour son élève, le Dauphin, fils de louis XIV, compose ainsi son *Discours*, également à l'intention de son disciple : la première partie, panorama de l'histoire jusqu'à Charlemagne, est un vrai *discours*, la seconde « démonstration de la vérité de la religion catholique dans ses rapports avec l'histoire est un *sermon* » (G. Lefebvre, p. 97). La troisième partie, examen de la destinée des empires, est plus intéressante. En effet, sous l'affirmation générale du règne imprévisible de la Providence sur l'histoire, apparaît une rationalité de l'Histoire due au fait que les événements particuliers entrent dans des systèmes généraux, globalement déterminés, Dieu n'intervenant (et rarement) que par l'intermédiaire des causes secondes. Mais non seulement Bossuet, bien qu'il ait lu les travaux d'érudition, évolue le plus souvent entre l'apologétique et la polémique ; l'idée d'une vérité qui se développe dans le temps lui est étrangère. « Pour lui, le changement est toujours le signe de l'erreur. Ce qui manque le plus à cet historien, prisonnier d'une certaine théologie, c'est le sens du temps et de l'évolution » (Ehrard-Palmade, p. 33).

Il reste à évoquer une philosophie de l'histoire originale isolée en son temps mais qui a eu une étonnante postérité, celle de Giambattista Vico, professeur à l'Université de Naples (1668-1744), dont l'œuvre principale, *La scienza nuova* (ou plus exactement *Principi d'una scienza nuova d'intorno alla commune natura delle nazioni*), a connu plusieurs éditions de 1725 à 1740.

Catholique, Vico est antirationaliste. Il « introduit une espèce spéciale de dualisme entre l'histoire sacrée et l'histoire profane. Il plaçait toute la moralité et la rationalité du côté de l'histoire sacrée et voyait dans l'histoire profane le développement d'instincts irrationnels, d'une imagination truculente, d'une violente injustice [76] ». Les passions humaines conduisent les nations et les peuples à la décadence. Une sorte de lutte des classes entre les « eroi » (« héros ») conservateurs et les « bestioni » (« brutes ») plébéiens et partisans du changement se termine en général par la victoire des *bestioni*, la décadence après l'apogée, et le passage à un autre peuple qui, à son tour, grandit et décline (*corso* et *ricorso*) : c'est l'homme qui a fait ce monde historique.

Cette philosophie de l'histoire a inspiré des admirations très diverses. Michelet a traduit en français la *Scienza nuova* en 1826 et affirmé : « Le mot de la *Scienza nuova* est celui-ci : *l'humanité est son œuvre à elle-même* ». Croce a formé en partie sa pensée de l'histoire à la lecture et au commentaire de Vico (*La Filosofia di Giambattista Vico*, 1911). Il y a une interprétation marxiste de Vico, dont Marx recommandait la lecture à Lasalle en 1861, qui s'est développée à travers Georges Sorel [77], Antonio Labriola, Paul Lafargue, la citation de Trotsky à la première page de l'*Histoire de la Révolution russe* et qui a inspiré l'*Introduzione à G.B. Vico* (1961) de Nicola Badaloni. Ernst Bloch a écrit : « C'est avec Vico que réapparaît pour la première fois, depuis la *Civitas Dei* d'Augustin, une philosophie de l'histoire, sans histoire du salut, mais soutenue par l'affirmation s'appliquant à l'histoire tout entière qu'il n'y aurait pas de communauté humaine sans le lien de la religion » (E. Bloch, *La Philosophie de la Renaissance*, trad. fr., p. 179).

L'historicisme a été défini par Nadel de la façon suivante : « Son fondement est la reconnaissance que les événements historiques doivent être étudiés non comme on le faisait auparavant comme des illustrations de la morale ou de la politique, mais comme des phénomènes historiques. Dans la pratique, cela se marqua par l'apparition de l'histoire comme discipline universitaire indépendante, en fait comme en parole.

En théorie, cela s'exprima par deux propositions : 1) ce qui est arrivé doit être expliqué en fonction du moment où ça arriva, 2) il existe pour l'expliquer une science spécifique usant de processus logiques, la science de l'histoire. Aucune de ces propositions n'était nouvelle mais l'insistance qui y était mise était nouvelle et conduisit à exagérer doctrinalement les deux propositions; de la première on tira de l'idée que faire l'histoire de quelque chose c'est en donner une explication suffisante et ceux qui voyaient un ordre logique dans l'ordre chronologique des événements considérèrent la science historique comme capable de prédire le futur » (Nadel, p. 291).

L'historicisme est à replacer dans l'ensemble des courants philosophiques du XIXe siècle comme l'a fait Maurice Mandelbaum. Il constate qu'il a deux sources distinctes et peut-être opposées. L'une est la révolte romantique contre les Lumières, tandis que l'autre était, à certains égards, la continuation de la tradition des Lumières. La première tendance apparut à la fin du XVIIIe siècle, surtout en Allemagne, et elle considéra le développement historique sur le modèle de la croissance des êtres vivants. De cette tendance sortit Hegel, qui alla beaucoup plus loin. La seconde qui s'efforça d'établir une science de la société fondée sur des lois du développement social eut pour maîtres Saint-Simon et Comte et le marxisme appartient à cette tendance. En fait, au XIXe siècle, l'historicisme marqua toutes les écoles de pensée et ce qui le fit finalement triompher, ce fut la théorie de Darwin sur *L'origine des espèces* (1859), l'évolutionnisme. Le concept central est celui de développement souvent précisé par celui de progrès. Mais l'historicisme achoppa sur le problème de l'existence en histoire de lois ayant un sens et sur celui d'un modèle unique de développement historique.

Avec Georg Iggers, j'évoquerai — sommairement — les fondements théoriques de l'historicisme allemand chez Wilhelm von Humboldt et Leopold von Ranke, le sommet de l'optimisme historiciste avec l'école prussienne et la crise de l'historicisme avec la philosophie critique de l'histoire de Dilthey et de Max Weber, avec le relativisme historique de Troeltsch et de Meinecke.

Guillaume de Humboldt (1767-1835), philosophe du langage, diplomate fondateur de l'Université de Berlin en 1810, écrivit de nombreux ouvrages historiques et résuma sa pensée historique dans son traité *Über die Aufgabe des Geschichtschreibers* (*Le devoir de l'historien*) écrit en 1821, publié seulement en 1882. Humboldt, souvent proche du romantisme, influencé (positivement et négativement à la fois) par la Révolution Française, fut le créateur de la « théorie des idées historiques, insista sur l'importance de l'individu en histoire, sur la place centrale de la politique en histoire, clefs de voûtes de la philosophie et de l'histoire qui inspira la science historique allemande de Ranke à Meinecke » (Iggers, 1971, p. 84-86). Ses *idées* ne sont pas des idées métaphysiques, platoniciennes, elles sont historiquement incarnées dans un individu, un peuple (« esprit du peuple », *Volksgeist*), une époque (« esprit du temps », *Zeitgiest*), mais restent vagues. Bien qu'il ne soit « ni un nihiliste ni un relativiste », il a une conception fondamentalement « irrationnelle » de l'histoire.

Le plus grand et le plus important des historiens et théoriciens allemands de l'histoire au XIXᵉ siècle est Léopold Ranke (1795-1886, anobli en 1865). Son œuvre d'historien concerne surtout l'histoire européenne des XVIe-XVIIe siècles, et l'histoire prussienne des XVIIIe-XIXe siècles. Il écrivit à la fin de sa vie une *Weltgeschichte (Histoire mondiale)* qu'il laissa inachevée. Ranke a été plus un méthodologue qu'un philosophe de l'histoire. Il a été le « maître de la méthode critico-philologique » (Fueter, p. 173). Luttant contre l'anachronisme, il a dénoncé le faux romanesque historique du romantisme, par exemple des romans de Walter Scott, et affirmé que la grande tâche de l'historien était de dire « comment les choses se sont réellement passées ». Ranke a appauvri la pensée historique en accordant une importance excessive à l'histoire politique et diplomatique. Mais on a déformé sa pensée en deux sens : un sens positiviste et un sens idéaliste. Les historiens français (Langlois et Seignobos, cf. *infra*) et surtout américains [78] ont vu en lui le « père de l'histoire », d'une histoire qui se limitait à « la stricte observation des faits, l'absence de moralisation et d'ornement, la pure vérité historique » (Adams, *New Methods of Study in History* in *Johns Hopkins University Studies*, II, 1884 p. 104 sqq. Cf. Iggers, p. 86 sqq).

Or Ranke a bien été, dans la ligne de Humboldt, un partisan (prudent) de la doctrine des idées historiques, il a cru au progrès de la culture comme contenu de l'histoire, a accordé une grande importance à la psychologie historique comme il l'a montré dans son *Histoire des Papes romains* (1834-1836). Mais, bien qu'on ait beaucoup utilisé un membre de phrase où il disait que « chaque peuple est immédiat avec Dieu », il a été un « adversaire des théories historiques nationales » (Fueter, p. 169).

L'optimisme historiciste atteignit son apogée avec l'école prussienne dont les figures les plus marquantes furent Johann Gustav Droysen (1808-1884) qui exprima ses théories dans son *Grundriss der Historik* (Leipzig, 1868) et Heinrich von Sybel (1817-1895). Droysen pense qu'il n'y a pas de conflit entre la morale et l'histoire ou la politique. Si un gouvernement ne repose pas sur la force pure et simple mais aussi sur une éthique il parvient au stade suprême de la réalisation éthico-historique, l'Etat. L'Etat prussien a été au xixᵉ siècle le modèle de cette réussite que dans l'Antiquité Alexandre avait aussi réalisée. Au sein de l'Etat, il n'y a pas davantage de conflit entre la liberté individuelle et le bien commun. Sybel insista encore davantage sur la mission de l'Etat et sur la réalité d'un progrès général de l'humanité. Il y ajouta une prééminence de la raison d'Etat, la force devant l'emporter en cas de conflit avec le droit.

Ce mince sommaire devrait s'enrichir d'une étude des liens étroits entre ces vues de l'histoire et l'histoire allemande et européenne du xixᵉ siècle et d'une étude des autres domaines de la science où l'historicisme allemand s'est triomphalement implanté, par exemple dans l'Ecole Historique de Droit, l'Ecole Historique d'Economie, la Linguistique historique, etc. (Iggers, p. 173).

La fin du siècle amena le reflux de l'historicisme en Allemagne tandis qu'il triomphait ailleurs sous des déformations positivistes (France, Etats-Unis) ou idéalistes (Italie : Croce).

Comme Iggers l'a bien décelé, la critique de l'historicisme se fit avant 1914-18. Surtout comme une critique de l'idéalisme et ensuite comme une critique de l'idée de progrès. Je distinguerai essentiellement la critique des philosophes et la critique des historiens.

Pour la première, je renvoie au grand livre de Raymond Aron *La philosophie critique de l'histoire*

(1938, nouvelle éd. 1987) et aux belles études de Pietro Rossi, *Lo storicismo tedesco contemporaneo* (1956) et de Carlo Antoni, *Lo storicismo* (1957).

J'évoquerai les deux principales figures de la critique philosophique : Dilthey et Max Weber.

Dilthey (1833-1911) a commencé par critiquer les concepts fondamentaux de l'historicisme de Humboldt et de Ranke : âme populaire *(Volksseele)*, esprit du peuple *(Volksgeist)*, nation, organisme social, qui sont pour lui des concepts « mystiques » inutiles à l'histoire (Iggers, p. 180). Puis il a pensé que le savoir était possible dans les sciences de l'esprit — y compris l'histoire — parce que la vie « s'objective » en institutions telles que la famille, la société bourgeoise, l'état et le droit, l'art, la religion et la philosophie (*Ibid*, p. 182). A la fin de sa vie (1903), il pensait apercevoir le but de sa recherche pour établir « une critique de la raison historique ». Il croyait que « la vision historique du monde *(geschichtliche Weltanschauung)* était la libératrice de l'esprit humain qu'elle affranchissait des dernières chaînes que les sciences de la nature et la philosophie n'avaient pas brisées » (*Ibid.*, p. 188).

Toute la critique de l'historicisme à la fin du XIXe siècle et au début du XXe siècle est ambiguë. Elle cherche plus, comme on vient de voir avec Dilthey, à dépasser l'historicisme qu'à le renier.

Max Weber (1864-1920) en même temps qu'un philosophe a été un grand historien et sociologue. Raymond Aron a résumé la théorie weberienne de l'histoire de la façon suivante : « Toutes les polémiques de Weber ont pour fin de démontrer indirectement sa propre théorie en écartant les conceptions qui pourraient la menacer. *L'histoire est une science positive* : or, mettent en doute cette proposition a) les métaphysiciens, conscients ou inconscients, avoués ou honteux, qui utilisent un concept transcendant (liberté) dans la logique de l'histoire, b) les esthètes ou les positivistes qui partent du préjugé selon lequel il n'y a de sciences et de concepts que du général, l'individu étant susceptible seulement d'être saisi intuitivement. *L'histoire est toujours partielle*, parce que le réel est infini, parce que l'inspiration de la recherche historique change avec l'histoire elle-même. Mettent en danger ces propositions : a) les « naturalistes » qui proclament que la loi est la fin unique de la science ou qui pensent épuiser le contenu de la réalité à l'aide d'un système de relations abstraites, b) les historiens naïfs qui, inconscients de leurs valeurs, s'imaginent découvrir dans le monde historique lui-même la sélection de l'important et de l'accidentel, c) tous les métaphysiciens qui se figurent avoir saisi de manière positive l'essence des phénomènes, les forces profondes, les lois du tout qui commanderaient le devenir, par-dessus la tête des hommes qui pensent et croient agir » (R. Aron, 1938 b, p. 279).

On voit que Max Weber combattait l'historicisme aussi bien du côté de l'idéalisme que du côté du positivisme, les deux pentes de la pensée historique allemande du XIXe siècle.

Le chapitre de l'historicisme et de sa critique se clôt avec les deux derniers grands historiens allemands du XIXe/XXe siècles : Ernst Troeltsch (1865-1922) et Friedrich Meinecke (1862-1954) qui vers la fin de leur œuvre ont publié deux ouvrages sur l'historicisme : le premier, *Der Historismus und seine Probleme* (1922), le second *Der Historismus und seine Uberwindung* (*L'historicisme et son triomphe*, 1924).

Ils sont d'abord les premiers à appeler *historisme* le mouvement historique allemand du XIXe siècle dont la

figure centrale fut Ranke. Il s'ensuivit d'ailleurs une
interminable polémique sur la façon de traduire par —
et éventuellement de distinguer entre — historisme et
historicisme (Iggers, 1973). Les deux ouvrages sont en
fait à la fois une critique de l'historicisme et un
monument à sa gloire. Troeltsch qui pensait, comme
Ranke, qu'il n'y avait pas *une* histoire mais *des* histoires avait voulu surmonter le dualisme fondamental
de l'historicisme : le conflit entre nature et esprit,
action sous l'impulsion de la force *(Kratos)* et action
selon la justification morale *(Ethos)*, conscience historiciste et besoin de valeurs absolues. Meinecke accepte
ce dualisme[79]. Il définit l'historicisme « le plus haut
degré atteint dans la compréhension des choses
humaines ». Sans doute il s'arrête, comme l'a bien vu
Carlo Antoni, avant la dissolution de la raison et de la
foi dans la pensée, principe d'unité de la nature
humaine à cause même de l'humanisme que Ranke
avait maintenu. Mais Delio Cantimori a donné raison à
Croce qui voyait dans l'historicisme selon Meineke une
certaine trahison « irrationnelle » du « vrai historicisme ». « Historicisme » au sens scientifique du terme
est l'affirmation que la vie et la réalité sont historiques
et rien d'autre qu'historiques. Cette affirmation a pour
corollaire la négation de la théorie qui considère que la
réalité est divisée en superhistoire et histoire, en un
monde d'idées et de valeurs et un bas monde qui le
reflète, ou l'a reflété jusqu'à maintenant, de façon
fugace et imparfaite, et à qui il faudra une bonne fois
pour toutes s'imposer en faisant succéder à l'histoire
imparfaite, ou à l'histoire pure et simple, une réalité
rationnelle et parfaite... Meinecke, en revanche, fait
consister l'historicisme dans l'admission de ce qu'il y a
d'irrationnel dans la vie humaine, dans le fait de s'en
tenir à l'individuel sans pour autant négliger le typi-

que et le général qui y est lié et dans la projection de cette vision de l'individuel sur le fond de la foi religieuse ou du mystère religieux. Mais l'historicisme vrai, dans la mesure où il critique et surpasse le rationalisme abstrait des Lumières, est plus profondément rationaliste que lui » (Croce, cité par Cantimori, p. 500).

A la veille du nazisme, les ouvrages de Troeltsch et de Meinecke sont les tombeaux glorificateurs de l'historicisme.

Revenons maintenant en arrière pour jeter un coup d'œil aux idées de Georg Wilhelm Friedrich Hegel (1770-1831) qui a été le premier philosophe à mettre l'histoire au centre de sa réflexion. Sous l'influence de la Révolution française il fut le premier à voir « l'essence de la réalité dans le changement historique et dans le développement de la conscience de soi qu'a l'homme » (Carr, p. 131). Affirmant que « tout ce qui est rationnel est réel et que tout ce qui est réel est rationnel », il estime que l'histoire est gouvernée par la raison : « La seule idée qu'apporte la philosophie est cette simple idée de la raison, l'idée que la raison gouverne le monde et que par conséquent l'histoire universelle s'est déroulée rationnellement » (Hegel, 1822-30, p. 47). L'Histoire elle-même est prise dans un système qui est celui de l'Esprit. L'Histoire n'est pas identique à la logique. Hélène Védrine a attiré l'attention sur un texte de *l'Encyclopédie des sciences philosophiques en abrégé* (1817, trad. M. de Gardillac, 1970, p. 470) : « Mais l'esprit pensant de l'histoire du monde, en dépouillant ces limitations des esprits des peuples particuliers et sa propre mondanité, saisit son universalité concrète et s'élève jusqu'au savoir de l'esprit absolu, comme vérité éternellement effective, dans laquelle la raison sachante est libre pour elle-même, et dans laquelle la nécessité, la nature et l'histoire ne sont qu'au service de la révélation de cet esprit, et les contenants de son honneur ». H. Védrine remarque justement que ce texte prouve bien l'idéalisme de Hegel mais surtout que s'y manifeste « le paradoxe de toutes les philosophies de l'histoire : pour saisir le sens du développement, il faut trouver le point focal où s'abolissent les événements dans leur singularité et où ils deviennent significatifs selon une grille qui permet de les interpréter. Dans sa totalisation, le système produit un concept de son objet tel que l'objet devienne rationnel et échappe par là à l'imprévu et à une temporalité où le hasard pourrait jouer son rôle » (H. Védrine, p. 21). Sur le processus historique, Hegel pense que « seuls les peuples qui forment un état peuvent nous être connus » (*Leçons sur la philosophie de l'histoire*, 1837) et dans la *Philosophie du Droit* (1821) Hegel présente l'Etat moderne post-révolutionnaire formé de trois classes : la classe substantielle ou paysanne, la classe industrielle, la classe universelle (= bureaucratique) comme représentant la perfection en histoire. Ou plutôt, Hegel n'a sans doute pas arrêté là l'histoire, il pense que la pré-histoire s'est achevée et que l'Histoire qui n'est plus le changement dialectique mais le fonctionnement rationnel de l'Esprit commence.

Sans doute Ranke a vivement critiqué Hegel[80], et son modèle d'un unique processus de développement linéaire mais on peut soutenir que « du point de vue de la connaissance comme du point de vue de la valeur, Hegel représente un historicisme complet, systématiquement appliqué » (Mandelbaum, p. 60).

On ne peut ranger le matérialisme historique dans le domaine de l'historicisme qu'en prenant celui-ci dans un sens très large[81].

Pour Marx (1818-1883)*, la « conception matérialiste de l'histoire » (expression qu'il n'a jamais employée) a un double caractère : 1) comme principe général la recherche historique sous une forme de conceptualisation simplement esquissée 2) comme théorie du procès historique réel une application : l'étude de la société bourgeoise qui conduit à une esquisse historique du développement du capitalisme en Europe occidentale. Les principaux textes de Marx concernant l'histoire sont dans *L'idéologie allemande* (1845-1846) qui fait « saisir le matérialisme historique dans sa genèse et ses nuances » (P. Vilar), et, mais en se méfiant des citations sans contextes et des commentaires déformants ou appauvrissants, dans la « Préface » de 1859 à la *Contribution à la Critique de l'économie politique*, enfin dans *Le Capital*, (1867-1899).

La thèse fondamentale est que le *mode de production* de la vie matérielle conditionne le procès social, politique et intellectuel en général. Ce n'est pas la conscience des hommes qui détermine leur existence mais au contraire leur être social qui détermine leur conscience.

Contre Hegel, Marx a rejeté toute philosophie de l'histoire assimilée à une théologie. Dans le *Manifeste communiste* rédigé avec Engels en 1848, il a posé que l'histoire de toute société existante est l'histoire de la lutte des classes.

Sur un certain nombre de points particulièrement contestables et dangereux du matérialisme historique, Marx, sans être responsable des interprétations abusives et des conséquences illégitimes que d'autres en

---

* Sur la constitution au cours de sa vie et de son œuvre de la pensée historique de Marx, voir l'article de Pierre Vilar *Marx* (Karl) in *La Nouvelle Histoire*, éd. J. Le Goff, p. 370-374.

ont tiré de son vivant ou après sa mort, a toujours ou bien accepté des formulations outrancières et simplifiantes, ou bien laissé dans le vague ou l'ambiguïté des concepts importants.

Il n'a pas formulé de lois générales de l'histoire, il a seulement conceptualisé le procès historique, mais il a parfois employé lui-même le terme dangereux de loi ou accepté que sa pensée soit formulée en de tels termes. Par exemple il a accepté l'emploi du mot *lois*, à propos des conceptions exprimées dans le premier volume du *Capital*, fait dans le compte-rendu d'un professeur à l'Université de Kiev, A. Sieber (Mandelbaum, p. 172-73). Il laisse Engels exposer dans l'*Anti-Dühring* (1878) une conception grossière du mode de production et de la lutte des classes. Comme on l'a noté, sa documentation historique (et celle d'Engels) était insuffisante et il n'a pas écrit de vrais ouvrages historiques, mais des pamphlets. Il a laissé dans le vague le plus dangereux de ses concepts, la distinction entre infrastructure et superstructure bien qu'il n'ait jamais exprimé une conception grossièrement économique de l'infrastructure ni désigné comme superstructure autre chose que la construction politique (l'Etat — en complète opposition avec la plupart des historiens allemands de son temps et plusieurs ténors de ce qu'on appellera l'historicisme) et l'idéologie, terme péjoratif pour lui. Il n'a pas non plus précisé comment la théorie critique et la pratique révolutionnaire devaient s'agencer chez l'historien : dans la vie, dans l'œuvre. Il a donné des bases théoriques mais non pratiques au problème des rapports entre histoire et politique. Bien qu'il ait parlé de l'histoire de l'Asie il n'a pratiquement raisonné que sur l'histoire européenne et ignoré le concept de civilisation. A propos de son refus de lois mécaniques en histoire on peut citer une lettre de 1877 où il déclare :

« Des événements étonnamment similaires, mais se produisant dans un milieu historique différent, conduisent à des résultats complètement différents. En étudiant chacune de ces évolutions à part et en les comparant, il est aisé de trouver la clé de la compréhension de ce phénomène ; mais il n'est jamais possible de parvenir à cette compréhension en usant du *passepartout* de quelque théorie historico-philosophique dont la grande vertu serait d'être au-dessus de l'histoire » (cité par Carr., p. 59).

Il a critiqué la conception « événementielle » de l'histoire : « On voit combien la conception passée de l'histoire était un non-sens qui négligeait les rapports réels, et se limitait aux grands événements politiques et historiques retentissants » (cité par P. Vilar, p. 372).

Comme le dit Pierre Vilar : « Il a peu écrit de " livres d'histoire ", il a toujours écrit des livres d'historien, le " concept d'histoire " est dans sa pratique » (*Ibid.*, p. 374). On sait que Benedetto Croce (1856-1952) a été attiré dans sa jeunesse par le marxisme et Gramsci a estimé que Croce a été par la suite obsédé par le matérialisme historique [82]. Pour Croce, comme pour le matérialisme historique « l'identité de l'histoire et de la philosophie est immanente dans le matérialisme historique » (*Ibid.*, p. 217). Mais Croce se refuserait à aller jusqu'au bout de cette identité, c'est-à-dire de la concevoir « comme prévision historique d'une phase à venir » (*Ibid.*, p. 217). Croce refuserait surtout d'identifier *histoire* et *politique*, c'est-à-dire *idéologie* et *philosophie* (*Ibid.*, pp. 217-218). Croce oublierait que « réalité en mouvement et concept de la réalité, s'ils peuvent être logiquement distincts, historiquement doivent être conçus comme une unité inséparable » (*Ibid.*, p. 216). Croce serait ainsi tombé dans le *sociologisme* « idéaliste » et son *historicisme* ne serait qu'une forme

de réformisme, ce ne serait pas le « *vrai* » *historicisme*,
ce serait une *idéologie au sens péjoratif*. Il me semble
que Gramsci a plutôt raison en opposant la philosophie de l'histoire de Croce à celle du matérialisme
historique. S'il y voit des racines communes c'est, me
semble-t-il, parce que lui-même est retourné (comme
Croce) à Hegel par derrière Marx, qu'il interprète le
matérialisme historique comme un historicisme, ce
qui n'est pas — en tout cas — la pensée de Marx, et que
c'est peut-être lui, Gramsci, qui n'arrive pas à se
délivrer entièrement de l'influence de Croce qu'il
appelait en 1917 « le plus grand penseur actuel de
l'Europe ».

Sur l'idéalisme historique de Croce, il n'y a pas de
doute. Dans la *Teoria e storia della storiografia* (*Théorie
et histoire de l'historiographie*, 1915), il définit ainsi la
conception idéaliste : « Il ne s'agit pas déjà d'instaurer,
à côté d'autres, l'historiographie abstraite individua-
liste et pragmatique, une histoire abstraite de l'esprit,
de l'universel abstrait, mais de comprendre qu'individu et idée, pris séparément, sont deux abstractions
équivalentes et incapables l'une et l'autre de fournir le
sujet de l'histoire et que la vraie histoire est histoire de
l'individu en tant qu'universel et de l'universel en tant
qu'individu. Il ne s'agit pas d'abolir Périclès à l'avantage de la Politique, ou Platon à l'avantage de la
Philosophie, ou Sophocle à l'avantage de la Tragédie ;
mais de penser et représenter la Politique, la Philosophie et la Tragédie en tant que Périclès, Platon et
Sophocle, et ceux-ci en tant que chacune d'entre elles
en un de leurs moments particuliers. Car, si, en dehors
de la relation avec l'esprit, l'individu est l'ombre d'un
rêve, l'esprit en dehors de ses individuations est aussi
l'ombre d'un rêve ; et atteindre dans la conception
historique l'universalité c'est obtenir en même temps

l'individualité et les rendre toutes deux solides grâce à la solidité que l'une confère à l'autre. Si l'existence de Périclès, de Sophocle et de Platon était indifférente, ne faudrait-il pas décréter que l'Idée est elle aussi indifférente ? » [83]. Et dans la *Storia come pensiero e come azione* (*L'Histoire comme pensée et comme action*, 1938), après avoir critiqué le rationalisme positiviste du « ce qui est exactement arrivé » de Ranke, il va jusqu'à affirmer que « il n'y a pas d'autre unité que celle de la pensée elle-même qui distingue et unifie ». Comme le commente F. Chabod : « Il n'y a pas d'unité *en soi*, mais seulement dans la pensée critique » (p. 511).

Arnaldo Momigliano a souligné le peu d'influence de Croce sur les philosophes : « Personne ne peut prévoir si la philosophie de Croce sera un point de départ pour de futurs philosophes. Il a peu de disciples en Italie actuellement et peut-être aucun à l'étranger. Même Collingwood avait cessé d'être son disciple avant sa mort prématurée [84]. »

Delio Cantimori a noté que les historiens professionnels n'ont pas considéré comme de l'histoire la plus grande partie de l'œuvre de Croce, même les ouvrages portant le titre de *Histoire*... Ce fut le cas de Federico Chabod dont Croce avait pourtant fait le directeur de l'*Istituto per gli Studi Storici* (l'institut pour les Etudes Historiques) qu'il avait fondé à Naples [85].

J'avoue partager le sentiment de Chabod, bien qu'il faille souligner que Croce, au contraire de beaucoup de philosophes de l'histoire qui étaient de « purs » philosophes, était aussi, lui, un véritable historien. En revanche, je crois que Cantimori a eu raison de souligner un grand progrès dans la pensée de l'histoire que l'on doit en grande partie à Croce : la distinction entre histoire et historiographie : « Au cours de ses diverses et multiples expériences historiographiques et de ses réflexions sur le travail historiographique, Croce a retrouvé et transmis clairement, avec la formule de la distinction entre *res gestae* et *historia rerum gestarum*, aux études d'histoire et de questions historiques, le résultat de la grande, fondamentale et en substance irréversible expérience critique de la philosophie moderne, qui est science du connu et non de l'ignoré. Ce qui ne veut pas dire pour Croce qu'on ne doit pas faire des recherches d'archives ou de matériaux inédits, au contraire, qu'on doit en faire et que seulement dans l'étude des documents ou d'une série de documents accomplie directement, on peut évaluer l'importance et la signification de ces matériaux... ». Ayant détaillé l'ensemble des démarches professionnelles de l'historien, Cantimori conclut, à propos de Croce : « Il ne faut pas renoncer à la critique (*historia rerum*) en ayant l'illusion de pouvoir saisir la substance ou l'essence des choses telles qu'elles se sont produites et de pouvoir les faire connaître une fois pour toutes (" *res gestae* ") ; car seule une telle distinction critique permet de se maintenir sur un point de vue d'où l'on peut suivre le mouvement et la marche des sociétés et des individus, des hommes et des choses — et de connaître dans le vif et le concret et non dans l'abstrait et le générique » (Cantimori, p. 406).

À cette distinction fondamentale s'ajoute le fait que Croce a aussi insisté sur l'importance de l'histoire de l'historiographie : « En s'intéressant à l'histoire de l'historiographie, Croce a indiqué la nécessité et la possibilité de ce second approfondissement critique pour les historiens, comme échelle et graduation, pour atteindre à travers la reconnaissance des interprétations, de leur environnement général culturel et social, une exposition et un jugement bien informés et autonomes, c'est-à-dire libérés des répétitions et des hommages à des métaphysiques et des méthodes dérivant non de la technique et de l'expérience mais de principes philosophiques et scolastiques » (Cantimori, p. 407).

Antonio Gramsci (1891-1937) a la réputation d'avoir prôné un marxisme ouvert et il est vrai que dans ses écrits comme dans son action politique on rencontre beaucoup de souplesse. Mais je ne pense pas que ses conceptions de l'histoire marquent un progrès du matérialisme historique. J'y vois plutôt un certain retour à l'hégélianisme d'une part et un glissement au marxisme vulgaire de l'autre. Il reconnaît certes que l'histoire ne fonctionne pas comme une science et qu'on ne peut lui appliquer une conception mécanique de la causalité. Mais sa fameuse théorie du *bloc historique* me paraît très dangereuse pour la science historique. L'affirmation que l'infrastructure et la superstructure forment un bloc historique, autrement dit, « l'ensemble complexe, contradictoire et discordant de la superstructure est le reflet de l'ensemble des rapports sociaux » (*Materialismo storico*, p. 39) a été généralement interprété comme un assouplissement de la doctrine des rapports entre infrastructure et superstructure que Marx avait relativement laissé dans le vague et qui paraît la partie la plus fausse, la plus faible et la plus dangereuse du matérialisme historique même si Marx n'a pas réduit l'infrastructure à l'économique. Ce que Gramsci semble abandonner c'est l'idée péjorative de l'idéologie, mais s'il laisse l'idéologie dans la superstructure, la valorisation de l'idéologie ne fait que menacer davantage l'indépendance (je ne dis pas l'autonomie qui évidemment n'existe pas) du secteur intellectuel. Or Gramsci renforce doublement l'assujettissement du travail intellectuel. D'une part, à côté des intellectuels traditionnels et des intellectuels organiques Gramsci ne reconnaît comme valables que des intellectuels qui identifient science et praxis, allant au-delà des liens que Marx avait esquissés. De plus, il fait passer la science dans la superstructure. A l'origine de ces glissements, on peut trouver la conception gramscienne du matérialisme historique comme « historicisme absolu ». Louis Althusser a violemment protesté contre l'interprétation « historiciste » du marxisme qu'il lie à son interprétation « humaniste ». Il en voit la naissance dans « la réaction vitale contre le mécanisme et l'économie de la IIe Internationale, dans la période qui précéda et surtout dans les années qui suivirent la révolution de 1917 [86] ». Cette conception historiciste et humaniste (ces deux caractères se sont trouvés, selon Althusser, liés par la contingence historique mais ne le sont pas forcément d'un point de vue théorique) a été d'abord celle de la gauche allemande, de Rosa Luxemburg et de Mehring, puis après la révolution de 1917, celle de Lukacs et surtout de Gramsci, avant d'être reprise, d'une certaine façon, par Sartre dans la *Critique de la raison dialectique*. C'est dans la tradition marxiste italienne où Gramsci est l'héritier de Labriola et de Croce (Althusser tend à minimiser l'opposition Gramsci/Croce) qu'Althusser trouve les expressions les plus accusées du marxisme comme « historicisme absolu ». Il cite le célèbre passage de la note de Gramsci sur Croce : « On a oublié dans l'expression très courante (de matérialisme historique) qu'il fallait mettre l'accent sur le second terme " historique ", et non sur le premier qui est d'origine métaphysique. La philosophie de la praxis est l' " historicisme " absolu, la mondanisation et la " terrestrité " absolues de la pensée, un humanisme absolu de l'histoire » [87]. Certes, Althusser fait la part de la polémique dans ce texte,

mais, comme il ne jette pas d'exclusive contre Gramsci
dont la sincérité et l'honnêteté révolutionnaire lui
semblent au-dessus de tout soupçon, il veut simplement ôter toute valeur théorique à des textes de
circonstance. Pour lui, identifier « la genèse spécula-
tive du concept » avec « la genèse du concret réel lui-
même », c'est-à-dire avec le processus de l'histoire
« empirique » est une erreur. Gramsci a eu le tort de
formuler « une véritable conception « historiciste » de
Marx : une conception « historiciste » de la théorie du
rapport de la théorie de Marx à l'histoire réelle.
Althusser estime qu'il faut distinguer le *matérialisme
historique* qui peut être considéré comme une théorie
de l'histoire et le matérialisme dialectique, philosophie qui échappe à l'historicité. Althusser a sans doute
raison, en tant qu'exégète de Marx, de faire cette
distinction mais quand il reproche à la conception
« historiciste » du marxisme d'oublier la nouveauté
absolue, la « coupure » que constituerait le marxisme
parce qu'il serait une science, « une idéologie qui
repose cette fois sur une science — *ce qui ne s'était
jamais vu* », on ne sait plus très bien si lui aussi parle
du matérialisme historique ou du matérialisme dialectique ou des deux[88]. Il me semble qu'en coupant
partiellement le marxisme de l'histoire, Althusser le
fait basculer du côté de la métaphysique, de la
croyance et non de la science. Ce n'est que par un va-et-
vient constant de la praxis à la science se nourrissant
l'une l'autre tout en demeurant soigneusement distinctes que l'histoire scientifique pourra se dégager de
l'histoire vécue, condition indispensable pour que la
discipline historique accède à un statut scientifique.
Où la critique d'Althusser contre Gramsci me paraît
particulièrement pertinente c'est lorsque, considérant
« les pages étonnantes de Gramsci sur la science »

(« La science, elle aussi, est une superstructure, une idéologie », Gramsci, *Materialismo storico*, p. 56), il rappelle que Marx refuse une application large au concept de superstructure qui n'est valable que pour la superstructure juridico-politique et la superstructure idéologique (les « formes de conscience sociale » correspondantes) et qu'en particulier « Marx *n'y inclut jamais... la connaissance scientifique* »[89]. Ainsi ce que pourrait avoir de positif l'interprétation gramscienne du matérialisme historique comme historicisme — malgré les dangers de fétichisation de divers ordres que cela implique — est anéanti par sa conception de la science comme superstructure. L'histoire — les deux sens du mot confondus — devient elle aussi « organique », expression et instrument du groupe dirigeant. La philosophie de l'histoire est poussée à son comble : histoire et philosophie sont confondues, forment elles aussi un autre type de « bloc historique » : « La philosophie d'une époque historique n'est donc rien d'autre que " l'histoire " de cette même époque, que la masse de variations que le groupe dirigeant a réussi à déterminer dans la réalité précédente : histoire et philosophie sont indivisibles en ce sens, forment " bloc " » (*Il Materialismo storico*, p. 21).

Il me semble que l'interprétation « historique » et non « historiciste » de la dialectique marxienne et marxiste par Galvano della Volpe est plus proche des rapports que Marx mettait entre histoire et théorie du procès historique : « Les seules contradictions (disons plutôt les contraires) qui intéressent Marx dans la perspective de les résoudre ou de les dépasser dans leur unité sont *réelles*, ce sont précisément des contradictions historiques, ou mieux historiquement déterminées ou spécifiques[90] ».

Je passerai rapidement sur deux conceptions de

l'histoire que je ne mentionne que pour le retentissement qu'elles ont eu dans un passé récent — en particulier dans le grand public.

Oswald Spengler (1880-1936) a réagi contre l'idéologie du progrès et dans *Le déclin de l'Occident* (1916-1920) présente une théorie biologique de l'histoire, constituée par des civilisations qui sont « des vivants du rang suprême » tandis que les individus n'existent que dans la mesure où ils participent à ces vivants. Il y a deux phases dans la vie des sociétés : la phase de culture qui correspond à son essor et à son apogée, la phase de civilisation qui correspond à sa décadence et à sa disparition [91]. Spengler retrouve ainsi les conceptions cycliques de l'histoire. Arnold Toynbee, lui, est un historien (1889-1978). Dans *A study of History* (12 vol. 1934-1961) il part de Spengler espérant réussir là où celui-ci a échoué. Il distingue — au nombre de 21 — des civilisations ayant atteint au cours de l'histoire un stade complet d'épanouissement et des cultures n'étant parvenues qu'à un certain niveau de développement. Toutes ces civilisations passent par quatre phases : une genèse courte pendant laquelle la civilisation naissante reçoit (en général de l'extérieur) un « *défi* » et lui donne une « réponse », une longue période croissante, puis un arrêt — marqué par un accident, et enfin une phase de désagrégation qui peut être très longue [92]. Ce schéma est « progressiste », « ouvert » au niveau de l'humanité. En fait, à côté de cette histoire faite d'une succession de cycles existe une autre histoire, « providentielle », l'humanité est globalement en marche vers une *transfiguration* que révèle la « théologie de l'historien ». Ainsi marchent côte à côte une théorie spenglérienne et une conception augustinienne. Outre l'aspect « métaphysique » de cette conception on a justement critiqué le découpage arbitraire et confus des civilisations et des cultures, la connaissance imparfaite de plusieurs d'entre elles par Toynbee, l'illégitimité de la comparaison entre elles, etc. Raymond Aron a toutefois souligné le principal mérite de cette entreprise : le désir d'échapper à une histoire européocentrique, occidentaliste. « Spengler a voulu réfuter l'optimisme rationaliste de l'Occident, à partir d'une philosophie biologique et d'une conception nietzschéenne de l'héroïsme ; Toynbee a voulu réfuter la superbe provinciale des Occidentaux »[93].

Michel Foucault tient dans l'histoire de l'histoire une place exceptionnelle pour trois raisons.

D'abord, parce qu'il est un des plus grands historiens nouveaux : historien de la folie, de la clinique, du monde carcéral, de la sexualité, il a introduit quelques-uns des nouveaux objets les plus « provocateurs » de l'histoire et montré un des grands tournants de l'histoire occidentale entre la fin du Moyen Age et le XIXᵉ siècle : le grand renfermement des déviants.

Ensuite parce qu'il a porté le diagnostic le plus perspicace sur ce renouvellement de l'histoire. Il voit ce renouvellement sous quatre formes :

1) « La mise en question du document » : « L'histoire dans sa forme traditionnelle, entreprenait de " mémoriser " les *monuments* du passé, de les transformer en *documents* et de faire parler ces traces qui, par elles-mêmes, souvent ne sont point verbales, ou disent en silence autre chose que ce qu'elles disent ; de nos jours, l'histoire, c'est ce qui transforme les *documents* en *monuments*, et qui, là où on déchiffrait des traces laissées par les hommes, là où on essayait de reconnaître en creux ce qu'ils avaient été, déploie une masse d'éléments qu'il s'agit d'isoler, de grouper, de rendre pertinents, de mettre en relations, de constituer en ensembles » (M. Foucault, 1969, p. 13-15).

2) « La notion de discontinuité prend une place majeure dans les disciplines historiques » (*Ibid.*, p. 16).

3) Le thème de la possibilité d'une histoire *globale* commence à s'effacer, et on voit s'esquisser le dessein fort différent de ce qu'on pourrait appeler une histoire *générale* déterminant « quelle forme de relation peut être légitimement décrite entre les différentes séries » (*Ibid.*, p. 17-18).

4) De nouvelles méthodes. « L'histoire nouvelle rencontre un certain nombre de problèmes méthodologiques dont plusieurs, à n'en pas douter, lui préexistaient largement, mais dont le faisceau maintenant la caractérise. Parmi eux, on peut citer : la constitution de *corpus* cohérents et homogènes de documents (corpus ouverts ou fermés, finis ou indéfinis), l'établissement d'un principe de choix (selon qu'on veut traiter exhaustivement la masse documentaire, qu'on pratique un échantillonnage d'après des méthodes de prélèvement statistique, ou qu'on essaie de déterminer à l'avance les éléments les plus représentatifs) ; la définition du niveau d'analyse et des éléments qui sont pour lui pertinents (dans le matériau étudié, on peut relever les indications numériques ; les références — explicites ou non — à des événements, à des institutions, à des pratiques ; les mots employés, avec leurs règles d'usage et les champs sémantiques qu'ils dessinent, ou encore la structure formelle des propositions et les types d'enchaînements qui les unissent) ; la spécification d'une méthode d'analyse (traitement quantitatif des données, décomposition selon un certain nombre de traits assignables dont on étudie les corrélations, déchiffrement interprétatif, analyse des fréquences et des distributions) ; la délimitation des ensembles et des sous-ensembles qui articulent le matériau étudié (régions, périodes, processus unitaires) ; la détermina-

tion des relations qui permettent de caractériser un ensemble (il peut s'agir de relations numériques ou logiques ; de relations fonctionnelles, causales, analogiques ; il peut s'agir de la relation de signifiant à signifié) » (*Ibid.*, pp. 19-20).

Enfin Foucault propose une philosophie originale de l'histoire étroitement liée à la pratique et à la méthodologie de la discipline historique. Je laisse à Paul Veyne le soin de la caractériser : « Pour Foucault, l'intérêt de l'histoire n'est pas dans l'élaboration d'invariants, que ceux-ci soient philosophiques ou s'organisent en sciences humaines ; il est d'utiliser les invariants, quels qu'ils soient, pour dissoudre les rationalismes sans cesse renaissants. L'histoire est une généalogie nietzschéenne. C'est pourquoi l'histoire selon Foucault passe pour être de la philosophie (ce qui n'est ni vrai ni faux) ; elle est très loin, en tout cas, de la vocation empiriste traditionnellement attribuée à l'histoire. " Que nul n'entre ici s'il n'est ou ne devient philosophe ". Histoire écrite en mots abstraits plutôt qu'en une sémantique d'époque, encore chargée de couleur locale ; histoire qui semble retrouver partout des analogies partielles, esquisser des typologies, car une histoire écrite en un réseau de mots abstraits présente moins de diversité pittoresque qu'une narration anecdotique » (P. Veyne, 1978, p. 378). L'histoire-généalogie à la Foucault remplit donc entièrement le programme de l'histoire traditionnelle ; elle ne laisse pas de côté la société, l'économie, etc., mais elle structure cette matière autrement : non pas les siècles, les peuples ni les civilisations, mais les pratiques ; les intrigues qu'elle raconte sont l'histoire des pratiques où les hommes ont vu des vérités et de leurs luttes autour de ces vérités. Cette histoire nouveau modèle, cette « archéologie », comme l'appelle son inventeur,

« se déploie dans la dimension d'une histoire générale » (*L'archéologie du savoir*, p. 215) ; « Elle ne se spécialise pas dans la pratique, le discours, la partie cachée de l'iceberg, ou plutôt la partie cachée du discours et de la pratique n'est pas séparable de la partie émergée » (P. Veyne, 1978, pp. 284-385). « Toute l'histoire est archéologique par nature et non par choix : expliquer et expliciter l'histoire consiste à l'apercevoir d'abord tout entière, à rapporter les prétendus objets naturels aux pratiques datées et rares qui les objectivisent et à expliquer ces pratiques, non à partir d'un moteur unique, mais à partir de toutes les pratiques voisines sur lesquelles elles s'ancrent » (*Ibid.*, p. 385).

IV – L'HISTOIRE COMME SCIENCE : LE MÉTIER D'HISTORIEN

La meilleure preuve que l'histoire est et doit être une science c'est qu'elle a besoin de techniques, de méthodes, et qu'elle s'enseigne. Lucien Febvre plus restrictivement a dit : « Je qualifie l'histoire d'étude scientifiquement menée, non de science ».

Les théoriciens les plus stricts de l'histoire dite positiviste, Ch. V. Langlois et Ch. Seignobos, ont exprimé en une formule frappante, qui constitue la profession de foi fondamentale de l'histoire, ce qui est à la base de la science historique : « Pas de documents, pas d'histoire » (Langlois et Seignobos, p. 2).

Pourtant, la difficulté commence ici. Si le document est moins malaisé à définir et à repérer que le fait historique qui n'est jamais donné tel quel mais construit, il n'en pose pas moins de gros problèmes à l'historien.

D'abord, il ne devient document qu'à la suite d'une recherche et d'un choix. La recherche est en général le fait non de l'historien lui-même mais d'auxiliaires qui constituent les réserves de documents où l'historien puisera sa documentation : archives, fouilles archéologiques, musées, bibliothèques, etc. Les pertes, les choix des rassembleurs de documents, la qualité de la documentation sont des conditions objectives mais contraignantes du métier d'historien. Plus délicats sont les problèmes qui se posent à l'historien lui-même à partir de cette documentation.

Il s'agit d'abord de décider ce qu'il considérera comme document et ce qu'il rejettera. Pendant longtemps les historiens ont estimé que les vrais documents historiques étaient ceux qui éclairaient cette partie de l'histoire des hommes qui était digne d'être conservée, rapportée et étudiée, l'histoire des grands événements (vie des grands hommes, événements militaires et diplomatiques : batailles et traités), l'histoire politique et institutionnelle. D'autre part, l'idée que la naissance de l'histoire était liée à celle de l'écriture conduisait à privilégier le document écrit. Nul plus que Fustel de Coulanges n'a magnifié le texte comme document d'histoire. Dans *La Monarchie franque*, troisième tome de son *Histoire des Institutions politiques de l'ancienne France*, en 1888, il écrivait : « Lois, chartes, formules, chroniques et histoires, il faut avoir lu toutes ces catégories de documents sans en avoir omis une seule... (l'historien) n'a d'autre ambition que de bien voir les faits et de les comprendre avec exactitude. Ce n'est pas dans son imagination ou dans sa logique qu'il les cherche ; il les cherche et les atteint par l'observation minutieuse des textes, comme le chimiste trouve les siens dans des expériences minutieusement conduites. Son unique habileté consiste à tirer des documents tout ce qu'ils contiennent et à n'y rien ajouter de ce qu'ils ne contiennent pas. Le meilleur des historiens est celui qui se tient le plus près des textes, qui les interprète avec le plus de justesse, qui n'écrit et même ne pense que d'après eux ».

Pourtant en 1862, dans une leçon à l'université de Strasbourg, le même Fustel avait déclaré : « Là où les monuments écrits manquent à l'histoire, il faut qu'elle demande aux langues mortes leurs secrets, et que dans leurs formes et leurs mots mêmes elle devine les pensées des hommes qui les ont parlées. Il lui faut scruter les fables, les mythes, les rêves de l'imagination, toutes ces vieilles faussetés sous lesquelles elle doit découvrir quelque chose de très réel, les croyances humaines. Là où l'homme a passé, là où il a laissé quelque empreinte de sa vie et de son intelligence, là est l'histoire [94] ».

Tout le renouvellement de l'histoire que nous vivons s'est fait contre les idées de Fustel de 1888. Je laisse ici de côté la dangereuse naïveté qui conduisait à la passivité en face des documents. Ils ne répondent qu'aux questions de l'historien et celui-ci doit les aborder non, certes, avec des préjugés et des idées arrêtées, mais avec des hypothèses de travail. Dieu merci, Fustel, grand historien, n'a pas travaillé selon la méthode qu'il préconisait en 1888. Je ne reviendrai pas sur la nécessité de l'imagination historique.

Ce que je veux dire ici c'est le caractère multiforme de la documentation historique. Répliquant, en 1949, à Fustel de Coulanges, Lucien Febvre affirmait : « L'histoire se fait avec des documents écrits, sans doute. Quand il y en a. Mais elle peut se faire, elle doit se faire, sans documents écrits s'il n'en existe point. Avec tout ce que l'ingéniosité de l'historien peut lui permettre d'utiliser pour fabriquer son miel, à défaut des fleurs usuelles. Donc, avec des mots, des signes, des paysages et des tuiles. Des formes de champ et de mauvaises herbes. Des éclipses de lune et des colliers d'attelage. Des expertises de pierres par des géologues et des analyses d'épées en métal par des chimistes. D'un mot, avec tout ce qui, étant à l'homme, dépend de l'homme, sert à l'homme, exprime l'homme, signifie la présence, l'activité, les goûts et les façons d'être de l'homme » (L. Febvre, p. 428). Et Marc Bloch avait aussi déclaré : « La diversité des témoignages historiques est presque infinie. Tout ce que l'homme dit ou écrit, tout ce qu'il fabrique, tout ce qu'il touche peut et doit renseigner sur lui » (M. Bloch, 7ᵉ éd., p. 63).

Je reparlerai du grand élargissement de la documentation historique aujourd'hui, avec en particulier la multiplication de la documentation audiovisuelle, le recours au document figuré ou proprement iconographique, etc. Je voudrais insister sur deux aspects particuliers de cette extension de la quête documentaire.

La première concerne l'archéologie. Mon problème n'est pas de savoir si elle est une science auxiliaire de l'histoire ou une science à part entière. Je note seulement combien son développement a renouvelé l'histoire. Quand elle fait ses premiers pas au XVIIIᵉ siècle, elle gagne aussitôt à l'histoire le vaste territoire de la préhistoire et de la protohistoire et renouvelle l'histoire ancienne. Intimement liée à l'histoire de l'art et des techniques, elle est une pièce maîtresse de l'élargissement de la culture historique qui s'exprime dans *L'Encyclopédie*. « C'est en France que des " antiquisants " accordent pour la première fois au document archéologique, objet d'art, outil ou vestige de construc-

tion, un intérêt aussi vif qu'objectif et désintéressé »
indique P. M. Duval[95] qui met en relief le rôle de
Peiresc, conseiller au parlement d'Aix (1580-1637),
mais ce sont les Anglais qui fondent la première société
scientifique où l'archéologie joue un rôle essentiel, la
Society of Antiquaries de Londres (1707), c'est en Italie
que commencent les premières fouilles qui concernent
la découverte archéologique du passé à Herculanum
(1738) et à Pompéi (1748), c'est un Allemand et un
Français qui publient les deux ouvrages les plus
importants du xviiie siècle quant à l'introduction du
document archéologique en histoire : Winckelmann
avec l'*Histoire de l'art antique* (1764) et le comte de
Caylus avec son *Recueil d'antiquités égyptiennes, étrus-
ques, grecques, romaines et gauloises* (1752-1767). En
France le *Musée des Monuments Français* dont Alexandre Lenoir fut le premier conservateur en 1796 éveilla
le goût pour l'archéologie et contribua à renverser la
vision négative du Moyen Age. L'archéologie a été un
des secteurs de la science historique qui s'est le plus
renouvelé dans les récentes décennies : évolution de
l'intérêt se déplaçant de l'objet et du monument au site
global, urbain ou rural, puis au paysage, archéologie
rurale et industrielle, méthodes quantitatives, etc.[96].
L'archéologie a aussi évolué vers la constitution d'une
histoire de la culture matérielle qui est d'abord « l'histoire des grands nombres et de la majorité des
hommes[97] », ce qui a déjà donné lieu à un chef-
d'œuvre de l'historiographie contemporaine : *Civilisation matérielle et capitalisme* de Fernand Braudel
(1980).

Je note aussi que la réflexion historique aujourd'hui
s'attache également à l'absence de documents, aux
silences de l'histoire. Michel de Certeau a subtilement
analysé les « écarts » de l'historien vers les « zones

silencieuses » dont il donne pour exemples « la sorcel-
lerie, la folie, la fête, la littérature populaire, le monde
oublié du paysan, l'Occitanie, etc. [98] ». Mais il parle ici
des silences de l'historiographie traditionnelle alors
qu'il faut, je crois, aller plus loin, questionner la
documentation historique sur ses lacunes, s'interroger
sur les oublis, les trous, les blancs de l'histoire. Il faut
faire l'inventaire des archives du silence. Et faire
l'histoire à partir des documents et des absences de
documents.

L'histoire est devenue scientifique en faisant la
critique de ces documents qu'on appelle « sources ».
Paul Veyne a parfaitement dit que l'histoire devait être
« une lutte contre l'optique imposée par les sources »
et que les « vrais problèmes d'épistémologie historique
sont des problèmes de critique et le centre de toute
réflexion sur la connaissance historique devrait être
celui-ci : la connaissance historique est ce que font
d'elle les sources » (P. Veyne, 1971, p. 265-266). Veyne
accroche d'ailleurs à cette constatation la remarque
qu' « on ne peut s'improviser historien... il faut savoir
quelles questions se poser, savoir aussi quelles problématiques sont dépassées, on n'écrit pas l'histoire politique, sociale ou religieuse avec les opinions respecta-
bles, réalistes ou avancées qu'on a sur ces matières à
titre privé ».

Les historiens ont, surtout du xviie au xixe siècles,
mis au point une critique des documents qui est
aujourd'hui acquise, demeure nécessaire, mais s'avère
insuffisante (voir P. Salmon, 1969, II. *La méthode
critique*, p. 85-140). On distingue traditionnellement
une critique externe ou critique d'authenticité et une
critique interne ou critique de crédibilité.

La critique externe vise essentiellement à retrouver
l'original et à déterminer si le document qu'on examine

est authentique ou si c'est un faux. C'est une démarche fondamentale. Elle réclame toutefois deux observations complémentaires.

La première est qu'un document « faux » est aussi un document historique et qu'il peut être un témoignage précieux sur l'époque où il a été forgé et sur la période pendant laquelle il a été tenu pour authentique et utilisé.

La seconde est qu'un document, notamment un texte, a pu au cours des âges subir des manipulations d'apparence scientifique qui ont en fait oblitéré l'original. On a par exemple brillamment démontré que la lettre d'Epicure à Hérodote conservée dans les *Vies, dogmes et apophtegmes des philosophes illustres* de Diogène Laerce a été remaniée par une tradition séculaire qui a recouvert la lettre du texte d'apostilles et de corrections qui, volontairement ou non, ont abouti à étouffer et à gauchir la lettre du texte par « une lecture incompréhensive, indifférente ou partisane [99] ».

La critique interne doit interpréter la signification du document, estimer la compétence de son auteur, déterminer sa sincérité, mesurer l'exactitude du document et le contrôler par d'autres témoignages. Ici encore, ici surtout, ce programme est insuffisant.

Qu'il s'agisse de documents *conscients* ou *inconscients* (traces laissées par les hommes en dehors de toute volonté de léguer un témoignage à la postérité) les conditions de *production* du document doivent être minutieusement étudiées. En effet, les structures de pouvoir dans une société comprennent le pouvoir des catégories sociales et des groupes dominants de laisser volontairement ou involontairement des témoignages susceptibles d'orienter l'historiographie dans tel ou tel sens. Le pouvoir sur la mémoire future, le pouvoir de perpétuation doit être reconnu et désamorcé par l'historien. Aucun document n'est innocent. Il doit être jugé. Tout document est un *monument* qu'il faut savoir dé-structurer, dé-monter. L'historien ne doit pas seulement être capable de discerner un faux, d'estimer la crédibilité d'un document, il doit le démystifier. Les documents ne deviennent des sources historiques qu'après avoir subi un traitement destiné à transformer sa fonction de mensonge en aveu de vérité [100].

Jean Bazin analysant la production d'un « récit historique » — le récit de l'avènement d'un célèbre roi de Segou (Mali), au début du XIXe siècle fait par un lettré musulman passionné d'histoire à Segou en 1970, — avertit que « parce qu'il se donne pour n'étant pas de fiction, un récit historique est toujours un piège : on peut aisément croire que son objet lui tient lieu de sens, qu'il ne dit rien d'autre que ce qu'il raconte » alors qu'en réalité « la leçon d'histoire en cache une autre, de politique ou d'ethique, qui reste pour ainsi dire à faire » (J. Bazin, p. 446). Il faut donc, à l'aide d'une « sociologie de la production narrative » étudier les « conditions de l'historisation ». D'une part il faut connaître le statut des diseurs d'histoire (et cette remarque vaut pour les divers types de producteurs de documents et pour les historiens eux-mêmes dans les divers types de société) et de l'autre reconnaître les signes de la puissance car « ce genre de récit relèverait plutôt d'une métaphysique de la puissance ». Sur le premier point, Jean Bazin remarque qu' « entre le souverain et ses dépendants, les spécialistes du récit occupent une sorte de tierce position d'illusoire neutralité : ils sont de part et d'autre à tout instant invités à fabriquer l'image que ses dépendants ont du souverain aussi bien que celle qu'a le souverain de ses dépendants » (*Ibid.*, p. 456). Jean Bazin rapproche son analyse de celle effectuée par Louis Marin s'appuyant sur le « Projet de l'Histoire de Louis XIV » par lequel Pellison s'efforçait d'obtenir la charge d'historiographe officiel : « Le roi a besoin de l'historien, car le pouvoir politique ne peut trouver son achèvement, son absolu que si un certain usage de la force est le point d'application de la force du pouvoir narratif » (L. Marin, 1979, p. 26, cf. L. Marin, 1978).

La mise au point de méthodes faisant de l'histoire un métier et une science a été longue et se poursuit. Elle a connu, en Occident, des arrêts, des lenteurs et des accélérations, des reculs parfois, elle n'a pas avancé en toutes ses parties du même pas, n'a pas toujours donné le même contenu aux mots par lesquels elle cherchait à définir ses objectifs, même pour le plus « objectif » en apparence, celui de vérité. Je suivrai les grandes lignes de son développement du double point de vue des conceptions et des méthodes d'une part, des instruments de travail de l'autre. Les moments essentiels me paraissent être la période gréco-romaine du ve au Ier siècle avant l'ère chrétienne qui invente le « discours historique », le concept de témoignage, la logique de l'histoire et fonde l'histoire sur la vérité, le IVe siècle où le christianisme élimine l'idée de hasard aveugle, donne un sens à l'histoire, répand un concept du temps et une périodisation de l'histoire, la Renaissance qui commence par esquisser une critique des documents fondée sur la philologie et finit par la conception d'une histoire parfaite, le XVIIe siècle qui avec les Bollandistes et les Bénédictins de Saint-Maur pose les bases de l'érudition moderne, le XVIIIe siècle qui crée les premières institutions consacrées à l'histoire et élargit le champ des curiosités historiques. Le XIXe siècle met au point les méthodes de l'érudition, constitue les bases de la documentation historique et met l'histoire partout, le second xxᵉ siècle à partir des années 30 connaît à la fois une crise et une mode de l'histoire, un renouvellement et un agrandissement considérable du territoire de l'historien, une révolution documentaire. Je consacrerai la dernière partie de cet essai à cette phase récente de la science historique.

Il ne faudrait d'ailleurs pas croire que les longues plages de temps où la science historique n'a pas fait de bond qualitatif n'ont pas connu de progrès du métier d'historien comme Bernard Guenée l'a brillamment montré pour le Moyen Age (1979 et 1980). Avec Hérodote, ce qui entre dans le récit historique, c'est l'importance du témoignage. Pour lui, le témoignage par excellence, c'est le témoignage personnel, celui où l'historien peut dire : j'ai vu, j'ai entendu. C'est particulièrement vrai pour la partie de son enquête consacrée aux barbares dont il a parcouru le pays dans ses voyages (cf. F. Hartog). Ça l'est encore pour le récit des guerres médiques, événements de la génération qui l'a précédé et dont il recueille directement par ouï-dire le témoignage. Cette primauté accordée au témoignage oral et au témoignage vécu, demeurera en histoire, sera plus ou moins estompée quand la critique des documents écrits et appartenant à un passé lointain passera au premier plan mais connaîtra des résurgences importantes. Ainsi au xiiiᵉ siècle, des membres des nouveaux ordres mendiants, Dominicains et Franciscains, privilégient, dans leur désir de « coller » à la nouvelle société, le témoignage oral personnel, le contemporain ou très proche, préférant par exemple insérer dans leurs sermons des *exempla* dont la matière est puisée dans leur expérience (*audivi*, j'ai ouï dire) plutôt que dans leur science livresque (*legimus*, nous lisons). Les *Mémoires* toutefois sont peu à peu devenues un à-côté de l'histoire, plutôt que de l'histoire même, la complaisance des auteurs à l'égard d'eux-mêmes, la recherche de l'effet littéraire, le goût pour la pure narration les écartant de l'histoire pour en faire un matériau relativement suspect de l'histoire. « Grouper historiens et mémorialistes est concevable dans une perspective purement littéraire » ont souligné Jean Ehrard et Guy Palmade qui ont écarté le genre des *Mémoires* de leur excellente étude et recueil de textes sur l'*Histoire* (p. 7). Le témoignage tend à rentrer dans le domaine historique et en tout cas pose des problèmes à l'historien avec le développement des *médias*, l'évolution du journalisme, la naissance de « l'histoire immédiate », le « retour de l'événement [101] ».

Arnaldo Momigliano a souligné que les « grands » historiens de l'Antiquité gréco-romaine ont traité exclusivement ou préférentiellement du passé proche. Après Hérodote, Thucydide écrit l'histoire de la Guerre du Péloponnèse, événement contemporain, Xénophon a traité des hégémonies de Sparte et de Thèbes dont il a été témoin (404-362 av. J.-C.), Polybe a consacré l'essentiel de ses *Histoires* à la période allant de la seconde guerre punique (218 av. J.-C.) à son propre temps (v. 145 av. J.-C.). Salluste et Tite-Live ont fait de même, Tacite s'est étendu au siècle précédant son temps et Ammien Marcellin s'est surtout intéressé à la seconde moitié du IVe siècle. Pourtant dès le Ve siècle avant J.-C., les historiens anciens étaient capables de recueillir une bonne documentation sur le passé mais cela n'a pas empêché ces historiens de s'intéresser surtout aux événements contemporains ou récents [102].

La primauté accordée aux témoignages vécus ou directement recueillis n'a pas empêché les historiens antiques de s'attacher à la critique de ces témoignages. Ainsi Thucydide : « Quant au récit des événements de la guerre, je n'ai pas cru devoir me fier pour l'écrire

aux renseignements du premier venu ni à mes conjectures personnelles ; je ne parle qu'en témoin oculaire
ou après une critique aussi attentive et complète que
possible de mes informations. Cela ne s'est pas fait
sans peine, car pour chaque événement, les témoignages divergent selon les sympathies et la mémoire
de chacun. A m'entendre on pourra regretter le mythe
et ses charmes. Mais quiconque veut tirer au clair
l'histoire du passé et reconnaître dans l'avenir les
ressemblances et les analogies de la condition
humaine, cela suffira qu'il juge y trouver un profit.
C'est une acquisition définitive plutôt qu'une œuvre
d'apparat pour un auditoire du moment » (Thucydide,
Guerre du Péloponnèse, I, 22).

Avec Polybe, c'est plus qu'une logique de l'histoire
qui est le but de l'historien. C'est la recherche des
causes. Soucieux de la méthode, Polybe consacre tout
le livre XII de ses *Histoires* à définir le travail de
l'historien, à travers la critique de Timée. Il avait
auparavant défini son objectif. Au lieu d'une histoire
monographique, écrire une histoire générale, synthétique et comparatiste : « Personne, du moins à ma
connaissance, n'a essayé de vérifier la structure générale et totale des faits passés... C'est en partant de la
liaison et de la comparaison de tous les faits entre eux,
de leurs ressemblances et de leurs différences qu'on
peut seulement, après examen, tirer profit et agrément
de l'histoire » (Polybe, I, 4). Et surtout l'affirmation
essentielle : « On doit attacher moins d'importance,
lorsqu'on écrit ou qu'on lit l'histoire, au récit des faits
en eux-mêmes qu'à ce qui a précédé, accompagné et
suivi les événements ; car si l'on retranche de l'histoire
le pourquoi, le comment, ce en vue de quoi l'acte a été
accompli et sa fin logique, ce qu'il en reste n'est plus
qu'un morceau de bravoure et ne peut devenir objet

d'étude ; cela distrait sur le moment, mais ne sert absolument à rien dans l'avenir... J'affirme que les éléments les plus nécessaires de l'histoire, ce sont les suites, les accompagnements de faits, et surtout les causes » (Polybe, III, 31, 11-13 et 32, 6). Ceci dit, il ne faut pas oublier que Polybe place au premier rang de la causalité historique la notion de fortune, que son critère principal d'un témoignage ou d'une source est d'ordre moral et que les discours tiennent une grande place dans son œuvre (cf. P. Pedech). Surtout les historiens anciens ont fondé l'histoire sur la vérité. « Le propre de l'histoire, c'est d'abord de raconter l'histoire selon la vérité » assure Polybe. Et Cicéron donne les définitions qui demeureront valables pendant le Moyen Age et la Renaissance. Celle-ci surtout : « Qui ignore que la première loi de l'histoire c'est de ne pas oser rien dire de faux ? et ensuite oser dire tout ce qui est vrai [103] ? ». Et dans la célèbre apostrophe où il réclame pour l'orateur le privilège d'être le meilleur interprète de l'histoire, d'être celui qui lui assure l'immortalité et où il lance la fameuse définition de l'histoire comme « maîtresse de vie » (*magistra vitae*), on oublie que, dans ce texte qu'on ne cite pas en général en entier, Cicéron appelle l'histoire « lumière de vérité [104] ».

Bien que Momigliano ait justement insisté sur le goût des historiens anciens pour l'histoire récente, il ne faudrait pas exagérer en disant comme Collingwood : « Ils sont tellement attachés à la tradition orale qu'ils n'ont réussi qu'en écrivant l'histoire de la génération immédiatement précédente » (Collingwood, p. 26). Tacite, par exemple, dans le *Dialogue des Orateurs*, XV, fait l'éloge des modernes — ce qui va à l'encontre de la tradition romaine — mais montre sa connaissance et sa maîtrise chronologique du passé ; d'un passé qu'à vrai dire il aplatit et rapproche du présent : « Quand j'entends parler d'anciens, je pense à des gens d'un passé lointain, nés longtemps avant nous, et devant mes yeux se présentent Ulysse et Nestor, dont l'époque se place treize cents ans avant notre siècle ; vous, c'est Démosthène et Hypéride que vous me citez ; or, il est constant qu'ils ont été contemporains de Philippe et d'Alexandre, auxquels ils ont même survécu l'un et l'autre. Il en résulte qu'il ne s'est pas écoulé beaucoup plus de trois cents ans entre notre époque et celle de Démosthène. Cet intervalle, comparé à la faiblesse de nos corps, peut sans doute paraître long ; comparé à la durée véritable des siècles et à la considération du temps qui n'a pas de limites, il est très bref et met Démosthène tout près de nous. En effet, si, comme Cicéron l'écrit dans son *Hortensius*, la grande année, la véritable, est celle où se retrouvera exactement la position actuelle du ciel et des astres, et que cette année comprenne douze mille neuf cent cinquante-quatre des divisions que nous nommons années, il s'ensuit que votre Démosthène, que vous mettez dans le passé et parmi les anciens, a vécu la même année et je dirais le même mois que nous ».

Plus que la finalité donnée à l'histoire, ce qui me paraît du point de vue de l'outillage et de la méthode de l'historien important avec l'historiographie chrétienne, c'est son impact sur la chronologie. Certes, celle-ci a d'abord subi une première élaboration par des historiens antiques — ceux en général qui ne sont pas mis parmi les grands — que les historiens chrétiens ont utilisé. Diodore de Sicile (1er siècle avant J.-C.) a donné une concordance des années consulaires et des Olympiades. Trogue-Pompe (1er siècle après J.-C.), connu par un résumé de Justin (11e ou 111e siècle après J.-C.), a présenté le thème des quatre empires successifs.

Mais les premiers historiens chrétiens ont eu une influence décisive sur le travail historique et sur l'encadrement chronologique de l'histoire.

Eusèbe de Césarée, auteur au début du IVe siècle d'une *Chronique*, puis d'une *Histoire ecclésiastique*, a été « le premier historien ancien à manifester la même attention qu'un historien moderne à citer fidèlement le matériel copié et à identifier correctement ses sources [105] ». Cette utilisation critique des documents a permis à Eusèbe et à ses successeurs de remonter avec sûreté au-delà de la mémoire des témoins vivants. Plus généralement Eusèbe, dont l'œuvre est une tentative patiente, scrupuleuse et surtout profondément humaine pour aménager les rapports du christianisme et du siècle (J. Sirinelli, p. 495) n'a pas cherché à privilégier une chronologie proprement chrétienne — l'histoire hébraïco-chrétienne qu'il fait commencer à Moïse n'a été pour lui qu'une histoire parmi d'autres (*Ibid.*, p. 59-61) — et « son projet un peu ambigu d'une histoire synchronique se situe entre une vue œcuménique et un simple perfectionnement de l'érudition » (*Ibid.* p. 63).

Les historiens chrétiens empruntèrent à l'Ancien Testament (songe de Daniel, *Daniel*, ch. 7) et à Justin le thème de la succession des quatre empires : babylonien, perse, macédonien et romain. Eusèbe dont la chronique fut reprise et mise au point par saint Jérôme et par saint Augustin exposa une périodisation de l'histoire d'après l'histoire sainte qui distinguait six âges (jusqu'à Noé, jusqu'à Abraham, jusqu'à David, jusqu'à la captivité de Babylone, jusqu'au Christ, après le Christ), qu'Isidore de Séville au début du VIIe siècle [106] et Bède au début du VIIIe siècle cherchèrent à calculer.

Les problèmes de datation, de chronologie sont

essentiels pour l'historien. Ici encore les historiens et les sociétés antiques avaient posé des bases. Les listes royales de Babylonie et d'Egypte avaient fourni les premiers cadres chronologiques. Le concept par années de règne avait débuté vers 2000 avant J.-C. à Babylone. En 776 commence le comput par olympiades, en 754 la liste des éphores de Sparte, en 686-685 celle des archontes éponymes d'Athènes, en 508 le comput consulaire à Rome. En 45 avant Jésus-Christ, César avait institué à Rome le calendrier julien. Le comput ecclésiastique chrétien s'attache surtout à la datation de la fête de Pâques. Les hésitations durèrent longtemps, comme pour la fixation du début de la chronologie et du début de l'année. Les actes du concile de Nicée sont datés à la fois des noms des consuls et des années de l'ère des Séleucides (312-311 av. J.-C.). Les chrétiens latins adoptèrent d'abord en général l'ère de Dioclétien ou des martyrs (284). Mais au VIe siècle, le moine romain Denys le Petit proposa d'adopter l'ère de l'Incarnation, de fixer le début de la chronologie à la naissance du Christ. L'usage ne fut définitivement adopté qu'au XIe siècle. Mais toutes les recherches sur le comput ecclésiastique dont l'expression la plus remarquable fut le traité *De temporum ratione* de Bède (725), malgré ses hésitations et ses échecs, constituèrent une étape importante sur le chemin de la maîtrise du temps (Cf J. Le Goff, article *calendario* in *Enciclopedia Einaudi*, II, 1977, p. 501-534) ; A. Cordoliani, 1961 ; B. Guenée, 1980, p. 147-165).

Bernard Guenée a montré que l'Occident médiéval a eu « des historiens acharnés à reconstruire leur passé et jouant d'une érudition lucide ». Ces historiens qui jusqu'au XIIIe siècle ont été surtout des moines ont d'abord bénéficié d'un accroissement de la documentation. On a vu que les archives sont un phénomène très ancien mais le Moyen Age a accumulé des chartes, dans les monastères, les églises, l'administration royale, des chartes, et multiplié les bibliothèques. Des dossiers furent constitués, le système de références précisant livre et chapitre fut généralisé notamment sous l'influence du moine Gratien, auteur d'une compilation de droit canonique, le *Décret*, à Bologne (v. 1140) et du théologien Pierre Lombard, évêque de Paris, mort en 1160. On peut considérer que la fin du XIe siècle et la plus grande partie du XIIe siècle ont été « le temps d'une érudition triomphante ». La scolastique et les universités, indifférentes et même hostiles à l'histoire qui n'y fut pas enseignée [108] marquèrent une certaine régression de la culture historique. Pourtant « un vaste public laïc continua à aimer l'histoire » et à la fin du Moyen Age ces amateurs, chevaliers ou marchands, se multiplièrent et le goût pour l'histoire nationale passa au premier plan en même temps que s'affirmaient les états et les nations. Toutefois, la place de l'histoire dans le savoir restait modeste, l'histoire n'était jusqu'au XVe siècle considérée que comme une science auxiliaire de la morale, du droit et surtout de la théologie (cf. W. Lammers), bien qu'Hugues de Saint Victor, dans la première moitié du XIIe siècle, ait dit dans un texte remarquable qu'elle était « le fondement de toute science [109] ». Mais le Moyen Age ne représente pas un hiatus dans l'évolution de la science historique, il a au contraire connu « la continuité de l'effort historique » (B. Guenée, 1980, p. 367).

Les historiens de la Renaissance ont rendu à la science historique quelques services éminents : ils ont amorcé la critique des documents à l'aide de la philologie, ils ont commencé à « laïciser » l'histoire et à en chasser les mythes et les légendes, ils ont posé les bases des sciences auxiliaires de l'histoire et noué l'alliance de l'histoire et de l'érudition.

On fait remonter les débuts de la critique scientifique des textes à Lorenzo Valla (1405-1457) qui dans *De falso credita e ementita Constantini donatione desclaratio* (1440), écrit à la demande du roi aragonais de Naples en lutte avec le Saint-Siège, prouve que le texte est un faux car la langue ne peut remonter au IVe siècle mais date de 4 ou 5 siècles plus tard : ainsi les prétentions du pape aux Etats de l'Eglise fondées sur cette prétendue donation de Constantin au pape Silvestre reposaient sur un faux carolingien. « Ainsi naquit l'histoire comme philologie, ou comme conscience critique de soi et des autres » (E. Garin, p. 115). Valla appliqua aussi la critique des textes aux historiens de l'Antiquité : Tite-Live, Hérodote, Thucydide, Salluste et même au Nouveau Testament dans ses *Annotationes* auxquels Erasme donna une Préface dans l'édition de Paris de 1505. Mais son *Histoire de Ferdinand Ier roi d'Aragon*, père de son protecteur, achevée en 1445 et éditée à Paris en 1521, n'est qu'une suite d'anecdotes touchant essentiellement la vie privée du souverain (Gaeta).

On a écrit que « comme Biondo est parmi les historiens humanistes le premier érudit, de même Valla est le premier critique ».

Je ne sais — après les travaux de Bernard Guenée — si on peut maintenir une assertion aussi abrupte. Biondo, dans ses manuels sur la Rome antique (*Roma instaurata* 1446, imprimée en 1471 ; *Roma triumphans* 1459, imprimée v. 1472) et dans ses *Décades* qui sont une histoire du Moyen Age de 412 à 1440, a été un grand rassembleur de sources mais il n'y a dans ces ouvrages ni critique des sources ni sens de l'histoire, les documents sont publiés les uns à côté des autres, à tout le plus dans les Décades dans l'ordre chronologique mais Biondo, secrétaire du pape, fut le premier à insérer l'archéologie dans la documentation historique.

Dès le xve siècle, les historiens humanistes inaugurent une science historique profane débarrassée des fables et des interventions surnaturelles. Le grand nom ici c'est Leonardo Bruni (1369-1444), chancelier de Florence, dont l'*Histoire de Florence* (jusqu'en 1404) ignore les légendes sur la fondation de la ville et ne parle jamais de l'intervention de la providence. « Avec lui s'inaugure la voie vers une explication naturelle de l'histoire » (Fueter, I, 20) et Hans Baron a pu parler de la « Profanisierung » de l'histoire.

Le refus des mythes pseudo-historiques a donné lieu à une longue polémique à propos des prétendues origines troyennes des Francs. Tour à tour Etienne Pasquier dans les *Recherches de la France* (premier livre en 1560, dix livres dans l'édition posthume de 1621), François Hotman dans sa *Franco-Gallia* (1573), Claude Fauchet dans ses *Antiquités gauloises et françaises jusqu'à Clovis* (1599) et Lancelot de la Popelinière dans son *Dessein de l'histoire nouvelle des François* (1599) mettent en doute l'origine troyenne et Hotman soutient de façon convaincante l'origine germanique des Francs.

Il faut souligner dans ces progrès de la méthode historique le rôle de la Réforme. En suscitant des polémiques sur l'histoire du christianisme, en étant libres par rapport à la tradition ecclésiastique autoritaire, les réformés ont contribué à faire évoluer la science historique.

Enfin, les historiens du xvie siècle, surtout les Français de la deuxième moitié du siècle, ont repris le

flambeau de l'érudition des humanistes italiens du
Quattrocento. Guillaume Budé apporte une importante contribution à la numismatique avec son traité
sur la monnaie romaine : *De asse* (1514). Joseph Juste
Scaliger (1540-1609) a traité de la chronologie dans le
De emendatione temporum (1583). Le protestant Isaac
Casaubon (1559-1614), le « phénix des érudits » répli-
que aux *Annales ecclésiastiques* du très catholique
cardinal César Baronius (1588-1607) dans ses *Emenda-
tiones* (1612), le flamand Juste Lipse (1547-1606) enrichit aussi l'érudition historique, notamment dans les
domaines philologique et numismatique. Les dictionnaires se multiplient tels le *Thesaurus linguæ latinæ* de
Robert Estienne (1531) et le *Thesaurus linguæ grecæ* de
son fils Henri (1572), le flamand Grüter (1560-1627)
publie le premier *Corpus* d'inscriptions dont Scaliger
dresse l'Index. Il ne faut pas enfin oublier que le
XVIᵉ siècle donne à la périodisation historique la notion
de *siècle* [110].

Alors que les humanistes — à l'imitation de l'Antiquité — avaient maintenu, malgré les progrès de
l'érudition, l'histoire dans le domaine de la littérature,
quelques-uns des grands historiens du XVIᵉ et du début
du XVIIᵉ siècle, se distinguent explicitement des
hommes de lettres. Beaucoup sont des juristes (Bodin,
Vignier, Hotman, etc.) et ces « savants gens de robe »
annoncent l'histoire des « philosophes » du XVIIIᵉ siècle
(Huppert, p. 188). Donald Kelley a montré que l'histoire des origines et de la nature du féodalisme ne date
pas de Montesquieu mais de débats entre érudits du
XVIᵉ siècle [111].

L'histoire nouvelle que voulaient promouvoir les
grands humanistes de la fin du XVIᵉ siècle et du début
du XVIIᵉ siècle fut âprement combattue dans la première partie du XVIᵉ et rangée parmi les manifestations

du libertinisme. Le résultat en fut la séparation grandissante entre érudition et histoire (au sens d'historiographie) notée par Paul Hazard [112]. L'érudition fit des progrès décisifs pendant le siècle de Louis XIV alors que l'histoire connaissait une éclipse profonde. « Les savants du xviie siècle se désintéressent des grandes questions de l'histoire générale. Ils compilent des glossaires, comme ce grand robin que fut du Cange (1610-1688). Ils écrivent des vies de saints comme Mabillon. Ils éditent des sources sur l'histoire médiévale, comme Baluze (1630-1718). Ils étudient les monnaies comme Vaillant (1632-1706). Bref, ils tendent vers les recherches de l'antiquaire beaucoup plus que vers celles de l'historien » (Huppert, p. 185).

Deux entreprises revêtirent une importance particulière. Elles se placent dans le cadre d'une recherche *collective* : « la grande nouveauté, c'est que, sous le règne de Louis XIV, on s'est mis à faire de l'érudition collectivement » (G. Lefebvre, p. 101). C'est en effet une des conditions requise par l'érudition.

La première est l'œuvre de jésuites dont l'initiateur fut le Père Héribert Roswey (Rosweyde), mort à Anvers en 1629, qui avait établi une sorte de répertoire des vies de saints manuscrites conservées dans les bibliothèques belges. A partir de ses papiers, le Père Jean Bolland fit approuver par ses supérieurs le plan d'une publication de vies de saints et de documents hagiographiques présentés dans l'ordre du calendrier. Ainsi naquit un groupe de jésuites spécialisés dans l'hagiographie auxquels on donna le nom de Bollandistes et qui publièrent en 1643 les deux premiers volumes du mois de janvier des *Acta Sanctorum*. Les Bollandistes sont encore aujourd'hui en pleine activité dans un domaine qui n'a cessé d'être au premier plan de l'érudition et de la recherche historique. En 1675, un

Bollandiste, le Père Daniel Van Papenbroeck (Pape-broch) publia en tête du tome II d'avril des *Acta Sanctorum* une dissertation « sur le discernement du vrai et du faux dans les vieux parchemins ». Papen-broeck ne fut pas heureux dans l'application de sa méthode. Il appartenait à un bénédictin français, Dom Mabillon, d'être le véritable fondateur de la « diploma-tique ».

Jean Mabillon appartenait à l'autre équipe qui donnait à l'érudition ses lettres de noblesse, celle des Bénédictins de la congrégation réformée de Saint-Maur qui firent alors de Saint-Germain-des-Prés, à Paris, « la citadelle de l'érudition française ». Leur programme de travail avait été rédigé en 1648 par Luc d'Achery. Leur domaine couvrit les Pères de l'Eglise grecs et latins, l'histoire de l'Eglise, l'histoire de l'ordre bénédictin. En 1681, Mabillon, pour réfuter Papen-broeck, publia le *De re diplomatica* qui posait les règles de la diplomatique (étude des « diplômes ») et les critères permettant de discerner l'authenticité des actes publics ou privés. Marc Bloch, non sans quelque exagération, voit en « 1681, l'année de la publication du *De re diplomatica*, une grande date dans l'histoire de l'esprit humain » (M. Bloch, p. 77) L'ouvrage enseigne notamment que la concordance de deux sources indé-pendantes établit la vérité et s'inspirant de Descartes, applique le principe « de faire partout des dénombre-ments si entiers et des revues si générales » qu'on fût « assuré de ne rien omettre[113] ». On rapporte deux anecdotes qui montrent à quel point, au tournant du xviie au xviiie siècle, le divorce était devenu profond entre l'histoire et l'érudition. Le Père Daniel, historio-graphe officiel de Louis XIV, que Fueter appelle pour-tant « un travailleur consciencieux », s'apprêtant à écrire son *Histoire de la milice française* (1721), on le mena à la Bibliothèque royale et on lui montra 1 200 ouvrages qui pouvaient lui être utiles. Il en parcourut un certain nombre pendant une heure puis déclara « que toutes ces pièces étaient des paperasses inutiles dont il n'avait pas besoin pour écrire son histoire ». L'abbé de Vertot (1655-1735) venait d'achever un ouvrage sur le siège de Rhodes par les Turcs. On lui apporta des documents nouveaux. Il les repoussa en disant : « Mon siège est fait ».

Ce travail d'érudition se poursuivit et s'étendit au XVIIIe siècle. Le travail historique, assoupi, se réveilla, notamment à l'occasion du débat sur les origines — germaniques ou romaines — de la société et des institutions françaises. Des historiens se remettent à la recherche des causes mais allient le souci d'érudition à cette réflexion intellectuelle. Cette alliance justifie — malgré quelque injustice pour le XVIe siècle — l'opinion de R. G. Collingwood : « Au sens strict où Gibbon et Mommsen sont des historiens, il n'existe pas d'historien avant le XVIIIe siècle », c'est-à-dire d'auteur d'une « étude à la fois critique et constructive, dont le champ est tout le passé humain pris dans son intégralité et dont la méthode est de reconstruire le passé à partir de documents écrits et non écrits, analysés et interprétés dans un esprit critique [114] ». Henri Marrou a souligné de son côté : « Ce qui fait la valeur de Gibbon (célèbre auteur anglais de l'*Histoire du déclin et de la chute de l'Empire romain*, 1776-1788) c'est précisément d'avoir réalisé la synthèse entre l'apport de l'érudition classique telle qu'elle s'était peu à peu formulée depuis les premiers humanistes jusqu'aux bénédictins de Saint-Maur et à leurs émules, et le sens des grands problèmes humains envisagés de haut et largement, tel que pouvait l'avoir développé en lui sa fréquentation des philosophes » (H. I. Marrou, 1961, p. 27).

Avec le rationalisme philosophique — qui n'eut pas, on l'a vu, que des conséquences heureuses pour l'histoire —, le rejet définitif de la Providence et la recherche de causes naturelles, les horizons de l'histoire s'élargissent à tous les aspects de la société et à toutes les civilisations. Fénelon, dans un *Projet d'un Traité sur l'Histoire* (1714), réclame de l'historien d'étudier « les mœurs et l'état de tout le corps de la nation » et d'en montrer la vérité, l'originalité — ce que les peintres appellent *il costume* — en même temps que les changements : « Chaque nation a ses mœurs, très différentes de celles de peuples voisins, chaque peuple change souvent pour ses propres mœurs ». Voltaire, dans ses « Nouvelles considérations sur l'histoire », 1744, avait réclamé « une histoire économique, démographique, une histoire des techniques et des mœurs et pas seulement politique, militaire, diplomatique. Une histoire des hommes, de tous les hommes et pas seulement des rois et des grands. Une histoire des structures et non des seuls événements. Histoire en mouvement, histoire des évolutions et des transformations, et non histoire statique, histoire tableau. Histoire explicative, et non histoire purement narrative, descriptive, ou dogmatique. Histoire totale, enfin... » (J. Le Goff, 1978, p. 223).

Au service de ce programme — ou de programmes moins ambitieux — l'historien met désormais un souci d'érudition que cherchent à satisfaire des entreprises de plus en plus nombreuses, et, ce qui est nouveau, des institutions. En ce siècle des Académies et des Sociétés Savantes, l'histoire ou ce qui y touche n'est pas oubliée.

Au plan des institutions, je choisirai l'Académie des Inscriptions et Belles-Lettres en France. La « petite académie » fondée par Colbert en 1663 ne comprend alors que quatre membres et sa mission est purement utilitaire : rédiger les devises des médailles et les inscriptions des monuments qui perpétueront la gloire du Roi-Soleil. En 1701, ses effectifs sont portés à quarante et elle devient autonome. Elle est rebaptisée de son nom actuel en 1716 et dès 1717 publie régulièrement des Mémoires consacrés à l'histoire, à l'archéologie et à la linguistique et entreprend l'édition du *Recueil des Ordonnances des Rois de France*.

Au plan des instruments de travail, je citerai d'une part *L'art de vérifier les dates* dont les Mauristes publient la première édition en 1750, de l'autre la constitution vers 1717-1720 des Archives royales à Turin dont les règlements sont la meilleure expression de l'archivistique de l'époque et l'impression du catalogue de la Bibliothèque royale de Paris de 1739-1753.

Comme représentant de l'activité érudite au service de l'histoire, je citerai Ludovico Antonio Muratori, né en 1672, bibliothécaire de l'Ambrosiana à Milan en 1694, bibliothécaire et archiviste du duc d'Este à Modène en 1700, mort en 1750. Il publia de 1744 à 1749 les *Annali d'Italia*, précédées en 1738-1742 par les *Antiquitates Italiae Medii Ævi*. Il fut notamment en relation avec Leibniz [115].

Muratori a pris Mabillon pour modèle mais il débarrasse à la manière des humanistes de la Renaissance l'histoire des miracles et des présages. Il pousse plus loin que le Mauriste la critique des sources mais ce n'est pas, lui non plus, un vrai historien. Il n'y a pas d'élaboration historique de la documentation et l'histoire se réduit à l'histoire politique. Ce qui concerne les institutions, les mœurs et les mentalités a été rejeté dans les *Antiquitates*. « Il faut appeler ses *Annali* plutôt des études pour l'histoire italienne ordonnées chronologiquement qu'une œuvre historique » (E. Fueter, I, p. 384).

Du point de vue qui m'intéresse ici, le XIXe siècle est décisif parce qu'il met définitivement au point la méthode critique des documents qui concernent l'historien depuis la Renaissance, diffuse cette méthode et ses résultats par l'enseignement et l'édition, et unit histoire et érudition.

Sur l'équipement érudit de l'histoire, je prendrai l'exemple de la France. La Révolution puis l'Empire créent les Archives Nationales qui, placées sous l'autorité du ministre de l'Intérieur en 1800, passent sous celle du Ministre de l'Instruction Publique en 1883. La Restauration créa l'Ecole des Chartes en 1821, pour former un corps d'archivistes spécialisés qui devaient être plus des historiens que des administrateurs et à qui fut réservé à partir de 1850 la direction des Archives départementales. La recherche archéologique sur les principaux sites de l'Antiquité fut favorisée par la création des Ecoles d'Athènes (1846) et de Rome (1874), l'ensemble de l'érudition historique par la fondation de l'Ecole Pratique des Hautes Etudes (1868). En 1804, était née à Paris l'Académie Celtique pour étudier le passé national français. Elle se transforma en 1884 en Société des Antiquaires de France. En 1834, l'historien Guizot, devenu ministre, institue un Comité des Travaux historiques chargé de publier une collection de *Documents inédits sur l'histoire de France*. En 1835, la Société française d'Archéologie fondée en 1833 tient son premier congrès. La Commission des Monuments historiques est fondée en 1837. La Société de l'Histoire de France naît en 1835. Désormais, « une armature » existe pour l'histoire : chaires de faculté, centres universitaires, sociétés savantes, collections de documents, bibliothèques, revues. Après les moines du Moyen Age, les humanistes et les robins de la Renaissance, les philosophes du XVIIIe siècle, les professeurs bourgeois installaient l'histoire au cœur de l'Europe et dans son prolongement, les Etats-Unis d'Amérique où avait été fondée en 1800 la Bibliothèque du Congrès à Washington.

Le mouvement était européen et fortement teinté d'esprit national, sinon de nationalisme. Un signe éclatant en est donné par la création en peu de temps d'une revue historique (nationale) dans la plupart des pays européens. Au Danemark l'*Historisk Tidsskrift* (1840), en Italie l'*Archivio storico italiano* (1842) que suivra la *Rivista storica italiana* (1884), en Allemagne l'*Historische Zeitschrift*, en Hongrie *Szazadok (Les Siècles)* en 1867, en Norvège l'*Historisk Tidsskrift* (1870), en France *La Revue historique* (1876) qu'avait précédée dès 1839 la *Bibliothèque de l'Ecole des Chartes*, en Suède l'*Historisk Tidsskrift* (1881), en Angleterre l'*English Historical Review* (1886), aux Pays-Bas le *Tijdschrift voor Geschiedenis* (1886), en Pologne le *Kwartalnik Historyczny* (1887) et aux Etats-Unis *The American Historical Review* (1895).

Mais le grand centre, le phare, le modèle de l'histoire érudite au XIXe siècle, ce fut la Prusse. Non seulement l'érudition y créa des institutions et des collections prestigieuses telles que les *Monumenta Germaniae Historica* (à partir de 1826) mais la production historique y allia mieux qu'ailleurs la pensée historique et l'érudition et l'enseignement sous la forme du *séminaire* y assura la continuité de l'effort d'érudition et de recherche historique. Quelques grands noms émergent : le germano-danois Niebuhr (1776-1831) pour l'histoire romaine (*Römische Geschichte*, 1811-1832), l'érudit Waitz (1813-1886), élève de Ranke, auteur d'une *Deutsche Verfassungsgeschichte* (1844-1878) et directeur depuis 1875 des *Monumenta Germaniae Historica*, Mommsen (1817-1903) qui domina l'histoire ancienne où il fit servir l'épigraphie à l'histoire politique et juridique (*Römische Geschichte*, à partir de 1849), Droysen (1808-1884) fondateur de l'école prussienne, spécialiste d'histoire grecque et auteur d'un manuel d'historiographie, *Grundriss der Historik* (écrit en 1858, publié en 1868), l'école dite « nationale-libérale » avec Sybel (1817-1895), fondateur de l'*Historische Zeitschrift* (1859), Haüsser (1818-1867), auteur d'une *Histoire de l'Allemagne au XIXᵉ siècle*, Treitschke (1834-1896), etc. Le plus grand nom de la grande école historique allemande du XIXᵉ siècle est Ranke dont nous avons vu le rôle idéologique dans l'historicisme (1795-1886). Je le retiens ici comme fondateur en 1840 du premier *séminaire* d'histoire où maître et élèves se livrent ensemble à la critique des textes.

L'érudition allemande avait exercé une forte séduction sur les historiens européens du XIXᵉ siècle, y compris sur les Français qui n'étaient pas loin de penser que la guerre de 1870-1871 avait été gagnée par les instituteurs prussiens et les érudits allemands. Un Monod, un Jullian, un Seignobos par exemple allèrent compléter leur formation dans les séminaires d'Outre-Rhin. Marc Bloch devait aussi aller se frotter à l'érudition allemande à Leipzig. Un élève de Ranke, Godefroid Kurth (1847-1916) fonda à l'Université de Liège un séminaire où le grand historien belge Henri Pirenne (1862-1935), qui allait au XXᵉ siècle contribuer à fonder l'histoire économique, fit son apprentissage.

Toutefois, surtout hors d'Allemagne, les dangers de l'érudition germanique apparurent dès la fin du XIXᵉ siècle. Camille Jullian en 1896 constatait : « L'histoire en Allemagne s'émiette et s'effrite », parfois elle « se perd peu à peu en une sorte de scolastique philologique : les grands noms disparaissent l'un après l'autre ; craignons de voir poindre les épigones d'Alexandre ou les petits-fils de Charlemagne... » L'historicisme érudit allemand dégénérait en Allemagne et ailleurs en Europe en deux tendances opposées : une philosophie de l'histoire idéaliste, un idéal érudit « positiviste » qui fuyait les idées et bannissait de l'histoire la recherche des causes.

Il appartenait à des universitaires français de donner à cette histoire positiviste sa charte : l'*Introduction aux Etudes historiques* (1898) de C. V. Langlois et Charles Seignobos qui, se voulant « bréviaire des méthodes nouvelles », allait à la fois répandre les bienfaits d'une érudition progressiste et nécessaire et les germes d'une stérilisation de l'esprit et des méthodes de l'histoire.

Il reste à faire le bilan positif de cette histoire érudite du XIXe siècle comme l'a fait Marc Bloch dans son *Apologie pour l'histoire* (7 éd. p. 80-83). « Le consciencieux effort du XIXe siècle » a permis que « les techniques de la critique » cessent d'être le monopole « d'une poignée d'érudits, d'exégètes et de curieux » et « l'historien a été ramené à l'établi ». C'est à faire triompher les « plus élémentaires préceptes d'une morale de l'intelligence » et « les forces de la raison... que travaillent nos humbles notes, nos petites références tâtillonnes que moquent aujourd'hui, sans les comprendre, tant de beaux esprits » (cf. Ehrard-Palmade, p. 78).

Ainsi, fermement établie sur ses servantes, les sciences auxiliaires (archéologie, numismatique, sigillographie, philologie, épigraphie, papyrologie, paléographie, diplomatique, onomastique, généalogie, héraldique), l'histoire s'était installée sur le trône de l'érudition.

V – L'HISTOIRE AUJOURD'HUI

De l'histoire aujourd'hui, je voudrais esquisser d'une part le renouvellement en tant que pratique scientifique et évoquer de l'autre le rôle dans les sociétés.

Sur le premier point, on me permettra d'être relativement bref et de renvoyer à une autre étude * où j'ai présenté la genèse et les principaux aspects du renouvellement de la science historique depuis un demi-siècle.

Cette tendance me paraît surtout française mais elle s'est aussi manifestée ailleurs, notamment en Grande-Bretagne et en Italie, en particulier autour des revues *Past and Present* (depuis 1952) et *Quaderni Storici* (depuis 1966).

Une de ses plus anciennes manifestations étant le développement de l'histoire économique et sociale, il faut mentionner ici le rôle de la science historique allemande autour de la revue *Vierteljahrschrift für Sozial-und-Wirtschaftsgeschichte* fondée en 1903 et celui du grand historien belge Henri Pirenne, théoricien de l'origine économique des villes dans l'Europe médiévale (1862-1935). Dans la mesure où la sociologie et l'anthropologie ont joué un grand rôle dans la mutation de l'histoire au XXe siècle, l'influence d'un grand esprit comme Max Weber, celle des sociologues et anthropologues anglo-saxons ont été notoires.

Le succès de « l'histoire orale » a été grand et précoce dans les pays anglo-saxons. La vogue de

* J. Le Goff, L'histoire nouvelle, in *La Nouvelle Histoire*, éd. J. Le Goff, p. 210-241. Nouvelle édition aux Editions Complexe, Bruxelles, 1988.

l'histoire quantitative a été forte un peu partout, sauf peut-être dans les pays méditerranéens.

Ruggiero Romano qui a donné une image percutante par son intelligence et ses partis pris de la *storiografia italiana oggi (L'historiographie italienne aujourd'hui)* a indiqué un groupe de pays où la participation de l'histoire et des historiens à la vie sociale et politique et pas seulement à la vie culturelle — est vive : l'Italie, la France, l'Espagne, les pays sud-américains, la Pologne alors que le phénomène n'existe pas dans les pays anglo-saxons, russes et germaniques.

Le travail historique et la réflexion sur l'histoire aujourd'hui se développent dans un climat de critique et de désenchantement à l'égard de l'idéologie du progrès et, plus récemment, en Occident, de répudiation du marxisme, en tout cas du marxisme vulgaire. Toute une production sans valeur scientifique qui ne faisait illusion que sous la pression de la mode et d'un certain terrorisme politico-intellectuel a perdu tout crédit. Signalons que la pseudo-histoire anti-marxiste qui semble avoir pris pour drapeau le thème éculé de l'irrationnel fleurit.

Comme le marxisme a été la seule pensée cohérente de l'histoire au xxe siècle en dehors de Max Weber, il est important de voir ce qui se produit à la lumière de la désaffection pour la théorie marxiste d'une part et du renouvellement depuis longtemps entamé des pratiques historiennes à l'Occident non pas contre le marxisme mais en dehors de lui-même si on pense avec Michel Foucault que certains problèmes capitaux pour l'historien ne peuvent encore être posés qu'à partir du marxisme. En Occident un certain nombre d'historiens de qualité se sont efforcés de montrer que non seulement le marxisme pouvait faire bon ménage avec « l'histoire nouvelle » mais qu'il était un des pères de cette histoire par son goût pour les structures, sa conception d'une histoire totale, son intérêt pour le domaine des techniques et des activités matérielles.

Pierre Vilar[116], Guy Bois[117] ont souhaité que « le renouvellement passe par un certain retour aux sources », des ouvrages collectifs comme *Aujourd'hui l'Histoire* et *Ethnologie et histoire* publiés à Paris en 1984 et 1975 par les Editions Sociales, manifestent un désir d'ouverture. Une intéressante série de textes publiés il y a quelques années par un certain nombre d'historiens marxistes italiens[118] a montré la vitalité et l'évolution de cette recherche. Un ouvrage comme *Le féodalisme, un horizon théorique* d'Alain Guerreau manifeste, malgré ses outrances, l'existence d'une pensée marxiste forte et neuve. On connaît mal en Occident la production historique des pays de l'Est. A l'exception de la Pologne et de la Hongrie ce qu'on en connaît n'est guère encourageant. Il y a peut-être des travaux et des courants intéressants en Allemagne de l'Est (voir A. Guerreau).

J'ai désigné en quelques grands historiens du passé les ancêtres de l'histoire nouvelle par leur goût pour la recherche des causes, leur curiosité à l'égard des civilisations, leur intérêt pour le matériel, le quotidien, la psychologie. De La Popelinière, à la fin du XVIe siècle, à Michelet, en passant par Fénelon, Montesquieu, Voltaire, Chateaubriand, Guizot, c'est une lignée impressionnante dans sa diversité. Il faut y ajouter le néerlandais Huizinga (mort en 1945) dont le chef-d'œuvre, *L'Automne du Moyen Age* (Haarlem, 1919) fit entrer la sensibilité et la psychologie collective dans l'histoire.

On considère la fondation de la revue *Annales* (*Annales d'histoire économique et sociale* en 1929, *Annales. Economies. Sociétés. Civilisations*, depuis

1945) par Marc Bloch et Lucien Febvre en 1929, comme l'acte de naissance de la nouvelle histoire *. Les idées de la revue inspirèrent la fondation en 1947 par Lucien Febvre (mort en 1956 ; Marc Bloch, résistant, avait été fusillé par les Allemands en 1944) d'une institution de recherche et d'enseignement de la recherche en sciences humaines et sociales, la VIᵉ section (sciences économiques et sociales) de l'Ecole Pratique des Hautes Etudes, prévue par Victor Duruy lors de la fondation de l'Ecole en 1868 mais qui n'avait pu se matérialiser. Devenue en 1975 l'Ecole des Hautes Etudes en Sciences Sociales, cet établissement, où l'histoire avait une place éminente aux côtés de la géographie, de l'économie, de la sociologie, de l'anthropologie, de la psychologie, de la linguistique et de la sémiologie, assura la diffusion en France et à l'étranger des idées qui avaient été à l'origine des « Annales ».

On peut résumer ces idées par la critique du fait historique de l'histoire événementielle, en particulier politique ; la recherche d'une collaboration avec les autres sciences sociales (l'économiste François Simiand qui avait publié en 1903 dans la *Revue de synthèse historique* ** un article : « Méthode historique et science sociale » dénonçant les « idoles » « politique », « individuelle » et « chronologique » qui inspira le programme des *Annales*, le sociologue

---

* Sur les *Annales*, voir l'article Annales de J. Revel et R. Chartier dans *La Nouvelle Histoire*, éd. J. Le Goff, p. 26-33 et les ouvrages de L. Allegra et A. Torre, *La Nascità della storia sociale in Francia. Dalla Comune alle « Annales »*, Torino, 1977, et M. Cedronio, F. Diaz, C. Russo, M. Del Trepo, *Storiografia francese di ieri e di oggi*, Naples 1977 et le supplément bibliographique à la fin du présent ouvrage.
** Pionnière de l'histoire nouvelle sous l'impulsion d'Henri Berr (1863-1954).

Emile Durkheim, le sociologue et anthropologue
Marcel Mauss furent les inspirateurs de l' « esprit »
des *Annales*) ; le remplacement de l'histoire-récit
par l'histoire-problème, l'attention au présent de l'histoire.

Fernand Braudel (1902-1985) auteur d'une « thèse »
révolutionnaire sur *La Méditerranée et le monde médi-*
terranéen à l'époque de Philippe II (1re édition 1949) où
l'histoire était découpée en trois plans étagés, le
« temps géographique », le « temps social » et « le
temps individuel » — l'événementiel étant rejeté dans
la troisième partie, publia en 1958 dans les *Annales*
l'article sur *la longue durée* (« Histoire et sciences
sociales, la longue durée ») qui allait inspirer depuis
une part importante de la recherche historique. Un peu
partout, dans les années 70, des colloques, des
ouvrages le plus souvent collectifs, firent le point sur
les nouvelles orientations de l'histoire. Un ensemble
(3 volumes dirigés par J. Le Goff et P. Nora) présenta,
sous le titre *Faire de l'Histoire*, en 1974, les « nouveaux
problèmes » les « nouvelles approches » et les « nouveaux objets » de l'histoire. Parmi les premiers, le
quantitatif en histoire, l'histoire conceptualisante,
l'histoire avant l'écriture, l'histoire des peuples
sans histoire, l'acculturation, l'histoire idéologique,
l'histoire marxiste, la nouvelle histoire événementielle. Les secondes concernaient l'archéologie, l'économie, la démographie, l'anthropologie religieuse,
les nouvelles méthodes d'histoire de la littérature, de
l'art, des sciences, du politique. Le choix des nouveaux objets s'était porté sur le climat, l'inconscient,
le mythe, les mentalités, la langue, le livre, les jeunes,
le corps, la cuisine, l'opinion publique, le film, la
fête.

Quatre ans plus tard, en 1978, un *Dictionnaire de la*

Nouvelle Histoire*, en s'adressant à un plus large public encore, témoignait des progrès de la vulgarisation de la nouvelle histoire et des déplacements rapides d'intérêt à l'intérieur de son champ, en même temps que la focalisation autour de quelques thèmes : anthropologie historique, culture matérielle, imaginaire, histoire immédiate, longue durée, marginaux, mentalités, structures.

Le dialogue de l'histoire avec les autres sciences se poursuivait, s'approfondissait, se concentrait et s'élargissait à la fois.

Se concentrait. A côté de la persistance des rapports entre l'histoire et l'économie (attestée par exemple par l'ouvrage de Jean Lhomme, *Economie et Histoire*, Genève, 1967), l'histoire et la sociologie (un témoignage parmi d'autres celui du sociologue Alain Touraine déclarant dans *Un désir d'histoire*, Paris 1977, p. 274 : « Je ne sépare pas le travail de la sociologie de l'histoire d'une société »), une relation privilégiée s'est nouée entre l'histoire et l'anthropologie, souhaitée du côté des anthropologues par E. E. Evans-Pritchard (*Anthropology and History*, Manchester, 1961), envisagée avec plus de circonspection par I. M. Lewis (*History and Social Anthropology*, Londres, 1968) qui insiste sur les intérêts différents des deux sciences (l'histoire tournée vers le passé, l'anthropologie vers le présent, la première vers les documents, la seconde vers l'enquête directe, la première vers l'explication des événements, la seconde vers les caractères généraux des institutions sociales). Mais un historien comme E. H. Carr écrit (p. 66) : « Plus l'histoire deviendra sociologique, et plus la sociologie deviendra historique, et mieux cela sera pour les deux ». Et un anthropologue comme

---

* Dirigé par J. Le Goff, R. Chartier et J. Revel.

Marc Augé affirme : « L'objet de l'anthropologie n'est pas de reconstituer des sociétés disparues mais de mettre en évidence des logiques sociales et des logiques historiques[119] ».

Dans cette rencontre de l'histoire et de l'anthropologie l'historien a privilégié certains domaines et problèmes. Celui par exemple de l'homme sauvage et de l'homme quotidien[120] ou encore des rapports entre culture savante et culture populaire (cf. la préface de Carlo Ginzburg à *Le fromage et les vers. L'univers d'un meunier du XVIᵉ siècle*, 1976, trad. française 1980 qui commence ainsi : « On pouvait autrefois accuser les historiens de vouloir seulement connaître " la geste des rois ". Aujourd'hui, certainement, il n'en est plus ainsi »). Ou encore l'histoire orale où, dans une très abondante littérature, je distinguerai le numéro spécial des *Quaderni Storici : Oral History : fra antropologia e storia* (n° 35, maggio/agosto 1977) qui pose bien les problèmes pour les différentes classes sociales et les diverses civilisations, le petit livre de Jean-Claude Bouvier et une équipe d'anthropologues, d'historiens et de linguistes : *Tradition orale et identité culturelle, problèmes et méthodes* (Paris, C.N.R.S., 1980) parce qu'il met bien en valeur les rapports entre oralité et discours sur le passé, définit les *ethnotextes* et une méthode pour les recueillir et les utiliser, et enfin le rapport de Dominique Aron-Schnapper et Danièle Hanet *Histoire orale ou archives orales* (Paris, 1980) sur la constitution d'archives orales pour l'histoire de la sécurité sociale qui pose bien le problème des rapports entre un nouveau style de documentation et un nouveau type d'histoire.

De ces expériences, de ces contacts, de ces conquêtes, un certain nombre d'historiens — dont je suis — souhaitent que se constitue une nouvelle discipline historique étroitement liée à l'anthropologie : l'anthropologie historique.

Dans son supplément de 1980 (*Organum. Corpus*, t. I, Paris 1980, p. 157-170), l'*Encyclopædia Universalis* consacre un long article à l'*Anthropologie Historique*. André Burguière* y montre que cette nouvelle étiquette, née de la rencontre entre l'ethnologie et l'histoire, est en fait plus une redécouverte qu'un phénomène radicalement nouveau. Elle se place dans la tradition d'une conception de l'histoire dont le père est sans doute Hérodote et qui, dans la tradition française, s'exprime au xvie siècle chez Pasquier, La Popelinière ou Bodin, au xviiie siècle dans les œuvres historiques les plus importantes des Lumières et domine l'historiographie romantique. Elle est « plus analytique, attachée à retracer l'itinéraire et les progrès de la civilisation, s'intéresse aux destins collectifs plus qu'aux individus, à l'évolution des sociétés plus qu'aux institutions, aux usages plus qu'aux événements » face à une autre conception « plus narrative, plus proche des lieux du pouvoir politique », celle qui va des grands chroniqueurs du Moyen Age aux érudits du xviie siècle et à l'histoire événementielle et positiviste qui triomphe à la fin du xixe siècle. C'est un élargissement du domaine de l'histoire dans l'esprit des fondateurs des *Annales* « à l'intersection des trois axes principaux que Marc Bloch et Lucien Febvre — désignaient aux historiens : l'histoire économique et sociale, l'histoire des mentalités, les recherches interdisciplinaires ». Son modèle ce sont *Les rois thaumaturges* de Marc Bloch (1924). Un de ses aboutissements c'est l'œuvre de

---

* A. Burguière a repris le sujet dans les articles de *La Nouvelle Histoire*, J. Le Goff, éd., nouv. éd., 1988, pp 137-165 et *Dictionnaire des Sciences Historiques*, A. Burguière, éd., 1986, pp. 52-60.

Fernand Braudel, *Civilisation matérielle et capitalisme*, où l'historien « décrit la manière dont les grands équilibres économiques, les circuits d'échanges créaient et modifiaient la trame de la vie biologique et sociale, la manière dont, par exemple, le goût s'habituait à un produit alimentaire nouveau ». André Burguière prend comme exemple d'un domaine que l'anthropologie historique cherche à conquérir, celui d'une histoire du corps sur laquelle l'historien allemand Norbert Elias dans un livre de 1938 *(Uber den Prozess der Zivilisation)* dont le retentissement date des années 1970 (traduction française, *La civilisation des mœurs*, 1974) a fourni une hypothèse expliquant l'évolution des relations au corps dans la civilisation européenne : « L'occultation et la mise à distance du corps traduisaient au niveau de l'individu la tendance au remodelage du corps social imposée par les Etats bureaucratiques ; relèveraient du même processus la séparation des classes d'âge, la mise à l'écart des déviants, l'enfermement des pauvres et des fous ainsi que le déclin des solidarités locales » (*Encyclopædia Universalis. Organum. Corpus* I, p. 159). Les quatre exemples que choisit l'*Encyclopædia Universalis* pour illustrer l'anthropologie historique sont 1) L'histoire de l'alimentation qui « s'occupe de retrouver, d'étudier et, le cas échéant, de quantifier ce qui se rapporte à cette fonction biologique essentielle au maintien de la vie : la nutrition » ; 2) L'histoire de la sexualité et de la famille qui a fait entrer la démographie historique dans une ère nouvelle avec l'exploration de sources massives (les registres paroissiaux) et une problématique tenant compte des mentalités, par exemple l'attitude à l'égard de la contraception ; 3) L'histoire de l'enfance [121] qui a montré que les attitudes à l'égard de l'enfant ne se réduisaient pas à un hypothétique amour parental mais dépendaient de conditions culturelles complexes : il n'y a pas, par exemple, de spécificité de l'enfant au Moyen Age ; 4) L'histoire de la mort c'est-à-dire des attitudes à l'égard de la mort qui s'est révélé le domaine le plus fécond de l'histoire des mentalités.

Ainsi le dialogue entre l'histoire et les sciences sociales a tendance à privilégier les rapports entre histoire et anthropologie bien que, dans mon esprit par exemple, l'anthropologie historique inclut aussi la sociologie. Cependant, l'histoire tend à sortir de son territoire de façon encore plus audacieuse en allant soit vers les sciences de la nature (Cf. *L'Histoire du climat* d'Emmanuel Le Roy Ladurie) soit vers les sciences de la vie, et notamment la biologie.

Il y a d'abord le désir des scientifiques de faire l'histoire de leur science, mais pas n'importe quelle histoire. Voici ce qu'écrit un grand biologiste, prix Nobel, François Jacob : « Pour un biologiste, il y a deux façons d'envisager l'histoire de sa science. On peut tout d'abord y voir la succession des idées et leur généalogie. On cherche alors le fil qui a guidé la pensée jusqu'aux théories en fonction aujourd'hui. Cette histoire se fait pour ainsi dire à rebours, par extrapolation du présent vers le passé. De proche en proche, on choisit la devancière de l'hypothèse en cours, puis la devancière de l'hypothèse et ainsi de suite. Dans cette manière de faire, les idées acquièrent une indépendance... Il y a alors une évolution des idées soumise tantôt à une sélection naturelle qui se fonde sur un critère d'interprétation théorique, donc de réutilisation pratique, tantôt à la seule téléologie de la raison...

Il y a une autre manière d'envisager l'histoire de la biologie. C'est de rechercher comment les objets sont devenus accessibles à l'analyse, permettant ainsi à de nouveaux domaines de se constituer en sciences. Il s'agit alors de préciser la nature de ces objets, l'attitude de ceux qui les étudient, leur manière d'observer, les obstacles que dresse devant eux leur culture... Il n'y a plus alors une filiation plus ou moins linéaire d'idées qui s'engendrent l'une l'autre. Il y a un domaine que la pensée s'efforce d'explorer, où elle cherche à instaurer un ordre, où elle tente de constituer un monde de relations abstraites en accord non seulement avec les observations et les techniques, mais aussi avec les pratiques, les valeurs, les interprétations en vigueur [122]... ».

On voit ce qui est ici en cause. C'est le refus d'une histoire idéaliste où les idées s'engendrent par une sorte de parthénogénèse, d'une histoire guidée par la conception d'un progrès linéaire, d'une histoire qui interprète le passé avec les valeurs du présent. Au contraire François Jacob propose l'histoire d'une science qui tient compte des conditions (matérielles, sociales, mentales) de sa production et qui repère dans toute leur complexité les étapes du savoir. Mais il faut aller plus loin. Ruggiero Romano se fondant sur les travaux suggestifs aux fondements indiscutables de J. Ruffié [123] ou ceux, contestables, de E. O. Wilson [124] affirme : « Là où l'histoire avait cherché à s'imposer à la biologie en s'en servant (bassement et mal) pour l'histoire démographique, aujourd'hui la biologie veut et peut enseigner quelque chose à l'histoire ».

A. Nitschke a attiré l'attention sur l'intérêt qu'aurait une collaboration entre historiens et spécialistes de l'éthologie : « De multiples incitations pour la recherche historique viennent d'une confrontation avec l'éthologie des biologistes. Il faut souhaiter que cette rencontre entre les deux disciplines dans la perspective d'une éthologie historique devienne fructueuse pour les deux partenaires [125]. »

Toute profonde mutation de la méthodologie historique s'accompagne d'une transformation importante de la documentation. Dans ce domaine notre époque connaît une véritable révolution documentaire : c'est l'irruption du quantitatif et le recours à l'informatique. Appelé par l'intérêt de l'histoire nouvelle pour le plus grand nombre, postulé par l'utilisation de documents permettant d'atteindre les masses, comme les *registres paroissiaux* en France, base de la nouvelle démographie[126], rendu nécessaire par le développement de l'histoire *sérielle*, l'ordinateur est ainsi entré dans l'outillage de l'historien. Le quantitatif était apparu en histoire avec l'histoire économique, en particulier avec l'histoire des prix dont Ernest Labrousse, sous l'influence de François Simiand, fut un des grands pionniers[127] et il a envahi l'histoire démographique, l'histoire culturelle. Après une période d'engouement naïf, on a pris la mesure des services indispensables rendus par l'ordinateur dans certains types de recherche historique et ses limites (Cf. F. Furet, Shorter). Même en histoire économique un des principaux partisans de l'histoire quantitative, Marczewski, a écrit : « L'histoire quantitative n'est qu'une des méthodes de recherche dans le domaine de l'histoire économique. Elle n'exclut nullement le recours à l'histoire qualitative, celle-ci lui apporte un complément indispensable » (Marczewski, p. 48). Un modèle de recherche historique innovatrice fondé sur l'utilisation intelligente de l'ordinateur est l'ouvrage de D. Herlihy et Ch. Klapisch, *Les Toscans et leurs familles. Une étude du Catasto florentin de 1427*, Paris, 1978.

Le regard de l'historien sur l'histoire de sa discipline a développé récemment un nouveau secteur particulièrement riche de l'historiographie : l'histoire de l'histoire.

Sur l'histoire de l'histoire le philosophe et historien polonais Krysztof Pomian a jeté un regard particulièrement aigu. Il a rappelé dans quelles conditions historiques cette histoire était née à la fin du XIXe siècle sur la critique du règne de l'Histoire : « Des philosophes, des sociologues et même des historiens se mirent à démontrer que l'objectivité, les faits donnés une fois pour toutes, les lois du développement, le progrès, toutes notions qui avaient été jusque-là tenues pour évidentes et qui fondaient les prétentions scientifiques de l'histoire, n'étaient que des leurres... Les historiens... furent montrés, au mieux, comme des naïfs, aveuglés par les illusions qu'ils avaient eux-mêmes produites, au pire comme des charlatans » (K. Pomian, p. 936). L'histoire de l'historiographie prit pour devise le mot de Croce : toute histoire est une histoire contemporaine et l'historien, de savant qu'il croyait être, devint un forgeur de mythes, un politicien inconscient. Mais, ajoute Pomian, cette mise en question ne touche pas seulement l'histoire, mais « toute la science et en particulier son noyau, la physique ». L'histoire des sciences se développa dans le même esprit critique que l'histoire de l'historiographie. Pour Pomian ce type d'histoire est aujourd'hui dépassé car il oublie l'aspect cognitif de l'histoire et de la science en particulier et devrait devenir une science de l'ensemble des pratiques de l'historien et plus encore une histoire de la connaissance : « L'histoire de l'historiographie a fait son temps. Ce dont nous avons besoin aujourd'hui, c'est une histoire de l'histoire qui aurait placé au centre de ses recherches les interactions entre la connaissance, les idéologies, les exigences de l'écriture, bref entre les aspects divers et parfois discordants du travail de l'historien. Et qui, ce faisant, aurait permis de jeter un pont entre l'histoire des sciences et celle de la philosophie, de la littérature, de l'art peut-être. Ou mieux entre une histoire de la connaissance et celle des différents usages que l'on en fait » (*Ibid.*, p. 952). De l'élargissement du domaine de l'histoire témoigne la création de nouvelles revues — dans un cadre thématique — alors que le grand mouvement de naissance de revues historiques au XIXᵉ siècle s'est surtout fait dans un cadre national.

Je retiens parmi les nouvelles revues : 1) celles qui s'intéressent à l'histoire quantitative, par exemple *Computers and the Humanities* édité depuis 1966 par le Queens College de la City University of New York, 2) celles qui concernent l'histoire orale et l'ethnohistoire parmi lesquelles *Oral History*, The Journal of the British Oral History Society (1973), *Ethnohistory* publié par l'Université d'Arizona depuis 1954, les *History Workshops* britanniques, 3) celles qui se consacrent au comparatisme et à l'interdisciplinarité, les *Comparative studies in Society and History* américaines depuis 1958, l'*Information sur les sciences sociales* bilingue (français et anglais) publiée par la Maison des Sciences de l'Homme de Paris de Fernand Braudel et Clemens Heller, depuis 1966, 4) celles qui se penchent sur la théorie et l'histoire de l'histoire dont la plus importante est *History and Theory*, créée en 1960 *.

Il y a un élargissement de l'horizon historique qui doit amener un véritable bouleversement de la science historique. C'est la nécessité de mettre fin à l'ethnocentrisme, la nécessité de déseuropéaniser l'histoire.

Les manifestations de l'ethnocentrisme historique ont été recensées par Roy Preiswerk et Dominique Perrot[128]. Ils ont relevé dix formes de cette colonisa-

---

* Voir d'autres revues créées plus récemment dans le supplément bibliographique.

tion de l'histoire par les Occidentaux : 1) l'ambiguïté
de la notion de civilisation. Y en a-t-il une ou plusieurs ? 2) l'évolutionnisme social c'est-à-dire la
conception d'une évolution linéaire unique de l'histoire sur le modèle occidental. A cet égard, la déclaration d'un anthropologue du XIXᵉ siècle est typique :
« L'humanité étant une dès l'origine, sa carrière a été
essentiellement la même dirigée dans les canaux différents mais uniformes dans tous les continents et se
déroulant d'une manière très similaire dans toutes les
tribus et nations de l'humanité jusqu'au même stade
de développement. Il en ressort que l'histoire et l'expérience des tribus amérindiennes représentent plus ou
moins l'histoire et l'expérience de nos propres ancêtres
éloignés lorsqu'ils vivaient dans les mêmes conditions [129] », 3) l'alphabétisme comme critère de différenciation entre le supérieur et l'inférieur, 4) l'idée que les
contacts avec l'Occident sont le fondement de l'historicité des autres cultures, 5) l'affirmation du rôle causal
des valeurs en histoire confirmée par la supériorité du
système de valeurs occidental : l'unité, la loi et l'ordre,
le monothéisme, la démocratie, le sédentarisme,
l'industrialisation, 6) la légitimation unilatérale de
l'action occidentale (esclavage, propagation du christianisme, nécessité d'intervention, etc.), 7) le transfert
interculturel des concepts occidentaux (féodalisme,
démocratie, révolution, classe, Etat, etc.), 8) l'usage de
stéréotypes tels que les Barbares, le fanatisme musulman, etc., 9) la sélection autocentrée des dates et des
événements « importants » de l'histoire imposant à
l'ensemble de l'histoire du monde la périodisation
élaborée pour l'Occident, 10) le choix des illustrations,
les références à la race, au sang et à la couleur.

C'est aussi à travers l'étude des manuels scolaires
que Marc Ferro est allé plus loin dans « une mise en

question de la conception traditionnelle de l' " histoire universelle " ». En analysant [130] sur les exemples de l'Afrique du sud, de l'Afrique noire, des Antilles (Trinidad), des Indes, de l'Islam, de l'Europe occidentale (Espagne, Allemagne nazie, France), de l'U.R.S.S., de l'Arménie, de la Pologne, de la Chine, du Japon, des Etats-Unis — avec un regard sur l'histoire « interdite » (Mexicains-Américains, Aborigènes d'Australie), Marc Ferro déclare : « Il est grand temps de confronter aujourd'hui toutes ces représentations car, avec l'élargissement du monde, avec son unification économique mais son éclatement politique, le passé des sociétés est plus que jamais un des enjeux des confrontations entre Etats, entre Nations, entre cultures et ethnies... La révolte sourd chez ceux dont l'histoire est " interdite " [131] ».

Ce que sera une histoire vraiment universelle, on ne sait. Peut-être sera-ce même quelque chose de radicalement différent de ce que nous appelons histoire. Elle doit d'abord faire l'inventaire des différences, des conflits. La réduire à une histoire édulcorée, doucereusement œcuménique, voulant faire plaisir à tout le monde n'est pas le bon chemin. D'où le demi-échec des cinq volumes de l'*Histoire du développement scientifique et culturel de l'humanité* publiée par l'U.N.E.S.C.O. en 1969 et pavée de bonnes intentions.

L'histoire, depuis la Deuxième Guerre mondiale, s'est trouvée confrontée à de nouveaux défis. J'en retiendrai trois.

Le premier, c'est qu'elle doit plus que jamais répondre à la demande des peuples, des nations, des états qui attendent d'elle d'être plus qu'une maîtresse de vie, qu'un miroir de leur idiosyncrasie — un élément essentiel de cette identité individuelle et collective qu'ils cherchent avec angoisse : anciens pays colonisateurs qui ont perdu leur empire et se retrouvent dans leur petit espace européen (Grande-Bretagne, France, Portugal), anciennes nations qui se réveillent du cauchemar nazi ou fasciste (Allemagne, Italie), pays de l'Europe de l'Est où l'histoire n'est pas d'accord avec ce que la domination soviétique voudrait leur faire croire, Union soviétique prise entre l'histoire courte de son unification et l'histoire longue de ses nationalités, Etats-Unis qui avaient cru se conquérir une histoire dans le monde entier et se retrouvent hésitants entre l'impérialisme et les droits de l'homme, pays opprimés luttant pour leur histoire comme pour leur vie (Amérique latine), pays neufs cherchant à tâtons comment se construire leur histoire [132].

Faut-il, peut-on choisir entre une histoire-savoir objectif et une histoire militante ? Faut-il adopter les schémas scientifiques forgés par l'Occident ou s'inventer une méthodologie historique en même temps qu'une histoire ?

L'Occident de son côté s'est demandé dans ses épreuves (Seconde Guerre mondiale, décolonisation, secousse de Mai 68) si le plus sage n'était pas de renoncer à l'histoire. Ne faisait-elle pas partie des valeurs qui avaient conduit à l'aliénation et au malheur ?

Aux nostalgiques d'une vie sans passé, Jean Chesneaux a répondu en rappelant la nécessité de maîtriser une histoire mais a proposé d'en faire « une histoire pour la révolution ». C'est un des aboutissements possibles de la théorie marxiste d'une unification du savoir et de la praxis. Si, comme je le crois, l'histoire, avec sa spécificité et ses dangers, est une science, elle doit échapper à une identification de l'histoire et de la politique, vieux rêve de l'historiographie qui doit aider le travail historique à maîtriser son conditionnement par la société. Sans quoi l'histoire sera le pire instrument de n'importe quel pouvoir.

Plus subtil fut le refus intellectuel que sembla incarner le structuralisme. Je veux d'abord dire que le danger me semble être surtout venu — et n'a pas entièrement disparu — d'un certain sociologisme. Gordon Leff (p. 2) a justement observé : « Les attaques de Karl Popper contre ce qu'il appelait à tort l'historicisme dans les sciences sociales semblent avoir intimidé une génération ; en se conjuguant avec l'influence de Talcott Parsons, elles ont laissé la théorie sociale, à coup sûr en tout cas en Amérique, a-historique à un degré où elle semble souvent n'avoir plus de rapport avec la terre des hommes ».

Il me semble que Philip Abrams à dix ans de distance a bien défini les rapports entre la sociologie et l'histoire *en adhérant à l'idée de X. G. Runciman pour qui il n'y a pas de sérieuse distinction entre histoire, sociologie et anthropologie mais à condition de ne pas les réduire à des points de vue appauvrissants : soit à une sorte de psychologie, soit à une communauté de techniques alors que les sciences sociales — comme les autres — ne doivent pas subordonner les problèmes aux techniques.

Il me semble qu'en revanche, seule une déformation du structuralisme peut en faire un a-historisme. Ce n'est pas le lieu d'étudier ici en détail les rapports de Claude Lévi-Strauss. On sait qu'ils sont complexes. Il faut relire les grands textes de l'*Anthropologie structurale* (I, I, pp. 3-33), de *La Pensée sauvage*, de *Du miel aux cendres*. Il est clair que souvent Claude Lévi-Strauss a

---

* Ph. Abrams, Sociology and history in *Past and Present*, nº 52, 1971, pp. 118-125. The sens of the past and the origines of sociology, *Ibid.*, nº 55, 1971, pp. 18-22. History, sociology, historical sociology, *Ibid.*, nº 87, 1980, pp. 3-16.

pensé, en songeant aussi bien à la discipline historique qu'à l'histoire vécue : « Nous pouvons pleurer sur le fait qu'il y a de l'histoire [133] », mais je considère comme l'expression la plus pertinente de sa pensée sur le sujet, ces lignes de l'*Anthropologie structurale* (I, p. 32) : « Sur un chemin où ils font, dans le même sens, le même parcours, leur orientation seule est différente : l'ethnologue marche en avant, cherchant à atteindre, à travers un conscient qu'il n'ignore jamais, toujours plus d'inconscient vers quoi il se dirige ; tandis que l'historien avance, pour ainsi dire, à reculons, gardant les yeux fixés sur les activités concrètes et particulières, dont il ne s'éloigne que pour les envisager sous une perspective plus riche et plus complète. Véritable Janus à deux fronts, c'est, en tout cas, la solidarité des deux disciplines qui permet de conserver sous les yeux la totalité du parcours ».

Il y a en tout cas un structuralisme avec lequel des historiens peuvent dialoguer : le structuralisme génétique et dynamique de l'épistémologue et psychologue suisse Jean Piaget, selon qui les structures sont intrinsèquement évolutives. Mais de même que la diachronie des linguistes n'est pas identique au(x) temps de l'histoire, cette évolution des structures n'est pas la même chose que le mouvement de l'histoire. Cependant l'historien peut y trouver, par comparaison, un éclairage sur son objet propre.

Si l'histoire peut triompher de ce défi, elle n'en est pas moins confrontée aujourd'hui à de sérieux problèmes. J'en rappellerai deux, l'un général, l'autre particulier.

Le grand problème est celui de l'histoire globale, générale, de la tendance séculaire à une histoire qui ne soit pas seulement universelle, synthétique — vieille entreprise qui va du christianisme antique à l'histori-

cisme allemand du XIXe siècle et aux innombrables
histoires universelles de la vulgarisation historique du
XXe siècle — mais intégrale et parfaite, comme disait
La Popelinière, ou globale, totale comme le soute-
naient les « Annales » de Lucien Febvre et Marc Bloch.

Il y a aujourd'hui une « panhistorisation » que Paul
Veyne considère comme la seconde grande mutation
de la pensée historique depuis l'Antiquité. Après une
première mutation qui, dans l'antiquité grecque, a
amené l'histoire du mythe collectif à la recherche
d'une connaissance désintéressée de la pure vérité, une
seconde mutation, à l'époque actuelle, s'opère parce
que les historiens « ont peu à peu pris conscience du
fait que *tout était digne de l'histoire* : aucune tribu, si
minuscule soit-elle, aucun geste humain, si insignifiant
soit-il en apparence, n'est indigne de la curiosité
historique » (P. Veyne, 1968, p. 424).

Mais cette histoire boulimique est-elle capable de
penser et de structurer cette totalité ? Certains pensent
que le temps de l'histoire en miettes est arrivé. « Nous
vivons l'éclatement de l'histoire », a écrit Pierre Nora,
en fondant en 1971 la collection « Bibliothèque *des*
Histoires ». On pourrait faire *des* histoires, non *une*
histoire. Quant à moi, j'ai réfléchi à la légitimité et aux
limites des « approches multiples en histoire » et à
l'intérêt de prendre pour thèmes de recherche et de
réflexion historiques, à défaut de globalités des objets
globalisants (cf. J. Le Goff et P. Toubert).

Le problème particulier est celui de la nécessité
éprouvée par beaucoup — producteurs ou consommateurs d'histoire — d'un retour à l'histoire politique. Je
crois à cette nécessité, à condition que cette nouvelle
histoire politique soit enrichie par la nouvelle problématique de l'histoire, qu'elle soit une anthropologie
politique historique [134].

Alain Dufour, prenant pour modèle les travaux de Federico Chabod sur l'état milanais au temps de Charles Quint, a plaidé « pour une histoire politique plus moderne » dont le programme serait : « comprendre la naissance des Etats modernes — ou de l'Etat moderne — aux XVIe et XVIIe siècles, en sachant détacher notre attention du prince pour la diriger vers le personnel politique, vers la classe naissante des fonctionnaires, avec son éthique d'un nouveau genre, vers les élites politiques en général dont les aspirations plus ou moins implicites se sont révélées dans telle politique à laquelle on donne traditionnellement le nom du prince qui en est le porte-drapeau » (A. Dufour, p. 20).

Débordant le problème d'une nouvelle histoire politique se pose celui de la place à accorder à l'événement dans l'histoire au double sens du mot. Pierre Nora a montré comment les *medias* contemporains ont créé un nouvel événement et un nouveau statut de l'événement en histoire : c'est « le retour de l'événement ».

Mais ce nouvel événement n'échappe pas à la construction dont résulte tout document historique. Davantage encore, les problèmes qui en résultent sont plus graves aujourd'hui. Dans une remarquable étude, Eliseo Veron vient d'analyser la façon dont les medias aujourd'hui « construisent l'événement ». A propos de l'accident de la centrale nucléaire américaine de Three Miles Island (mars-avril 1979), il montre comment, dans ce cas, qui est caractéristique des événements technologiques de plus en plus nombreux et importants, « il est malaisé de construire un événement d'actualité avec des pompes, des vannes, des turbines et surtout des radiations qu'on ne voit pas ». D'où l'obligation d'une transcription par les medias : « C'est le discours didactique, notamment à la télévision, qui s'est chargé de transcrire le langage des technologies dans celui de l'information ». Mais le discours de l'information par les nombreux medias recèle des dangers de plus en plus grands pour la constitution de la mémoire qui est une des bases de l'histoire : « Si la presse écrite est le lieu d'une multiplicité de modes de construction, la radio suit l'événement et définit le ton, tandis que la télévision fournit les images qui resteront dans la mémoire et assureront l'homogénéisation de l'imaginaire social ». On retrouve ce qu'a toujours été « l'événement » en histoire — aussi bien du point de vue de l'histoire vécue et mémorisée que de l'histoire scientifique à base de documents (parmi lesquels l'événement comme document tient, je le répète, une place essentielle). C'est le produit d'une construction qui engage le sort historique des sociétés et la validité de la vérité historique, fondement du travail histori-que : « Dans la mesure où nos décisions et nos luttes de tous les jours sont, pour l'essentiel, déterminées par le discours de l'information, on voit que l'enjeu est bel et bien celui de l'avenir de nos sociétés » (E. Veron, p. 170).

Sur ce fond de défis et d'interrogations, une crise s'est révélée récemment dans le monde des historiens dont on peut prendre pour expression exemplaire un débat entre deux historiens anglo-saxons, Lawrence Stone et Eric Hobsbawm, publié par *Past and Present*.

Dans l'essai « The Revival of Narrative [135] », Law-rence Stone constate un retour au récit en histoire fondé sur l'échec du modèle déterministe d'explication historique, la déception née des maigres résultats de l'histoire quantitative, des désillusions venues de l'analyse structurale, du caractère traditionnel voire « réactionnaire » de la notion de « mentalité ». Dans la conclusion qui est un sommet d'ambiguïté de cette analyse d'une notion elle-même ambiguë, Lawrence

Stone semble faire des « nouveaux historiens » les
opérateurs des glissements et déplacements de l'histoire qui d'une histoire de type déterministe serait
retournée à l'histoire traditionnelle : « L'histoire narrative et la biographie individuelle paraissent ressusci-
ter d'entre les morts ».

Eric Hobsbawm lui a répondu [136] que les méthodes,
les orientations et les productions de l'histoire « nouvelle » n'étaient en rien des renoncements aux
« grandes questions ni un abandon de la recherche des
causes pour un ralliement au " principe d'indétermina-
tion " ». C'est « la continuation des entreprises historiques du passé par d'autres moyens ».

Eric Hobsbawm a justement souligné que la nouvelle histoire a d'abord des objectifs d'élargissement et
d'approfondissement de l'histoire scientifique. Elle a
sans doute rencontré des problèmes, des limites, et
peut-être des impasses. Mais elle continue d'élargir le
champ et les méthodes de l'histoire et surtout Stone
n'a pas su voir ce qu'il peut y avoir de véritablement
neuf, de « révolutionnaire » dans les orientations
actuelles de l'histoire : la critique du document, la
nouvelle façon de considérer le temps, les nouveaux
rapports entre le « matériel » et le « spirituel », les
analyses du phénomène du pouvoir sous toutes ses
formes, et pas seulement sous l'angle étroitement
politique.

En proposant de considérer les nouvelles orientations de l'histoire comme des modes en voie d'extinc-
tion et abandonnées même par leurs partisans, Stone
n'est pas seulement resté à la superficie du phénomène
mais a fini par se compromettre de façon ambiguë avec
ceux qui voudraient ramener l'histoire au vibrionisme
et au positivisme étroit du passé. Que ceux-ci relèvent
la tête dans le milieu des historiens et aux alentours,

voilà le vrai problème de la crise. Il s'agit d'un problème de société, d'un problème historique au sens « objectif » du mot.

Je voudrais terminer sur une profession de foi et la constatation d'un paradoxe.

La revendication des historiens — malgré la diversité de leurs conceptions et de leurs pratiques — est à la fois modeste et immense. Ils demandent que tout phénomène de l'activité humaine soit étudié et mis en pratique en tenant compte des conditions historiques dans lesquelles il existe ou a existé. Par conditions historiques, il faut entendre la mise en forme de savoir de l'histoire concrète, une connaissance sur la cohérence scientifique de laquelle il y ait un consensus suffisant du milieu professionnel des historiens (même si des désaccords existent entre eux sur les conséquences à en tirer). Il ne s'agit en aucune façon d'*expliquer* le phénomène en question *par* ces conditions historiques, d'invoquer une causalité historique pure, et ce doit être la modestie de la démarche historienne. Mais aussi cette démarche a la prétention de récuser la validité de toute explication et de toute pratique qui négligerait ces conditions historiques. Il faut donc répudier toute forme impérialiste d'historisme — qu'elle se donne pour idéaliste positiviste ou matérialiste ou puisse être donnée pour telle — mais revendiquer avec force la nécessité de la présence du savoir historique dans toute activité scientifique ou toute praxis. Dans le domaine de la science, de l'action sociale, de la politique, de la religion ou de l'art pour prendre quelques champs essentiels, cette présence du savoir historique est indispensable. Sous des formes diverses à coup sûr. Chaque science a son horizon de vérité que l'histoire doit respecter, l'action sociale ou politique ne doit pas avoir sa spontanéité et sa liberté entravées par l'histoire qui n'est pas davantage incompatible avec l'exigence d'éternité et de transcendance du religieux, ni avec les pulsions de la création artistique. Mais, science du temps, l'histoire est une composante indispensable de toute activité dans le temps. Plutôt que de l'être inconsciemment, sous forme d'une mémoire manipulée et déformée, ne vaut-il pas mieux qu'elle le soit sous la forme d'un savoir faillible, imparfait, discutable, jamais parfaitement innocent, mais que sa norme de vérité et ses conditions professionnelles d'élaboration et d'exercice permettent d'appeler scientifique ?

C'est en tout cas, me semble-t-il, une exigence pour l'humanité d'aujourd'hui selon les diverses types de société, de culture, de rapport au passé, d'orientation vers l'avenir qu'elle connaît. Peut-être n'en sera-t-il pas de même dans un avenir plus ou moins lointain. Non parce que le besoin ne se ferait plus sentir d'avoir une science du temps, un savoir vrai sur le temps, mais parce que ce savoir pourrait prendre d'autres formes que celles auxquelles convient le terme d'histoire. Le savoir historique est lui-même dans l'histoire, c'est-à-dire dans l'imprévisible. Il n'en est que plus réel et vrai.

Girolamo Arnaldi, reprenant une idée de Croce dans la *Storia come pensiero e come azione* (*L'histoire comme pensée et comme action*) a affirmé sa confiance dans l'historiographie comme « moyen de libération du passé », dans le fait que « l'historiographie ouvre la voie à une vraie et authentique libération de l'histoire » (G. Arnaldi, 1974). Sans être aussi optimiste que lui, je crois qu'il appartient à l'historien de transformer l'histoire (*res gestae*) de fardeau — comme disait Hegel — en une *historia rerum gestarum* qui fasse de la connaissance du passé un instrument de libération. Je ne revendique ici aucun rôle impérialiste pour le savoir historique. Si je crois indispensable le recours à l'histoire dans l'ensemble des pratiques de la connaissance humaine et de la conscience des sociétés, je crois aussi que ce savoir ne doit pas être une religion et une démission. Il faut rejeter « le culte intégriste de l'histoire » (P. Bourdieu, 1979, p. 124). Je fais miennes les paroles du grand historien polonais Witold Kula : « L'historien se doit — paradoxalement — de lutter contre la fétichisation de l'histoire... La déification des forces historiques, qui conduit à un sentiment généralisé d'impuissance et d'indifférence, devient un véritable danger social ; l'historien doit réagir, en montrant que rien n'est jamais intégralement inscrit d'avance dans la réalité et que l'homme peut modifier les conditions qui lui sont faites » (*L'histoire et ses interprétations*, éd. R. Aron, p. 173).

Le paradoxe vient du contraste entre le succès de l'histoire dans la société et la crise du monde des historiens. Le succès s'explique par le besoin des sociétés de nourrir, je le répète, leur quête d'identité, de s'alimenter à un imaginaire réel, et les sollicitations des *medias* ont fait entrer la production historique dans le mouvement de la société de consommation. Il importerait d'ailleurs d'étudier les conditions et les conséquences de ce qu'Arthur Marwich a justement appelé « l'industrie de l'histoire » (A. Marwick, 1970, Conclusion, p. 240-243).

La crise du monde des historiens sort à la fois des limites et des incertitudes de l'histoire nouvelle, du désenchantement des hommes face aux duretés de l'histoire vécue — tout effort pour rationaliser l'histoire, lui faire offrir de meilleures prises sur son déroulement se heurte au décousu et au tragique des événements, des situations et des évolutions apparentes. Cette crise interne et externe est bien entendu exploitée par les nostalgiques d'une histoire et d'une société se contentant de peu, de quelques dérisoires et illusoires certitudes. Il faut redire avec Lucien Febvre : « L'histoire historisante demande peu. Très peu. Trop peu pour moi, et pour beaucoup d'autres que moi. » C'est la nature même de la science historique d'être étroitement unie à l'histoire vécue dont elle fait partie. Mais on peut, on doit, l'historien le premier, travailler, lutter pour que l'histoire, dans les deux sens du mot, soit *autre*.

NOTES

NOUVELLE PRÉFACE

1. Voir A. Burguière, article « anthropologie historique » dans A. Burguière, éd. *Dictionnaire des Sciences Historiques*, Paris, P.U.F., 1986, pp. 52-60.

PASSÉ/PRÉSENT

1. *J'y vais : je vais y aller.*
2. Il y a aussi le *futur historique* : en 410 les barbares *pilleront* Rome.
3. C'est le cas de l'aoriste, dans le grec ancien : aoriste gnomique.
4. A Miquel. *Un conte des « Mille et une nuits » : « Ajîb et Gharîb »*, Paris, 1977.
5. F. Brunot, *Histoire de la langue française des origines à 1900*, Paris, 1905.
6. P. Imbs, *Les propositions temporelles en Ancien Français. La détermination du moment. Contribution à l'étude du temps grammatical français*, Strasbourg, 1956.
7. E. Benveniste, *Problèmes de linguistique générale*, Paris, 1966.
8. J. Le Goff, article *età mitiche*, in *Storia e Memoria*, 1986, pp. 227-261.
9. F. Heritier, *L'identité samo* in *L'Identité*. Séminaire dirigé par Claude Lévi-Strauss, Paris, 1977.

10. On ne trouvera ici qu'une évocation schématique des attitudes à l'égard du passé et du présent. Pour plus de détails se reporter aux articles *antique/moderne, mémoire,* et *histoire* dans ce volume et aux articles *decadenza, escatologia, età mitiche, progresso/reazione* dans J. Le Goff, *Storia e memoria,* op. cit.

11. J. de Romilly, *Histoire et raison chez Thucydide,* Paris, 1956.

12. M. I. Finley, *Thucydide et l'idée de progrès* in « *Annali della Scuola Normale Superiore di Pisa* », XXXV, II, 1966, pp. 143-191.

13. M. Eliade, *Histoire des croyances et des idées religieuses. II. De Gautama Bouddha au triomphe du christianisme,* Paris, 1978.

14. J. Le Goff, art. *escatologia,* in *Storia e Memoria,* pp. 262-303.

15. Un punto solo m'é maggior letargo
    Che venticinque secoli all'impresa
    Che fè Nettuno ammirar l'ombra d'Argo

trad. de L. Espinasse-Mongeret dans l'édition bilingue intégrale de *la Divine Comédie,* Paris, les Librairies Associées, 1965.

16. Pero, donne gentil, giovani adorni,
    Che vi state a cantare in questo loco,
    Spendete lietamente i vostri giorni,
    Che giovinezza passa a poco a poco...

(Lorenzo il Magnifico, *Opere,* éd. A. Simoni, Bari, 1913-1914, II, p. 201).

17. J. Le Goff, article *Progresso/ Reazione,* in *Storia e Memoria,* pp. 187-224.

18. J. Piaget, ap. J. Cl. Bringuier, *Conversations libres avec Piaget,* 1977, p. 181.

19. Ph. Abrams, « The sense of the past and the origins of sociology » in *Past and Present,* n° 55, 1972, pp. 18-32.

20. P. Nora, art. *Présent,* in *La Nouvelle Histoire,* p. 468.

ANTIQUE (ANCIEN)/MODERNE

1. *Antiqui und Moderni. Traditionsbewusstsein und Fortschrittsbewusstsein im späten Mittelalter, Miscellanea Mediaevalia,* 9, 1974.

2. E Benveniste, *Le vocabulaire des institutions indo-européennes ,* 1968, t. 2, pp. 48-9.

3. « Vertu contre faveur prendra les armes et leur combat montrera que ni l'*antique* valeur ni le cœur italique ne sont encore morts ».

4. « Oh !, la grande valeur des chevaliers *antiques !* ».

5. « C'est une très belle architecture dans toutes ses parties car elle a très bien imité l'*antique.* »

6. « Cette dignité que l'on admire dans toutes ces proses. »

7. *Apologia contra cuiusdam anonymi Galli calumnias in Opera omkia*, Bâle, 1554, p. 1187.

8. *La littérature européenne et le Moyen Âge latin*, trad. frse, 1856, p. 30.

9. J. Chailley, *Histoire musicale du Moyen Âge*, 2ᵉ éd., 1969, p. 143.

10. « Celui qui a ressuscité le moderne et bon art de la peinture. »

11. *Les gens d'aujourd'hui ou les talents modernes non inférieurs à ceux du passé.*

12. *Panégyrique du savoir moderne comparé à l'ancien.*

13. *Essai sur le savoir ancien et moderne.*

14. *L'art nouveau en Europe*, Paris, 1965.

15. *Dimensions du xxᵉ siècle*, Genève, 1965.

16. *Langages arabes du présent*, p. 290.

17. *Ibid.*, pp. 292-3.

18. *Tradition et modernisme en Afrique noire*, p. 31.

19. *Ibid.*, p. 45.

20. *La civilisation indienne et nous*, p. 36.

21. *Ibid.*, pp. 72-73.

22. Paris, 1962.

23. *Les désillusions du progrès*, p. 287.

24. *Secularization, modernization and economic development* in S. N. Eisenstadt, *The Protestant Ethic and Modernization...* p. 354.

25. *Introduction à la modernité : la femme moderne*, p. 152-158.

26. *Ibid.*

27. *L'avènement de la société moderne*, p. 16.

28. *Les désillusions du progrès*, p. 298.

29. *Ibid.*, p. 287.

30. K. S. Sherrill, in *Comparative Politics*, janvier 1969.

31. *L'Esprit du Temps. Une mythologie moderne*, pp. 119-121.

32. Introduction à la modernité, p. 172.

33. La tradition du nouveau, p. 37.

34. *Ibid.*, p. 35.

MÉMOIRE

1. C. Flores, article *Mémoire* in *Encyclopædia Universalis*.

2. J. Piaget in *La mémoire. Symposium de l'Association de Psychologie scientifique de langue française*, Paris, P.U.F., 1970.

3. C. Flores, p. 12.

4. *Ibid.*

5. H. Ey « Les troubles de la mémoire » in *Etudes psychiatriques*, vol. II, n° 9, Paris, 1956 et *Psychopathology of Memory*, Symposium, Tallard éd., Boston, 1967.

6. *L'Homme*, 1977, p. 3-5.

7. Cf. *infra*, F. Jacob, p. 166-168

8. A. Lieury, in *E. U.*, 1971, p. 789.

9. *Le Geste et la Parole*, II, p. 65.

10. *L'Homme*, 1977, p. 35.

11. *L'Homme*, 1977, p. 45.

12. *La vie quotidienne au royaume de Kongo*, p. 15.

13. *Byzance noire*, trad. frse, p. 127.

14. *L'exotique est quotidien.*

15. *La vie quotidienne au royaume de Kongo*, p. 227.

16. *Anthropologiques*, p. 207.

17. *La mémoire et les rythmes*, p. 66.

18. *L'Homme*, 1977, p. 38.

19. *L'Homme*, 1977, p. 34.

20. Ch. Samaran, éd., *L'histoire et ses méthodes*, p. 453.

21. J. Deshayes, *Les civilisations de l'Orient ancien*, Paris, 1969, p. 587 et 613, et les ouvrages de E. Budge et L. W. King, *Annals of the Kings of Assyria*, Londres, 1902. D. D. Luckenbill, *The Annals of Sennacherib*, Chicago, 1924, et les inscriptions royales publiées par E. Ebeling, B. Meissner et E. Weidner, *Die Inschriften der altassyrischen Könige*, Leipzig, 1926.

22. F. Daumas, *La civilisation de l'Egypte pharaonique*, Paris, 1965.

23. Ch. Samaran, éd., *L'histoire et ses méthodes*, p. 454.

24. J. Le Goff, article *documento/monumento* in *Enciclopedia Einaudi*, 5, 1978, pp. 38-48.

25. J. Goody, *La raison graphique*, p. 145.

26. *Le geste et la parole : I. La mémoire et les rythmes*, p. 67-8.

27. *Ibid.*, p. 68.

28. Cf. article *Histoire*.

29. F. Daumas, *La civilisation de l'Egypte pharaonique*, p. 579.

30. D. et V. Elisseeff, *La civilisation de la Chine classique*, Paris, Arthaud, 1979, p. 50.

31. *La raison graphique*, p. 192-3.

32. *La raison graphique*, p. 178.

33. A. M. Gardiner, *Ancient Egyptian Onomastica*, Londres, 1947, p. 38.

34. L. Gernet, *Anthropologie de la Grèce antique*, p. 285.

35. Article *Mnémosyne* in Pauly-Wissowa, *Real-Encyclopädie der classischen Altertumswissenschaft*.

36. M. Detienne, *Les maîtres de vérité dans la Grèce archaïque*, Paris, 1967.

37. J. Le Goff, article *Escatologia*, in *Enciclopedia Einaudi*, V, 1978, pp. 712-746.

38. F. Yates, *L'Art de la mémoire*, pp. 13 et 39 sqq.

39. F. Yates, *The ciceronian art of memory*, in *Medioevo e Rinascimento. Studi in onore di Bruno Nardi*, vol. II, Florence, 1955, pp. 871-899.

40. C. Meier, *Vergessen. Erinnern. Gedächtinis im Gott-Mensch-Bezug* in H. Fromin, éd., *Verbum et Signum*, vol. 1, Munich, 1975, pp. 193-194.

41. Yahvé rendit Miryam lépreuse parce qu'elle avait parlé contre Moïse.

42. *Confessions*, X, 8, cité par F. Yates, pp. 58-59.

43. G. R. Evans, « *Interior homo* ». Two great Monastic Scholars of the Soul : St Anselm and Ailred of Rievaulx in *Studia Monastica*, 1977, pp. 57-74.

44. H. Leclercq, article *Memoria*, in *Dictionnaire d'archéologie chrétienne et de liturgie*, XI/I. Paris, 1933, coll. 296-324.

45. W. Dürig, *Geburtstag und Namenstag, eine liturgiegeschichtliche Studie*, Munich, 1954.

46. A. M. Bautier, Typologie des ex-votos mentionnés dans les textes antérieurs à 1200 in *Actes du 99ᵉ Congrès National des Sociétés Savantes*, vol. I, Paris, 1977, pp. 237-282.

47. *Mélanges historiques*, t. I, Paris, 1963, p. 478.

48. R. H. Bautier, *Les archives* in Ch. Samaran, éd., *L'histoire et ses méthodes*, Encyclopédie de la Pléiade, XI, Paris, 1961.

49. *Essai de poétique médiévale*, Paris, 1972, p. 324.

50. *Les écoles et l'enseignement dans l'Occident chrétien de la fin du vᵉ siècle au milieu du xiᵉ*, Paris, 1979, p. 218.

51. Alcuin, *De Rhetorica*, éd. Halm, p. 545-548.

52. *Ibid.*, p. 218.

53. *De Universo* in *Patrologie latine*, p. 141, col. 335.

54. Boncompagno, *Rhetorica Novissima*, éd. A. Gaudenzi, Bologne, 1841, p. 255.

55. p. 277 de l'édition Gaudenzi.

56. *Summa Theologiae*, II, II, Quaestio LXVIII : De partibus Prudentiae Quaestio XLIX. *De singulis prudentiae partibus*, articulus 1 : *utrum memoria sit pars prudentiae*.

57. Ed. Froben, *Opera*, 1540, I, p. 466, Cf. Haijdu, *Das mnemotechnische Schriftum des Mittelalters*, Vienne, 1936.

58. Vico, *De l'antique sagesse de l'Italie*, trad. J. Michelet in *Œuvres Complètes*, I, Paris, Flammarion, 1971, pp. 410-11.

59. P. Bourdieu, *Un art moyen. Essai sur les usages sociaux de la photographie*, Paris, 1965, pp. 53-54.

60. P. Demarne et M. Rouquerol, *Ordinateurs électroniques*, Paris, 1959, p. 5-6.

61. *Ibid.*, p. 12.

62. *Ibid.*, fig. 10, p. 28.

63. *Ibid.*, p. 83.

64. J. Le Goff, article *documento/monumento*, in *Enciclopedia Einaudi*, 5, 1978, pp. 38-48.

65. Voir la grande entreprise dirigée par Pierre Nora, *Les lieux de mémoire*, Paris, Gallimard, tome I. *La République*, 1984, t. II, *La nation*, 3 vol. t. III, *La France* (à paraître) qui marque un moment important de l'historiographie de la France.

66. Mais celle-ci s'est modernisée et continue à le faire.

67. Ph. Joutard, *La légende des Camisards, une sensibilité au passé*, 1977.

68. G. Mansuelli, *Les civilisations de l'Europe ancienne*, Paris, 1967, pp. 139-140.

69. *Anthropo-logiques*, p. 195.

HISTOIRE

1. E. Benveniste, *Le vocabulaire des institutions indo-européennes*, Paris, 1969, t. II, p. 173-174 — F. Hartog, *Le miroir d'Hérodote*, 1980.

2. C. Lefort, Société « sans histoire » et historicité in *Les formes de l'histoire*, p. 30 sqq.

3. P. Ricœur, Histoire de la philosophie et historicité in *L'Histoire et ses interprétations*, pp. 224-225.

4. Par exemple E. Le Roy Ladurie, *Histoire du climat depuis l'An Mil*, Paris, 1977.

5. Cité par E. Labrousse, *Ordres et classes. Colloque d'histoire sociale, Saint-Cloud, 20-25 mai 1967*, Mouton, Paris, 1973, p. 3.

6. Cf. The constitution of the Historical Past, *History and Theory*, Beiheft 16, 1977.

7. Callot, *Ambiguïtés et antinomies de l'histoire et de sa philosophie*, Paris, 1962.

8. J. Prawer, *The Latin Kingdom of Jerusalem : European Colonialism in the Middle Ages*, Londres, 1972.

9. Cf. J. Le Goff, article *Passé/Présent*.

10. G. Falco, *La Santa romana repubblica. Profilo storico del Medioevo*, Naples, 1942.

11. Hexter, *Reapprisals in History*, Evanston, Londres, 1961.

12. Debbins, *Essays in the Philosophy of History*, Austin, 1965.

13. Voir notamment D. Junker et P. Reisinger, G. Leff, Ch. VI, Objectivity, p. 120-129, J. A. Passmore, Ch. Blake, Can History be objective ? in P. Gardiner, éd. *Theories of History*, 1959.

14. Gesammelte Aufsätze zur Wissenschaftslehre, 3ᵉ éd. 1958, p. 177, cité par W. Mommsen, p. 20.

15. V. K. Dibble, Four types of inference from documents to events in *History and Theory*, 34, pp. 203-221.

16. Cf. W. B. Gallie, The Historical Understanding in *History and Theory*, 3, pp. 150-172.

17. W. Dray, *Laws and Explanation in History*, Londres, 1957, cf. S. H. Beer, Causal explanation and imaginative re-enactment in *History and Theory*, 3, 1963.

18. P. Beglar, « Historia del mundo y Reino de Dios » in *Scripta Theologica*, VII, 1975, p. 285.

19. Cf. J. Le Goff, article *Escatologia* in *Enciclopedia Einaudi*, V, Turin, 1978, pp. 712-746.

20. Cf. J. Le Goff, article *Decadenza* in *Enciclopedia Einaudi*, IV, Turin, 1978, pp. 389-420.

21. J'ai montré ailleurs (article *progresso/reazione* in *Enciclopedia Einaudi*, X) la renaissance, le triomphe et la critique de la notion de progrès. Je n'exposerai ici que quelques remarques sur le progrès technologique.

22. B. Gille, *Histoire des techniques*, Paris, 1978, p. VIII sqq.

23. Cf. M. Vovelle, L'histoire et la longue durée in *Dictionnaire de l'Histoire Nouvelle*, éd. J. Le Goff, p. 316 sqq.

24. R. Chartier, article *Révolution*, Ibid, p. 497.

25. G. Lichtheim, article *Historiography :* Historical and Dialectical Materialism in *Dictionary of the History of Ideas*, II, pp. 450-456.

26. *Sociology in its Place, and Other Essays*, Londres, 1970, p. 10.

27. J. Topolski, Methodology of History, *The Process of History (Historical Regularities)*, pp. 275-304.

28. *De la probabilité en histoire. L'exemple de l'expédition d'Egypte*, Paris, 1952. Cf. J. Basadre, *El azar en la Historia y sus limites*. Lima, 1973.

29. Le Hasard. Son rôle dans l'histoire des sociétés, in *Annales E.S.C.*, 1967.

30. J. Le Goff, *La naissance du Purgatoire*, Paris, 1981.

31. J. Lecuir, Enquête sur les héros de l'histoire de France, in *l'Histoire*, n° 33, avril 1981, pp. 102-112.

32. Le roman historique, n° spécial de *La Nouvelle Revue Française*, n° 238, octobre 1972.

33. R. F. Driver, *The Sense of History in Greek and Shakespearian Drama*, New York, 1960.

34. J. Fouquet, Les dossiers du département des peintures du Musée du Louvre, n° 22, Paris, 1981.

35. 3 vol. Bari, 1966-7. Voir le compte rendu d'A. Momigliano in *Rivista Storica Italiana*, 79, 1967, pp. 206-219.

36. L. Dumont, *Homo hierarchicus*, Paris, 1966.

37. D. Fabre, article *Mythe* in *Dictionnaire de l'Histoire Nouvelle*, J. Le Goff, éd.

38. M. Détienne, Le mythe in *Faire de l'Histoire*, éd. J. Le Goff et P. Nora, III, p. 74.

39. A. Miquel, *Un conte des mille et une nuits : Ajîb et Gharîb*, Paris, 1977.

40. *Les cadres sociaux de la mémoire*, Paris, 1925, *La mémoire collective*, 1950.

41. A. Christensen, *Les gestes des rois. The Idea of History in the Ancient Near East*, Paris, 1936.

42. Sur les annales hittites, Cf. *Saeculum*, 6, 1955.

43. Cf. G. Hölscher, *Die Anfänge der Hebräischen Geschichtsschreibung*, Heidelberg, 1942.

44. G. F. Chesnut, *The first Christian Histories : Eusebius, Socrates, Sozames, Theodoret and Evagrius*, Paris, 1978, p. 233 et 241.

45. H. Butterfield, article *Historiography* in *Dictionary of the History of Ideas*, II, p. 466.

46. J. Gernet, « Ecrit et histoire en Chine », in *Journal de Psychologie*, 1959, pp. 31-40.

47. A. Miquel, *L'Islam et sa civilisation, VIIᵉ-XXᵉ siècles*, Paris, 1968, p. 155.

48. A. Miquel, c. r. de F. Gabrieli, *L'Islam nella storia. Saggi di storia e storiografia mussulmana*, in *Revue Historique*, CCXXXVIII, 1967, pp. 460-2.

49. A. Momigliano, The lonely historian Ammianus Marcellinus in *Essays in Ancient and Modern Historiography*, pp. 127-140.

50. A. Momigliano, *Time in ancient historiography* in *Essays in Ancient and Modern Historiography*, pp. 179-204. P. Vidal-Naquet, 1960.

51. Cf. *infra*, pp. 66-68.

52. G. F. Chesnut, *The First Christian Histories*, 1978, p. 244.

53. A. D. Von den Brincken, *Studien zur lateinische Welchronistik bis in das Zeitalter Ottos von Freising*. Düsseldorf, 1957.

54. Cf. *Historia scolastica* de Pierre le Mangeur, v. 1170.

55. B. Guenée, Les généalogies entre l'histoire et la politique : la fierté d'être Capétien, en France, au Moyen Âge in *Annales E.S.C.*, 1978, pp. 450-477.

56. A. Paravicini-Bagliani, « La storiografia pontificia del secolo XIII », in *Römische Historische Mitteilungen*.

57. G. Arnaldi, *Studi sui cronisti della marca trevigiana nell'età di Ezzelino da Romano*, Roma, 1963, pp. 85-107.

58. N. Rubinstein, « The beginnings of political thought in Florence », in *Journal of the Warburg and Courtauld Institutes*, V, 1942,

pp. 198-227. — A. Del Monte, « Istoriografia fiorentina dei secoli *XII-XIII* » in *Bollettino dell' Istituto Storico Italiano per il Medio Evo*. LXII, 1950, pp. 175-282.

59. G. Bali, « La storiografia genovese fino al secolo XV », in *Studi sul Medioevo cristiano offerti a Raffaello Morghen*, Rome, 1974.

60. G. Martini, « Lo spirito cittadino e le origini della storiografia comunale lombarda » in *Nuova Rivista Storica*, LIV, 1970, pp. 1-22.

61. Montaigne, *Essais*, II, 10, *Des livres*, textes dans J. Ehrard et G. Palmade, pp. 117-119.

62. B. Bucher, La sauvage aux seins pendants, Paris, 1977, pp. 227-228.

63. G. Arnaldi, *Il notaio-cronista e le cronache cittadine in Italia* in Atti del primo congresso internazionale della Società Italiana di Storia del Diritto, Firenze, 1966, pp. 293-309.

64. Voltaire, *Essai sur les mœurs*, ch. XCIV.

65. Cf. J. Le Goff, article *Progresso/reazione*, in *Enciclopedia Einaudi*, X.

66. Cours d'Histoire Moderne : Histoire de la civilisation en Europe depuis la chute de l'Empire romain jusqu'à la Révolution Française. 1828, 7e leçon, cité par Ehrard et Palmade, p. 211.

67. Lettre à J. Weydemayer, 5 mars 1852, citée par Ehrard et Palmade, p. 59.

68. De la Démocratie en Amérique, 1836-39 ; *L'Ancien Régime et la Révolution*, 1856.

69. J. de Romilly, *Thucydide et l'impérialisme athénien*, Paris, 1947. *Histoire et raison chez Thucydide*, Paris, 1956.

70. A. Taleb, Lettres de prison, Fresnes, 10 décembre 1959, éd. Alger, 1966.

71. Cf. J. Le Goff, article *Decadenza* in *Enciclopedia Einaudi*, IV, pp. 389-420.

72. G. H. Nadel, Philosophy of History before Historicism, in *History and Theory*, 3, pp. 291-315.

73. *Zeitschfrift für geschichtliche Rechtswissenschaft*, 1, 1815, p. 4.

74. *Geschichte der romanischen und germanischen Völker*, 1824, éd. 1957, p. 4.

75. M. Yardeni, La conception de l'histoire dans l'œuvre de La Popelinière, in *Revue d'Histoire Moderne et Contemporaine*, XI, 1964, pp. 109-126.

76. A. Momigliano, Vico's Scienza Nuova... in *Essays*, pp. 255-256.

77. Etude sur Vico in *Le Devenir Social*, 1896.

78. H. B. Adams, New Methods of Study in History in *Johns Hopkins University Studies in History and Political Science*, II, 1884.

79. F. Chabod, Uno storico tedesco contemporaneo : Federico Meinecke, in *Nuova Rivista storica*, XI, 1927.

80. E. Simon, Ranke und Hegel, *Historische Zeitschrift*, Beiheft 15, 1928.

81. Cf. infra la critique de cette conception par Althusser.

82. *Il materialismo storico e la filosofia di Benedetto Croce*, p. 216.

83. Teoria e storia della storiografia, p. 92-93 cité par F. Chabod, *Croce storico*, p. 102.

84. A. Momigliano, Reconsidering B. Croce (1866-1952) in *Essays*, p. 355.

85. D. Cantimori, Storia e storiografia in Benedetto Croce, in *Storici e Storia*, p. 402.

86. L. Althusser et E. Balibar, *Lire le Capital*, II, p. 74.

87. Gramsci, *Il materialismo storico...*, p. 159.

88. L. Althusser, *Lire le Capital*, II, L'objet du *Capital*. V. Le marxisme n'est pas un historicisme, pp. 73-108.

89. L. Althusser, *Lire le Capital*, II, p. 92.

90. G. della Volpe, *Logica come scienza storica*, Roma, 1969, p. 317.

91. Cf. J. Le Goff, article *Decadenza* in *Enciclopedia Einaudi*, IV.

92. M. Crubellier, in *L'Histoire et ses interprétations*, éd. R. Aron, p. 85 sqq.

93. *L'Histoire et ses interprétations*, p. 76.

94. Publié dans la *Revue de Synthèse Historique*, mai-juin 1901, cité par Ehrard-Palmade, p. 322, n. 1 — Cf. J. Herrick, 1954.

95. P. M. Duval, « Archéologie antique » in Ch. Samaran, éd. *L'histoire et ses méthodes* in *Encyclopédie de la Pléiade*, Paris, 1961, p. 255.

96. A. Schnapp, *L'archéologie aujourd'hui*, 1980, M. I. Finley, 1971.

97. J. M. Pesez, article *Histoire de la culture matérielle* in *Dictionnaire de l'Histoire nouvelle*, éd. J. Le Goff, p. 130, et article de R. Bucaille et J. M. Pesez, *Cultura materiale* in *Enciclopedia Einaudi*.

98. L'opération historique, in J. Le Goff et P. Nora, éd. *Faire de l'Histoire*, I, p. 27.

99. J. Bollack, *La lettre d'Epicure*, Paris.

100. Cf. J. Le Goff, article *Documento/Monumento*, in *Enciclopedia Einaudi*, IV et H. R. Immerwahr, « Ergon » — History as a Monument in Herodotus and Thucydides in *American Journal of Philology*, 81, 1960, pp. 261-290.

101. Cf. J. Lacouture, *L'histoire immédiate* in *Dictionnaire de l'histoire nouvelle*, J. Le Goff éd. pp. 270-293. — P. Nora, *Le retour de l'événement* in *Faire de l'Histoire*, J. Le Goff et P. Nora, éd. I, pp. 210-228.

102. A. Momigliano, « Tradition and the classical Historian » in *Essays in Ancient and Modern Historiography*, pp. 161-163.

103. Nam quis nescit primam esse historiae legem, ne quid falsi audeat ? deinde ne quid veri non audeat ?. *De oratore*, II, 62.

104. « Historia vero testis temporum, lux veritatis, vita memoriae, magistra vitae, nuntia vetustatis, qua voce alia nisi oratoris immortalitati commendatur ? » *De oratore*, II, 36, cité par R. Koselleck, « Historia magistra vitae. Über die Auflösung des Topos in Horizont neuzeitlich bewegter Geschichte » in *Natur und Geschichte. Festschrift für K. Löwith*, Stuttgart, 1967, pp. 196-219.

105. G. F. Chesnut, *The First Christian Histories : Eusepius, Socrates, Sozomen, Theodoret and Evagrius*, 1978, p. 245.

106. *Chronicon* 426, 428, 429, 432, 439, 445, 454.

107. *Opera de temporibus*, éd. Ch. Jones, p. 303.

108. A. Borst, *Geschichte an mittelalterlichen Universitäten*, Constance, 1969.

109. *Fundamentum omnis doctrinae* in *De tribus maximis circumstanciis gestorum* éd. W. M. Green in *Speculum*, 1943, p. 491.

110. Cf. J. Le Goff, article *Calendario*, in *Enciclopedia Einaudi*, III.

111. D. Kelley, De origine feudorum. The Beginnings of an Historical Problem in *Speculum* 39, 1964, pp. 207-228.

112. *La crise de la conscience européenne (1680-1715)*, Paris, 1925, I, p. 66.

113. G. Tessier, *Diplomatique* in *L'Histoire et ses méthodes* éd. Ch. Samaran, p. 641.

114. *Encyclopaedia Universalis*, vol. 8, p. 432.

115. *Corrispondenza tra Muratori e Leibniz*, éd. M. Campori, 1892.

116. Histoire marxiste, histoire en construction, in *Annales E.S.C.*, 1973.

117. Marxisme et histoire nouvelle in *La Nouvelle Histoire*, éd. J. Le Goff, pp. 375-393.

118. *La Ricerca storica marxista in Italia*, Editore Riuniti, 1974.

119. *Symbole, Fonction, Histoire. Les interrogations de l'anthropologie*, Paris, 1979, p. 170.

120. F. Furet, L'histoire et l' « homme sauvage ». J. Le Goff, L'historien et l'homme quotidien in *L'historien entre l'ethnologue et le futurologue* (Venise, 1981), pp. 231-250 repris dans les *Mélanges Fernand Braudel*, 1972.

121. Ph. Ariès, *L'enfant et la vie familiale sous l'Ancien Régime*, Paris, 1960 — L. de Mause, éd. *The History of Childhood*, New York, 1974.

122. *La Logique du vivant*, pp. 18-19.

123. *De la biologie à la culture*, Paris, 1977.

124. *Sociobiology*, Cambridge, Mass. 1977.

125. A. Nitschke, Ziele und Methoden historischer Verhaltensforschung in *Historische Zeitschrift*, Beiheft, 3, *Methodenprobleme der Geschichtswissenschaft*, éd. Th. Schieder, pp. 74-97 et *Historische Verhaltensforschung*, Stuttgart, 1981.

126. Cf. l'ouvrage exemplaire de P. Goubert, *Beauvais et le Beauvai-*

sis de 1600 à 1730, Paris, réédité sous le titre *Cent mille provinciaux au XVIIᵉ siècle*, 1968.

127. *Esquisse du mouvement des prix et des revenus en France au XVIIIᵉ siècle*, Paris, 1933.

128. *Ethnocentrisme et Histoire. L'Afrique, l'Amérique indienne et l'Asie dans les manuels occidentaux*, Paris, Anthropos, 1975.

129. L. H. Morgan, *Ancient Society*, 1877.

130. *Comment on raconte l'Histoire aux enfants à travers le monde entier*, Paris, Payot, 1981.

131. *Ibid.*, p. 7.

132. Cf. pour l'Afrique noire Assorodobraj, 1967.

133. C. Backes-Clément, *Cl. Lévi-Strauss ou La structure et le malheur*, 2ᵉ éd. 1974, p. 141.

134. J. Le Goff, 1971, maintenant en français dans J. Le Goff, *L'imaginaire médiéval*, Paris, 1985, pp. 333-349.

135. *Past and Present*, nᵒ 85, 1979, trad. frse ; Retour au récit ou réflexion sur une nouvelle vieille histoire, in *Le Débat*, nᵒ 4, septembre 1980, pp. 116-142.

136. The Revival of Narrative : some comments in *Past and Present*, nᵒ 86, 1980, pp. 3-8.

BIBLIOGRAPHIE

I — *Bibliographie de l'édition italienne**
(*Antique/Moderne*, 1977 ; *Mémoire*, 1979 ; *Passé/Présent*, 1980 ; *Histoire*, 1981).

II — *Supplément bibliographique***

---

* La première date avant le titre d'un ouvrage ou d'un article est celle de la première édition dans la langue originale.

** Ce supplément comprend : a) des travaux postérieurs à la bibliographie de l'édition italienne ; b) des travaux que je n'avais pas utilisés pour l'édition italienne mais qui permettent d'élargir la réflexion.

BIBLIOGRAPHIE

AGULHON, M.
1978, La statuomanie et l'histoire, in *Ethnologie Française*.

ALLEGRA, L. et TORRE, A.
1977, *La nascita della storia sociale in Francia. Dalla Comune alle « Annales »*, Fondazione Luigi Einaudi, Turin.

AMALVI, C.
1979, *Les héros de l'histoire de France*, Paris, Phot'œil, 1979.

ANTONI, C.
1957, *Lo storicismo*, Eri, Turin.

ARIES, Ph.
1954/2, *Le temps de l'histoire*, Monaco, Ed. du Rocher, 1986, Paris, Seuil (préface de R. Chartier).
1977, *L'homme devant la mort*, Seuil, Paris.
1980, *Un historien du dimanche*, Paris, Seuil.

ARNALDI, G.
1966, Il notaio-cronista e le cronache cittadine in Italia, in *La storia del diritto nel quadro delle scienze storiche*. Atti del I Congresso internazionale della Società italiana di storia del diritto, Olschki, Florence, pp. 293-309.
1974, La storiografia come mezzo di liberazione dal passato, in F. L. Cavazza et S. R. Graubard, éd. *Il caso italiano, Italia anni' 70*, Garzanti, Milano, pp. 553-562.

ARON, R.

1938a, *Introduction à la philosophie de l'histoire : essai sur les limites de l'objectivité historique*, Gallimard, Paris, nelle éd. 1986.

1938b, *La philosophie critique de l'histoire. Essai sur une théorie allemande de l'histoire*, Vrin, Paris, 1964 3, nelle éd. Julliard, 1987.

1961a, *Dimensions de la conscience historique*, Plon, Paris, Agora éd. 1985.

1969, *Les désillusions du progrès*. Essai sur la dialectique de la modernité, Calmann-Lévy, Paris.

ASSORODOBRAJ, N.

1967, Le rôle de l'histoire dans la prise de conscience nationale en Afrique occidentale, in *Africana Bulletin*, n° 7, pp. 9-47.

AUGE, M.

1979, *Symbole, fonction, histoire. Les interrogations de l'anthropologie*, Hachette, Paris.

BARON, H.

1932, Das Erwachen des historischen Denkens im Humanismus des Quattrocento, in *Historische Zeitschrift*, CXLVII, I, pp. 5-20.

BARRACLOUGH, G.

1955, *History in a Changing World*, Blackwell, Oxford.

BARTHES, R.

1964-65, L'ancienne rhétorique, aide-mémoire, in *Communications*, n. 16 (1970), pp. 172-229.

1967, Le discours de l'histoire, in *Informations sur les sciences sociales*, VI, 4, pp. 65-75.

BAUDELAIRE, Ch.

1863, *Le peintre de la vie moderne*, in « Le Figaro », 26 et 29 novembre, 3 décembre.

BAZIN, J.

1979, La production d'un récit historique, in *Cahiers d'études africaines*, XIX, 73-76, pp. 435-83.

BENVENISTE, E.

1959, Les relations de temps dans le verbe français, in *Bulletin de la Société de Linguistique*, LIV. fasc. I, repris dans *Problèmes de linguistique générale*, Gallimard, Paris, pp. 237-50, 1966.

BERDJAEV, N.

1923, *Le sens de l'histoire humaine*, Paris, 1948.

BERGER, G.

1964, *Phénoménologie du temps et prospective*, P.U.F., Paris.

BERLIN, I.

1954, Historical Inevitability, in *Four Essays on Liberty*, Oxford, 1969.

BERQUE, J.

1970, *L'Orient second*, Gallimard, Paris.

BERR, H.

1910, *La Synthèse en histoire. Son rapport avec la synthèse générale*, nlle éd. Paris, 1953.

BERVEILLER, M.

1971, « Modernismo », in *Encyclopaedia Universalis*, vol. XI, Paris, pp. 138-39.

BESANÇON, A.

1967, *Le tsarévitch immolé*, Paris.

1974, éd. *L'histoire psychanalytique. Une anthologie*, Paris.

BLAKE, C.

1959, Can History be objective ? in P. Gardiner, éd. *Theories of History*, Free Press, Glencoe, Ill.

BLOCH, M.

(1941-1942), *Apologie pour l'histoire ou métier d'historien*, Paris, 1949, 1974 7.

BOGART, L.

1968, *The Age of Television*, Ungar, New York, 1968 3.

BOIS, G.

1978, *Marxisme et histoire nouvelle*, in Le Goff, Chartier et Revel, 1978, pp. 375-93.

BONAPARTE, M.
1939, L'inconscient et le temps, in *Revue Française de Psychanalyse*, XI, p. 61-105.

BORST, A.
1969, *Geschichte an mittelalterlichen Universitäten*. Universitätsverlag, Konstanz.

BOURDIEU, P.
1979, *La distinction. Critique sociale du jugement*, Minuit, Paris.

BOUSQUET, G. H.
1967, Le hasard. Son rôle dans l'histoire des sociétés, in *Annales. E.S.C.*, XXII, 1-3, pp. 419-28.

BRASSLOFF.
1901, Article *Damnatio Memoriae* in Paulny-Wissowa *Realencyclopädie der classischen Altertumswissenschaft*. 8/2, col. 2059-2062.

BRAUDEL, F.
1949, *La Méditerranée et le monde méditerranéen à l'époque de Philippe II*, Colin, Paris, 1979 4.
1958, Histoire et sciences sociales. La longue durée, in *Annales E.S.C.*, XIII, 4, pp. 725-53 ; repris dans *Ecrits sur l'histoire*, Flammarion, Paris, 1969, pp. 41-83.
1967, *Civilisation matérielle, économique et capitalisme*, 3 vol. Colin, Paris, 1979 2.

BROWN, P.
1967, *La vie de saint Augustin*, trad. de l'anglais, Paris, Seuil, 1971.

BURCKHARDT, J.
1949, trad. de l'allemand. *Considérations sur l'histoire universelle*, Genève, 1965, Paris, 1971.

BURGUIERE, A.
1980, Anthropologie historique, in *Encyclopaedia Universalis*, Organum-Corpus, t. I, Paris, pp. 157-70.

BURKE, P.
1969, *The Renaissance Sense of the Past*, Arnold, London.

BUTTERFIELD, H.
1955, *Man on his Past : The Study of the History of Historical Writing*, Cambridge.
1973, Historiography, in Ph. P. Wiener, éd. *Dictionary of the History of Ideas. Studies of Selected Pivotal Ideas*, vol. II, Scribner's, New York, pp. 464-98.

CANTIMORI, D.
1945, *Storici e storia. Metodo, caratteristiche, significato del lavoro storiografico*. Einaudi, 1978 2, pp. 495-535.

CAPITANI, O.
1979, *Medioevo passato prossimo. Appunti storiografici : tra due guerre e molte crisi*, Il Mulino, Bologne.

CAPONIGRE, A. R.
1953, *Time and Idea : the Theory of History* in G. B. Vico, Chicago.

CARR, E. H.
1961, *What is History ?*, Macmillan, London.

CEDRONIO, M. et autres
1977, *Storiografia francese di ieri e di oggi*, Guida, Napoli.

CERTEAU, M. de
1970, Faire de l'histoire, in *Recherches de science religieuse*, LVIII, pp. 481-520.
1974, L'opération historique, in J. Le Goff et P. Nora éd. *Faire de l'histoire, I. Nouveaux problèmes*, Gallimard, Paris, pp. 3-41.
1975, *L'écriture de l'histoire*, Gallimard, Paris.

CHABOD, F.
1927, *Lezioni di metodo storico*, Laterza, Bari, 1972 2, pp. 257-78.
1943-47, *L'idea di nazione*, Laterza, Bari, 1974 4.

CHANGEUX, J.-P.
1974, Discussion — J.-P. Changeux — A. Danchin, *Apprendre par stabilisation sélective de synapses en cours de développement*, in Morin et Piattelli Palmarini, pp. 351-57.

CHATELET, F.
1962, *La naissance de l'histoire. La formation de la pensée historienne en Grèce*, Minuit, Paris.

CHESNEAUX, J.
1976, *Du passé faisons table rase ? A propos de l'histoire et des historiens*, Maspéro, Paris.

CHILDE, V. G.
1953, *What is History ?*, Schuman, New York.

CHILDS, B. S.
1962, *Memory and Tradition in Israel*, S.C.M. Press, Londres.

CLANCHY, M. T.
1979, *From Memory to Written Record. England 1066-1307*, Arnold, Londres.

COHEN, G. A.
1978, *Karl Marx's Theory of History*, Oxford.

COLLINGWOOD, R. G.
1932, *The idea of History*, Clarendon Press, Oxford, 1946.

CONDOMINAS, G.
1965, *L'exotique est quotidien*, Plon, Paris.

CONZE, W. éd.
1972, *Theorie der Geschichtswissenschaft und Praxis des Geschichtsunterrichts*, Stuttgart.

CORDOLIANI, A.
1961, Comput, chronologie, calendriers, in Ch. Samaran, éd. L'histoire et ses méthodes, in *Encyclopédie de la Pléiade*, vol. XI, Gallimard, Paris, pp. 37-51.

CROCE, B.
1915, *Théorie et histoire de l'historiographie*, trad. frse. Paris, Droz, 1978.
1938, *L'histoire comme pensée et comme action*, trad. frse., Genève, Droz, 1968.

DAHL, N. A.
1948, Anamnesis. Mémoire et commémoration dans le christianisme primitif, in *Studia Theologica*, I, 4, pp. 69-95.

DAINVILLE, F. de
1954, L'enseignement de l'histoire et de la géographie et la
« ratio studiorum », in *Studi sulla Chiesa antica e sull'*
Umanesimo. Analecta gregoriana, LXX, pp. 427-54.

DIAZ, F.
1958, *Voltaire storico*, Turin, Einaudi.

DRAY, W. H.
1957, *Law and Explanation in History*, Oxford University
Press, London.

DUBY, G.
1967, *Remarques sur la littérature généalogique en France des*
XIe et XIIe siècles, repris dans *Hommes et structures du Moyen*
Âge, Mouton — De Gruyter, Paris, 1979, pp. 287-98.
1973, *Le dimanche de Bouvines, 27 juillet 1214*, Gallimard,
Paris.

DUBY, G. et LARDREAU, G.
1980, *Dialogues*, Flammarion, Paris.

DUFOUR, A.
1966, *Histoire politique et psychologie historique*, Droz,
Genève.

DUMONT, L.
1964, *La Civilisation indienne et nous*, Colin, Paris, nlle éd.
1975.

DUPRONT, A.
1972, *Du sentiment national*, in M. François, éd. *La France et*
les Français, Gallimard, Paris, pp. 1423-74.

EHRARD, J. et PALMARDE, G.
1964, *L'histoire*, Colin, Paris.

EICKELMANN, D. F.
1978, The art of memory : islamic education and its social
reproduction, in *Comparative Studies in Society and History*,
XX, pp. 485-516.

EISENSTADT, S. N. éd.
1968, *The Protestant Ethic and Modernization : A Comparative*
View, Basic Books, New York.

EISENSTEIN, E. L.
1966, Clio and Chronos : an essay on the making and breaking of history-book time, in *History and Theory. Studies in the Philosophy of History*, V, suppl. 6 (History and the Concept of Time), pp. 36-64.

ELIAS, N.
1939, *Uber den Prozess der Zivilisation*, Haus zum Falken, Bale. Trad. de l'allemand, I. *La civilisation des mœurs*, II. *La dynamique de l'Occident*, Paris, Calmann-Lévy, 1973 et 1975.

ERDMANN, K. D.
1964, Die Zukunft als Kategorie der Geschichte, in *Historische Zeitschrift*, CXCVIII, I, pp. 44-61.

ERIKSON, E. H.
1962, *Young Man Luther : A study in Psychoanalysis and History*, New York.
1975.
ETHNOLOGIE et HISTOIRE. Forces productives et problèmes de transition, Paris.

EVANS-PRITCHARD, E. E.
1940, *Les Nuer. Description des modes de vies et des institutions politiques d'un peuple nilotique*, Gallimard, Paris, 1968.
1961, *Anthropology and History*, Manchester University, Press, Manchester. Trad. frse, *Anthropologie et histoire* in *Les anthropologues face à l'histoire et à la religion*, Paris, P.U.F., 1971, pp. 49-72.

FABER, K. G.
1978, The use of history in political debate, in *History and Theory. Studies in the Philosophy of History*, XVII, 4, suppl. 17 (*Historical Consciousness and Political Action*), pp. 19-35.

FAVIER, J.
1958, *Les archives*, Presses Universitaires de France, Paris.

FEBVRE, L.
1933, *Combats pour l'histoire*, Colin, Paris.

FERRO, M.
1977, *Cinéma et histoire*, Gonthier, Paris.

1981, *Comment on raconte l'histoire aux enfants à travers le monde entier*, Payot, Paris.

Finley, M. I.
1971, Archaeology and History, in *Daedalus*, C, i, pp. 168-86.

Fossier, F.
1977, La charge d'historiographe du XVIᵉ au XIXᵉ siècle, in *Revue Historique*, CCLVIII, pp. 73-92.

Foucault, M.
1966, *Les mots et les choses. Une archéologie des sciences humaines*, Paris.
1969, *L'archéologie du savoir*, Gallimard, Paris.

Fraisse, P.
1967, *Psychologie du temps*, P.U.F., Paris.

Friedlander, S.
1975, *Histoire et Psychanalyse. Essai sur les possibilités et les limites de la psychohistoire*, Paris.

Folz, R.
1950, *Le souvenir et la légende de Charlemagne dans l'Empire germanique médiéval*, Les Belles Lettres, Paris.

Freud, S.
1899, *L'interprétation des rêves*, P.U.F., Paris, 1967.

Fueter, E.
1911, *Geschichte der neueren Historiographie*, Oldenbourg, Münich-Berlin.

Furet, F.
1971, L'histoire quantitative et la construction du fait historique, in *Annales E.S.C.*, XXVI, I, pp. 63-75.

Fustel de Coulanges, N. D.
1862, Leçon faite à l'Université de Strasbourg, in Une leçon d'ouverture et quelques fragments inédits, in *Revue de synthèse historique*, II/3 (1901), 6, pp. 241-63.

Gabrieli, F.
1966, *L'Islam nella storia. Saggi di storia e storiografia musulmana*, Bari.

GAETA, F.
1955, *Lorenzo Valla. Filologia e storia nell'Umanesimo italiano*,
   Istituto italiano per gli studi storici, Naples.

GALLIE, W. B.
1963, The historical understanding, in *History and Theory.
   Studies in the Philosophy of History*, III, 2, pp. 149-202.

GARDINER, P.
1952, *The nature of Historical Explanation*, Oxford University
   Press, Londres.

GARDNER, C. S.
1938, *Chinese Traditional Historiography*, Harvard University
   Press, Cambridge, Mass.

GARIN, E.
1951, Il concetto della storia nel pensiero del Rinascimento,
   in *Rivista critica di storia della filosofia*, VI, 2, pp. 108-18.

GAUCHET, M.
1985, *Le désenchantement du monde. Une histoire politique de
   la religion*, Paris, Gallimard.

GEIS, R. R.
1955, Das Geschichtsbild des Talmud, in *Saeculum*, VI, 2, pp.
   119-24.

GENICOT, L.
1975, *Les généalogies*, Brepols, Turnhout-Paris.
1980, Simples observations sur la façon d'écrire l'histoire, in
   *Travaux de la Faculté de Philosophie et Lettres de l'Université
   catholique de Louvain*, XXIII, Section d'histoire 4.

GERNET, A. H.
1947, *Anthropologie de la Grèce antique*, Maspéro, Paris.

GIBERT, P.
1979, *La Bible à la naissance de l'histoire*, Fayard, Paris.

GILBERT, F.
1965, *Machiavelli and Guicciardini. Politics and History in
   Sixteenth-Century Florence*, Princeton University Press,
   Princeton, N. J.

GILBERT, F. et GRAUBARD, St. R.
1971, *Historical Studies Today*, New York.

GINZBURG, C.
1976, *Le fromage et les vers : l'univers d'un meunier au XVIe siècle*, Paris, Flammarion, 1980.

GLASSER, R.
1936, *Studien zur Geschichte des französischen Zeitbegriffs*, Hüber, Munich.

GLENISSON, J.
1965, L'historiographie française contemporaine in *Vingt-cinq ans de recherche historique en France*, C.N.R.S.

GOODY, J. R.
1977 a,˙Mémoire et apprentissage dans les sociétés avec et sans écriture : la transmission du Bagre, in *L'Homme*, XVII, pp. 29-52.
1977 b, trad. frse, *La raison graphique. La domestication de la pensée sauvage*. Ed. de Minuit, Paris, 1979.

GOY, J.
1978, Orale (Histoire), in J. Le Goff, éd. *La Nouvelle Histoire*, Retz, Paris.

GRAF, A.
1915, *Roma nella memoria e nelle immaginazioni del Medio Evo*, Turin.

GRAMSCI, A.
1931-32, *Appunti di filosofia. Materialismo e indealismo*, Einaudi, Turin, pp. 1040-93.
1931-35, *Cahiers de prison*, trad. de l'italien, vol. 2 et 3, Paris, Gallimard, 1983, 1978.

GRAUS, F.
1975, *Lebendige Vergangenheit. Uberlieferung im Mittelalter und in den Vorstellungen vom Mittelalter*, Böhlau, Cologne-Vienne.

GRUNDMANN, H.
1965, *Geschichtsschreibung im Mittelalter. Gattungen — Epochen — Eigenart*, Vandenhoeck und Ruprecht, Göttingen.

GRÜNEBAUM, G. von
1962, *L'identité culturelle de l'Islam*, trad. de l'anglais, Paris, Gallimard, 1973.

GUENEE, B.
1976-77, Temps de l'histoire et temps de la mémoire au Moyen Âge, in *Bulletin de la Société de l'Histoire de France*, nº 487, pp. 25-36.
1978, Les généalogies entre l'histoire et la politique : la fierté d'être Capétien, en France, au Moyen Âge, in *Anales E.S.C.*, XXXIII, 3, pp. 450-77.
1980, *Histoire et culture historique dans l'Occident médiéval*, Aubier, Paris.

GUENEE, B. éd.
1977, *Le métier d'historien au Moyen Âge. Etudes sur l'historiographie médiévale*, Publications de la Sorbonne, Paris.

GUERRAND, R. H.
1965, *L'Art nouveau en Europe*, Plon, Paris.

GUERREAU, A.
1980, *Le féodalisme, un horizon théorique*, Sycomore, Paris.

GUILLAUME, G.
1929, *Temps et verbe. Théorie des aspects, des modes et des temps*, Champion, Paris.

GUIZOT, F. P. G.
1829, *Cours d'histoire moderne I. Histoire générale de la civilisation en Europe*, Pichon et Didier, Paris.

HALBWACHS, M.
1925, *Les cadres sociaux de la mémoire*, Alcan, Paris.
1950, *Mémoires collectives*, P.U.F., Paris.

HALKIN, L. E.
1963, *Initiation à la critique historique*, 3ᵉ éd. Paris.

HARSIN, P.
1963, *Comment on écrit l'histoire*, 7ᵉ éd. Liège.

HARTOG, F.
1980, *Le miroir d'Hérodote. Essai sur la représentation de l'autre*, Gallimard, Paris.

HASKELL, F.
1971, The manufacture of the past in XIXth century painting, in *Past and Présent*, n° 53, pp. 109-20.

HAUSER, H.
1930, *La modernité du XVIe siècle*, Alcan, Paris.

HEGEL, G. W. F.
1822-30, trad. de l'allemand par K. Papaioannou, *La Raison dans l'histoire*, Plon, 10/18, 1965.
1830-31, *Leçon sur la philosophie de l'histoire*, Paris, 1963.

HERLIHY, D. et KLAPISCH, Ch.
1978, *Les Toscans et leurs familles. Une étude du catasto florentin de 1427*, Fondation Nationale des Sciences Politiques, Paris.

HERRICK, J.
1954, *The Historical Thought of Fustel de Coulanges*. Catholic University of America Press, Washington.

HINCKER, F. et CASANOVA, A. éd.
1974, *Aujourd'hui l'histoire*, Ed. Sociales, Paris.

L'Histoire, science humaine du temps présent numéro spécial de la *Revue de Synthèse*, t. LXXXV, Paris, 1965.

L'Histoire Sociale. Sources et Méthodes; Colloque de l'Ecole Normale Supérieure de Saint-Cloud (1965), Paris, 1967.

L'Historien entre l'ethnologue et le futurologue. (Séminaire international de Venise, 1971) Paris-La Haye, 1972.

HOBSBAWM, E. J.
1972, The social function of the past : some questions, in *Past ans Present*, n° 55, pp. 3-17.
1980, *The revival of narrative : some comments, Ibid.* n° 86, pp. 3-8.

HUIZINGA, J.
1919, trad. du néerlandais, *Le déclin du Moyen Âge*, 1932.
L'automne du Moyen Âge, Paris, Payot, 1975.
1936, *A definition of the Concept of History*, in R. Klibansky et H. J. Platon, *Philosophy and History. Essays presented to Ernst Cassirer*, Clarendon Press, Oxford.

HUPPERT, G.
1968, Naissance de l'histoire de France : les Recherches d'Estienne Pasquier in *Annales E.S.C.*, pp. 69-105.
1970, *L'idée de l'histoire parfaite*, trad. de l'anglais, Flammarion, Paris, 1973.

HUYGHEBAERT, H.
1972, *Les documents nécrologiques*, Brépols, Turnhout-Paris.

IBN KHALDOUN,
Al-Muqqaddima, trad. frse V. Monteil, *Discours sur l'histoire universelle*, 3 vol. Beyrouth 1967-1968.

The Idea of History in the Ancient Near East, New Haven, 1969.

IGGERS, G. G. et PARKER, H. T., éd.
1979, *International Handbook of historical studies. Contemporary research and history*, Wesport, Greenwood Press.

IGGERS, G. G.
1971, *Deutsche Geschichtswissenschaft. Eine Kritik der traditionnellen Geschichtsauffassung von Herder bis zur Gegenwart*, Deutscher Taschenbuch Verlag, Munich.
1973, « Historicism », in Ph. P. Wiener, éd. *Dictionary of the History of Ideas. Studies of Selected Pivotal Ideas*, vol. II Scribner's, New York, pp. 456-64.

JACOB, F.
1970, *La logique du vivant. Une histoire de l'hérédité*, Gallimard, Paris.

JOUTARD, P.
1977, *La légende des Camisards : une sensibilité au passé*, Gallimard, Paris.

JUNKER, D. et REISINGER, P.
1974, Was kann Objektivität in der Geschichtswissenschaft heissen und wie ist sie möglich ? in Th. Schieder, éd. *Methodenprobleme der Geschichtswissenschaft*, in *Historische Zeitschrift*, suppl. 3, pp. 1-46.

KELLEY, D. R.
1970, *Foundations of Modern Historical Scholarship. Lan-*

guage, Law and History in the French Renaissance, Columbia University Press, New York.

KEUCK, K.
1934, *Historia ; Geschichte des Wortes und seiner Bedeutung in der Antike und in den romanischen Sprachen*, Lechte, Emsdetten.

KOSELLECK, R.
1979, *Vergangene Zukunft. Zur Semantik geschichtlicher Zeiten*, Francfort s/Main, Suhrkamp Verlag.

KRACAUER, S.
1966, « Time and History », in *History and Theory. Studies in the Philosophy of History*, V, suppl. 6 *(History and the Concept of Time)*, pp. 65-78.

KRUGER, K. H.
1976, *Die Universalchroniken*, Brepols, Turnhout-Paris.

KUHN, Th. S.
1957, *La révolution copernicienne*, trad. de l'anglais, Paris, Fayard, 1973.

KULA, W.
1961, L'objectivité historique et les valeurs, in R. Aron, éd. *L'histoire et ses interprétations. Entretiens autour d'Arnold Toynbee*, Mouton, Paris-La Haye, pp. 172-74.

LABROUSSE, E.
1933, *Esquisse du mouvement des prix et des revenus en France au XVIIIᵉ siècle*, Dalloz, Paris.
1967, éd. *Ordres et classes. Colloque d'histoire sociale*, Saint-Cloud, mai 1867, Mouton, Paris, 1973.

LACOSTE, Y.
1966, *Ibn Khaldoun : naissance de l'histoire, passé du Tiers Monde*, Maspéro, Paris.

LACOUTURE, J.
1978, *L'histoire immédiate*, in Le Goff, Chartier et Revel, 1978, pp. 270-93.

LACROIX, B.
1971, *L'historien au Moyen Âge*, Montréal-Paris.

LAMMERS, W. éd.
1965, *Geschichtsdenken und Geschichsbild im Mittelalter*. Wissenschaftliche Buchgesellschaft, Darmstadt.

LANDFESTER, R.
1972, *Historia magistra vitae. Untersuchungen zur humanistischen Geschichtstheorie des 14. bis 16. Jahrhunderts*, Droz, Genève.

LANGLOIS, Ch. V. et SEIGNOBOS, Ch.
1898, *Introduction aux études historiques*, Hachette, Paris, 1902 3.

LEFEBVRE, H.
1962, *Introduction à la modernité*, Minuit, Paris.
1970, *La fin de l'histoire*, Minuit, Paris.

LEFEBVRE, G.
1945-46, *La naissance de l'historiographie moderne*, Flammarion, Paris, 1971.

LEFF, G.
1969, *History and social Theory*, Merlin, London.

LEFORT, C.
1952, Société « sans histoire », in *Cahiers internationaux de sociologie*, XII, repris dans *Les formes de l'histoire, essai d'anthropologie politique*, Gallimard, Paris, 1978, pp. 30-48.

LE GOFF, J.
1971, *Is Politics still the Backbone of History?* in F. Gilbert et S. R. Graubard, éd. Historical Studies Today, Norton, New York, pp. 337-55. Version frse, « L'histoire politique est-elle toujours l'épine dorsale de l'histoire? » *in* J. Le Goff, *L'imaginaire médiéval*, Paris, 1985, pp. 333-349.
1974, *Il peso del passato nella coscienza collettiva degli italiani*, in F. L. Cavazza et S. R. Graubard, éd. *Il caso italiano, Italia anni'70*, Garzanti, Milano, pp. 534-52.
1978, *L'histoire nouvelle*, in Le Goff, Chartier et Revel, 1978, pp. 210-41.

LE GOFF, J. CHARTIER, R. REVEL, J. éd.
1978, *La nouvelle histoire*, Retz, Paris, nlle éd. Complexe, Bruxelles, 1988.

Le Goff, J. Nora, P. éd.
1974, *Faire de l'histoire*, Gallimard, Paris. 1986 2.

Le Goff, J. Toubert, P.
1975, Une histoire totale du Moyen Âge est-elle possible ? in *Actes du 100ᵉ Congrès National des Sociétés savantes*, Paris, 1975, I. *Tendances, perspectives et méthodes de l'histoire médiévale*, Secrétariat d'Etat aux universités, Paris, 1977, pp. 31-44.

Leroi-Gourhan, A.
1964-65, *Le geste et la parole. II. La mémoire et les rythmes*, Albin Michel, Paris.
1974, — Les voies de l'histoire avant l'écriture, *in* J. Le Goff, et P. Nora, éd. *Faire de l'histoire. I. Nouveaux problèmes*, Gallimard, Paris, pp. 93-105.

Le Roy Ladurie, E.
1967, *Histoire du climat depuis l'an mil*, Flammarion, Paris, 1983 2.

Levi-Strauss, Cl.
1962, *La pensée sauvage*, Plon, Paris.

Levi-Strauss, C. Auge, M. Godelier, M.
1975, Anthropologie, histoire, idéologie, in *L'Homme*, XV, 3-4, pp. 177-88.

Lewis, I. M. éd.
1968, *History and Social Anthropology*, Tavistock, London-New York.

Lhomme, J.
1967, *Economie et histoire*, Droz, Genève.

Loraux, N.
1980 a, L'oubli dans la cité in *Le temps de la réflexion*, 1, 213-242.
1980 b, Thucydide n'est pas un collègue, in *Quaderni di Storia*, XII, juillet-décembre, pp. 55-81.

Loraux, N. et Vidal Naquet, P.
1979, *La formation de l'Athènes bourgeoise. Essai d'historiographie 1750-1850*, in R. R. Bolgar, éd. *Classical Influences on*

Western Thought, Cambridge University Press, Londres, pp. 162-222.

LUBASZ, H. éd.
1964, Symposium : Uses of Theory in the study of History (Harvard, 1961), in *History and Theory*, 3/1.

LUKACS, G.
1923, trad. frse, *Histoire et conscience de classe*, Paris, 1960.

LYONS, J.
1968, *Introduction to Theoretical Linguistics*, Cambridge University Press, Londres.

MAIRET, G.
1974, *Le discours et l'historique. Essai sur la représentation historienne du temps*, Paris.

MALRIEU, Ph.
1953, *Les origines de la conscience du temps. Les attitudes temporelles de l'enfant*, P.U.F., Paris.

MANDELBAUM, M.
1971, *History, Man and Reason. A study in XIXth Century Thought*, Baltimore-Londres.

MANDROU, R.
Art. Histoire. *Histoire des mentalités, Encyclopaedia Universalis*, vol. 8, pp. 436-438.

MARCZEWSKI, J. V.
1965, *Introduction à l'histoire quantitative*, Droz, Genève, Minard, Paris.

MARIN, L.
1978, *le récit est un piège*, Minuit, Paris.
1979, Pouvoir du récit et récit du pouvoir, in *Actes de la recherche en sciences sociales*, n° 25, pp. 23-43.

MARROU, H. I.
1950, *L'ambivalence du temps de l'histoire chez saint Augustin*, Institut d'études médiévales, Montréal.
1961, Qu'est-ce que l'histoire ? *in* Ch. Samaran, éd. *L'histoire et ses méthodes*, in Encyclopédie de la Pléiade, vol. XI, Gallimard, Paris, pp. 1-23.
1968, *Théologie de l'histoire*, Seuil, Paris.

MARWICK, A.
1970, *The Nature of History*, Macmillan, Londres.

MARX, K.
1857-58, *Grundrisse der Kritik der politischen Ökonomie*
(Rohentwurf/ébauche), Dietz, Berlin, 1953.
1867, trad. de l'allemand, *Le Capital*, 2 vol. Paris, Ed. Sociales,
1971.

MAZZARINO, S.
1966, *Il pensiero storico classico*, Laterza, Bari.

MCLUHAN, M.
1962, *La galaxie Gutenberg*, trad. de l'anglais, Tours-Paris,
1967.

MEINECKE, F.
1936, *Die Entstehung des Historismus*, Oldenbourg, Munich-
Berlin.

MEYERSON, J.
1956, Le temps, la mémoire, l'histoire, in *Journal de psychologie*, LIII, pp. 333-54.

MOMIGLIANO, A.
1977, *Essays in Ancient and Modern Historiography*, Oxford,
Blackwell.

MOMMSEN, W. J.
1978, Social conditioning and social relevance in historical
judgments, in *History and Theory. Studies in the Philosophy
of History*, XVII, 4, suppl. 17 (*Historical Consciousness and
Political Action*), pp. 19-35.

MONIOT, H.
1974, L'histoire des peuples sans histoire, in J. Le Goff, et
P. Nora, éd. *Faire de l'histoire I. Nouveaux problèmes*, Gallimard, Paris, pp. 106-23.

MORAZE, Ch.
1968, L'Histoire et l'unité des sciences de l'homme in *Annales
E.S.C.*, pp. 233-240.
1967, *La logique de l'histoire*, Gallimard, Paris.

MORGAN, J. S.
1966, Le temps et l'intemporel dans le décor mural de deux
   églises romanes, in *Mélanges offerts à René Crozet*, Société
   d'Etudes Médiévales, Poitiers, I, pp. 531-48.

MORGAN, L. H.
1877, *Ancient Society : or Research in the Lines of Human
   Progress from Savagery through Barbarism to Civilization*,
   Kerr, Chicago.

MORIN, E.
1975, *L'esprit du temps. Une mythologie moderne*, Paris.

MORIN, E. et PIATTELLI PALMARINI, M. éd.
1974, *L'unité de l'homme. Invariants biologiques et universaux
   culturels*, Seuil, Paris.

NORA, P.
1966, Le « fardeau de l'histoire » aux Etats-Unis in *Mélanges
   Pierre Renouvin, Etudes d'Histoire des Relations Internationales*, P.U.F., Paris, pp. 51-74.
1978, *Mémoire collective*, in J. Le Goff éd., *La Nouvelle Histoire*,
   Retz, Paris.
1978, *Présent*, in J. Le Goff éd., *La Nouvelle Histoire*, Retz,
   Paris, pp. 467-72.
1962, Ernest Lavisse : son rôle dans la formation du sentiment national, in *Revue historique*, CCXXVIII, pp. 73-106.
1974, Le retour de l'événement, in J. Le Goff et P. Nora, éd.
   Faire de l'histoire, I. Nouveaux problèmes, Gallimard, Paris,
   pp. 210-28.

NOTOPOULOS, J. A.
1938, Mnemosyne in Oral Literature, in *Transactions and
   Proceedings of the American Philological Association*, LXIX,
   pp. 465-93.

OEXLE, O. G.
1976, Memoria und Memorialüberlieferung im früheren Mittelalter, in *Frühmittelalterliche Studien*, X, pp. 70-95.

OZOUF, M.
1976, *La Fête révolutionnaire : 1789-1799*, Gallimard, Paris.

PASSMORE, J. A.
1958, The objectivity of history, in *Philosophy*, XXXIII, pp. 97-110.

PEDECH, P.
1964, *La méthode historique de Polybe*, Les Belles Lettres, Paris.

PERELMAN, Ch.
1969, *Les catégories en histoire*, Université Libre, Bruxelles.

PERTUSI, A. éd.
1970, *La storiografia veneziana fino al secolo XVI*. Firenze.

PIAGET, J.
1946, *Le développement de la notion de temps chez l'enfant*, P.U.F., Paris.

PIAGET, J. et INHELDER, B.
1968, *Mémoire et intelligence*, P.U.F., Paris.

PLUMB, J. H.
1969, *The Death of the Past*, Londres.

POMIAN, K.
1975, L'histoire de la science et l'histoire de l'histoire, in *Annales*, E.S.C., XXX, 5, pp. 935-52.

POPPER, K. R.
1960, trad. de l'anglais, *Misère de l'historicisme*, Paris, 1956.

POSNER, E.
1972, *Archives in the Ancient World*, Cambridge, Mass.

POULAT, E.
1971, « Modernisme », in *Encyclopaedia Universalis*, vol. XI, Paris, pp. 135-37.

POULET, G.
1950, *Etudes sur le temps humain*, Paris.

PREISWERK, R. et PERROT, D.
1975, *Ethnocentrisme et histoire. L'Afrique, l'Amérique indienne et l'Asie dans les manuels occidentaux*, Anthropos, Paris.

PULLEYBLANK,
1955, *Chinese History and World History*.

RANGER, T. O.
1977, Memorie personali ed esperienza popolare nell'Africa centro-orientale, in *Quaderni Storici*, XII, 35. pp. 359-402.

RANKE, L. von,
1973, trad. angl. *Theory and Practice of History*, avec introduction de G. G. Iggers et K. von Moltke, Indianapolis.

Reappraisals : A New Look at History : the Social Sciences and History, in *Journal of Contemporary History*, III, 2, 1968.

REVEL, J. et CHARTIER, R.
1978, *Annales*, in Le Goff, Chartier et Revel, 1978, pp. 26-33.

RICŒUR, P.
1955, *Histoire et vérité*, Seuil, 1955 2.
1961, *Histoire de la philosophie et historicité*, in R. Aron, éd. *L'histoire et ses interprétations. Entretiens autour d'Arnold Toynbee*, Mouton, Paris-La Haye, pp. 214-27.

ROMANO, R.
1978, *La storiografia italiana oggi*, Edizioni dell'*Espresso*, Milano.

ROSENBERG, H.
1959, *The Tradition of the New*, Horizon Press, New York.

ROSENTHAL, F.
1952, *A History of Muslim Historiography*, Brill, Leyde.

ROSSI, P.
1956, *Lo storicismo tedesco contemporaneo*, Einaudi, Turin, 1979 3.

ROUSSET, P.
1951, La conception de l'histoire à l'époque féodale, in *Mélanges d'histoire du Moyen Âge, dédiés à la mémoire de Louis Halphen*, P.U.F., Paris, pp. 623-33.
1966, Un problème de méthode : l'événement et sa perception, in *Mélanges R. Crozet*, Poitiers, pp. 315-321.

SALMON, P.
1969, *Histoire et critique*, Université Libre, Bruxelles, 1976 2.

SAMARAN, Ch. éd.
1961, *L'histoire et ses méthodes*, in *Encyclopédie de la Pléiade*, XI, Paris, Gallimard.

SANSON, R.
1976, *Le 14 juillet (1789-1975). Fête et conscience nationale*, Flammarion, Paris.

SAUSSURE, F. de
1906-11, *Cours de linguistique générale*, Payot, Lausanne-Paris, 1916.

SCHAFF, A.
1970, trad. du polonais, *Histoire et vérité. Essai sur l'objectivité de la connaissance historique*, Paris, Anthropos, 1971.

SCHIEDER, Th.
1978, The role of historical consciousness in political action, in *History and Theory, Studies in the Philosophy of history*, XVII, 4, suppl. 17 (*Historical Consciousness and Political Action*), pp. 1-18.

SCHMIDT, R.
1955-1956, Aetates Mundi. Die Weltalter als Gliederungsprinzip der Geschichte in *Zeitschriftfür Kirchengeschichte*, 67, pp. 288-317.

SCHONEN, S. de
1974, *La mémoire : connaissance active du passé*, Mouton, Paris-La Haye.

SCHULIN, E.
1973, *Die Frage nach der Zukunft in Geschichte heute. Positionen, Tendenzen und Probleme*, Göttingen.

SECKLER, M.
1967, *Le salut et l'histoire. La pensée de saint Thomas d'Aquin sur la théologie de l'histoire*, Paris.

SHORTER, E.
1971, *The Historian and the Computer. A Practical Guide*, Prentice-Hall, Englewood Cliff, N. J.

SILVESTRE, H.
1965, « Quanto iuniores, tanto perspicaciores ». Antécédents
    à la querelle des anciens et des modernes, in *Publications de
    l'Université Lovanium de Kinshasa. Recueil commémoratif
    du Xe Anniversaire de la Faculté de Philosophie et Lettres*,
    Louvain, Paris, pp. 231, 255.

SIMON, E.
1928, Ranke und Hegel, in *Historische Zeitschrift*, suppl. 15.

SIRINELLI, J.
1961, *Les vues historiques d'Eusèbe de Césarée durant la période
    prénicéenne*, Université de Dakar, Fac. des Lettres et
    sciences humaines, Dakar.

Sous l'histoire la mémoire. N° Spécial de *Dialectiques*, n° 30,
    1980.

SPENGLER, O.
1918-22, trad. de l'allemand, *Le déclin de l'Occident*, 2 vol.
    Gallimard, Paris, 1948.

SPULER, B.
1955, Islamische und abendländische Geschichtsschreibung,
    in *Saeculum*, VI, 2, pp. 125-37.

STADLER, P.
1789-1871, *Geschichtsschreibung und historisches Denken in
    Frankreich*, Zurich, 1958.

STARR, C. G.
1966, Historical and philosophical time, in *History and
    Theory. Studies in the Philosophy of History*, V, suppl. 6
    (*History and the Concept of Time*), pp. 24-35.

STELLING-MICHAUD, J.
1959. Quelques problèmes du temps au Moyen Âge, in *Etudes
    suisses d'histoire générale*, XVII.

STERN, F. éd.
1956, *The Varieties of History : Voltaire to the Present*, Cleve-
    land.

STONE, L.
1979, trad. de l'anglais, *Retour au récit ou réflexions sur une*

nouvelle vieille histoire, in *Le débat*, n° 4, sept. 1980, pp. 116-142.

STRUEVER, N. S.
1970, *The language of History in the Renaissance*, Rhetoric and Historical Consciousness in Florentine Humanism, Princeton.

SVENBRO, J.
1976, *La parole et le marbre. Aux origines de la poétique grecque*, Lund.

1959 Temps et Développement. Quatre sociétés en Côte-d'Ivoire. *Cahiers de l'ORSTOM, série Sciences Humaines*, V, n° 3.

TENENTI, A.
1957, *Sens de la mort et amour de la vie à la Renaissance en Italie et en France*, traduit de l'italien, L'Harmattan, 1983.
1963, La storiografia in Europa dal Quattro al Seicento, in *Nuove Questioni di storia Moderna*, Milan, p. 1-51.

THOMAS, L.
1963, History and Anthropology in *Past and Present*, n° 24, avril.

THOMPSON, J. Westfall
1942, *A History of historical Writing*, 2 vol. New York.

TOPOLSKI, J.
1973, trad. du polonais, *Methodology of History*, Boston, Reidel, 1976.

TOURAINE, A.
1977, *Un désir d'histoire*, Stock, Paris.

TOYNBEE, A. J.
1934-39, *L'histoire. Un essai d'interprétation*, Paris, 1951.
1961, *L'Histoire et ses interprétations. Entretiens autour d'Arnold Toynbee* sous la dir. de R. Aron, Paris-La Haye.

TRIGGER, B. J.
1968, Major Concepts of Archeology in Historical Perspective, *Man*, 3.

TRIULZI, A.
1977, Storia dell'Africa e fonti orali, in *Quaderni Storici*, XII, 35, pp. 470-80.

TROELTSCH, E.
1924, *Der Historismus und seine Überwindung*, Heise, Berlin.

TULARD, J.
1971, *Le mythe de Napoléon*, Colin, Paris.

VALERY, P.
1931, *Regard sur le monde actuel*, Gallimard, Paris.

VEDRINE, H.
1975, *Les philosophies de l'histoire. Déclin ou crise ?* Payot, Paris.

VENDRYES, J.
1921, *Le langage, introduction linguistique à l'histoire*, La Renaissance du Livre, Paris, nlle éd. Michel, Paris, 1968.

VENDRYES, P.
1952, *De la probabilité en histoire. L'exemple de l'expédition d'Egypte*, Michel, Paris.

VERNANT, J.-P.
1965, *Mythe et pensée chez les Grecs. Etudes de psychologie historique*, Maspéro, Paris, Nlle éd. 1985.

VERNANT, J.-P. et VIDAL NAQUET, P.
1972, *Mythe et tragédie en Grèce ancienne*, Maspéro, Paris, Nlle éd. 1986.

VERON, E.
1981, *Construire l'événement. Les médias et l'accident de Three Miles Island*, Minuit, Paris.

VEYNE, P.
1968, *Histoire*, in *Enciclopedia Universalis*, vol. VIII, Encyclopædia Universalis France, Paris, pp. 423-24.
1971, *Comment on écrit l'histoire. Essai d'épistémologie*, Seuil, Paris, nlle éd. 1978, suivi de « Foucault révolutionne l'histoire ».
1973, *Le pain et le cirque*, Seuil, Paris.

VIDAL-NAQUET, P.
1960, Temps des dieux et temps des hommes, in *Revue d'histoire des religions*, CLVII, pp. 55-80.

VILAR, P.
1973, Histoire marxiste, histoire en construction. Essai de dialogue avec Althusser, in *Annales E.S.C.*, XXVIII, I, pp. 165-98.

VIVANTI, C.
1962, Alle origini dell'idea di civiltà : le scoperte geografiche e gli scritti di Henri de la Popelinière, in *Rivista storica italiana*, LXXIX, p. 1-25.

VOLTAIRE, F. M. Arouet
1957, *Œuvres historiques*, éd. R. Pomeau, Paris.

VOVELLE, M. éd.
1974, *Mourir autrefois. Attitudes collectives devant la mort aux XVIIe et XVIIIe siècles*, Gallimard, Paris.
1978, *L'histoire et la longue durée*, in le Goff, Chartier et Revel, 1978, pp. 316-43.

WACHTEL, N.
1971, *La vision des vaincus, les Indiens du Pérou devant la conquête espagnole*, Gallimard, Paris.

WARD-PERKINS, J. B.
1965, Memoria, Martyr's Tomb and Martyr's Church, in *Akten des VII. Internationalen Kongresses für christliche Archäologie*, Trèves, 5-11 sep., Pontificio Istituto di archeologia cristiana, Cité du Vatican, 1969.

WEBER, M.
1922, trad. de l'allemand, *Essai sur la théorie de la science*, Paris, 1965.

WEINRICH, H.
1971, *Le Temps : le récit et le commentaire*, trad. de l'allemand, Le Seuil, Paris, 1973.

WHITE, H. V.
1966, The Burden of History in *History and Theory*, 5, pp. 111-134.

1973, *Metahistory : the Historical Imagination in Nineteenth Century Europe*, Johns Hopkins University Press, Baltimore.

WILCOX, D. J.
1969, *The Development of Florentine Humanist Historiography*, Cambridge, Mass.

WOLMAN, B. B. éd.
1971, *The Psychoanalytic Interpretation of History*, New York.

YARDENI, M.
1964, La conception de l'histoire dans l'œuvre de La Popelinière, in *Revue d'histoire moderne et contemporaine*, XI, pp. 109-26.

YATES, F. A.
1966, *L'Art de la Mémoire*, Gallimard, Paris, 1975.

YAVETZ, Z.
1976, Why Rome ? Zeitgeist and ancient historian in early 19th century Germany, in *American Journal of Philology*, XCVII, 3, pp. 276-96.

ZIMMERMANN, A. éd.
1974, *Antiqui und Moderni Traditionsbewasstgein und Fortschrittsbewusstsein im späten Mittelalter.* Miscellanea Mediaevalo, Berlin-New York, Walter de Gruyter.

BIBLIOGRAPHIE
(Supplément)

ANDREANO, A.
1977.
La Nouvelle Histoire économique. Exposés de méthodologie.
  Paris, Gallimard.

1980.
Archives orales, une autre histoire. Numéro spécial de *Annales*
  E.S.C., 1980, 1.

ARIES, Ph.
1954.
Le temps de l'histoire, Paris, Seuil, 1986, 2.

ARIES, Ph. et DUBY, G. éd.
1985-1987.
Histoire de la vie privée, 5 vol. Paris, Le Seuil.

Auteurs italiens variés.
1986.
Incontro con gli storici, Bari, Laterza.

AYMARD, M.
1972.
The « Annales » and french historiography in *The Journal of*
  European Economic History, I, 1972, pp. 491-511.

BARRACLOUGH, G.
1980.
Tendances actuelles de l'histoire, Paris, Flammarion.

BERLIN, I.
1960.
The concept of scientific history in *History and Theory*, I, 1960.

BOURDÉ, G., MARTIN, H.
1983.
Les écoles historiques, Paris, Seuil.

1986.
Braudel dans tous ses états. La vie quotidienne des sciences sociales sous l'empire de l'histoire; numéro spécial de *Espaces Temps*, n° 34/35.

BULLOCK, A.
1976.
Is History becoming a Social Science? The case of Contemporary History, Cambridge.

BURGUIÈRE, A., éd.
1986.
Dictionnaire des Sciences Historiques, Paris, P.U.F., notamment les articles *Annales* (Ecole des) (A. Burguière), *Anthropologie historique* (A. Burguière), *Biographique* (Histoire) (G. Chaussinand-Nogaret), *Fait historique* (O. Dumoulin), *Immédiate* (Histoire) (B. Paillard), *Intellectuelle* (Histoire) (R. Chartier), *Marxiste* (Histoire) (R. Paris), *Mémoire collective* (Ph. Joutard), *Politique* (Histoire) (P. Lévêque), *Psychanalyse et Histoire* (E. Roudinesco), *Quantitative* (Histoire) (F. Mendels), *Rurale* (Histoire) (J. Goy), *Sociale* (Histoire) (Y. Lequin), *Temps présent* (J. P. Azema), *Théories de l'Histoire* (M. Crubellier), *Urbaine* (Histoire) (O. Zunz).

BURGUIÈRE, A.
1979.
Histoire d'une histoire : naissance des Annales, *Annales E.S.C.*, 1979.

1983.
La notion de mentalités chez Marc Bloch et Lucien Febvre : deux conceptions, deux filiations in *Revue de Synthèse*, n° 111-112.

CARBONELL, Ch.-O.
1981.
L'historiographie, Paris, P.U.F.

1976.
Histoire et historiens 1865-1885, Toulouse, Privat.

1976.
La Naissance de la Revue Historique : une revue de combat 1876-1885 in *Revue historique*, 518, 1976, pp. 331-351.

1978.
L'histoire dite positiviste en France in *Romantisme*, n° 21-22.

CARBONELL, Ch.-O. et LIVET, G.
1983.
Au berceau des Annales (colloque de Strasbourg, 1979), Presses de l'Université de Toulouse.

CHARBONNIER, J.
1980.
L'interprétation de l'histoire en Chine contemporaine, thèse Université de Lille III, 2 vol.

CHAUNU, P.
1974.
Histoire, Science Sociale, La durée, l'espace et l'homme à l'époque moderne.

1978.
Histoire quantitative, histoire sérielle, Cahier des Annales, n° 37.

COUTAU-BÉGARIE.
1983.
Le phénomène « Nouvelle Histoire ». Stratégie et idéologie des nouveaux historiens, Paris, Economica.

CROCE, B.
1983.
La philosophie comme histoire de la liberté, contre le positivisme. Textes choisis et présentés par S. Romano, Paris, le Seuil, 1983.

DEL TREPPO, M.
1976.
La liberta della memoria, in *Clio*, XII, n. 3, juillet-sept. 1976,
    pp. 189-233.

DEN BOER, Pim
1987.
Geschiedenis als Beroep, en néerlandais (le métier d'historien,
    la professionnalisation de l'histoire en France 1818-1914),
    Nimègue, SUN.

DE ROSA, G.
1987.
Tempo religioso e tempo storico. Saggi e note di storia sociale e
    religiosa del Medioevo all'età contemporanea, Rome, Ed. di
    Storia et Letteratura.

DOSSE, F.
1987.
L'histoire en miettes. Des « Annales » à la « nouvelle histoire »,
    Paris, La Découverte.

FERRO, M.
1980.
Cinéma et histoire, Paris, Denoël.

1985.
L'histoire sous surveillance, Paris, Calmann-Lévy.

FINLEY, M. I.
1985.
trad. de l'anglais. *Sur l'histoire ancienne : la matière, la forme
    et la méthode*, Paris, La Découverte, 1986.

1981.
Mythe, Mémoire, Histoire, Paris, Flammarion.

FOGEL, R. W. et ELTON, G. R.
1983.
Which Road to the Past ? Two Views of History, New Haven-
    Londres, Yale University Press.

FURET, F.
1982.
L'atelier de l'histoire, Paris, Flammarion.

GADAMER, H. G.
1963.
Le problème de la conscience historique, Louvain.

GADOFFRE, G. éd.
1987.
Certitudes et incertitudes de l'histoire, Paris, P.U.F.

GLENISSON, J.
1965.
L'historiographie française contemporaine : tendances et réalisations in *Vingt-cinq ans de recherche historique en France (1940-1965)*, Paris, C.N.R.S., pp. IX-LXIV.

GROSSI, P., éd.
1986.
Storia sociale e dimensione giuridica, Atti dell' incontro di studio, Florence, Avril 1985, Milan, Giuffrè.
1987.

GUMBRECHT, H. U., LING-HEER, U., SPANGENBERG, P. M., éd.
Grundriss der romanischen Literaturen. Vol. XI/1. *La littérature historiographique des origines à 1500*, Heidelberg, Carl Winter.

GUENEE, B.
1987.
Introduction (Biographie et biographies) à *Entre l'Eglise et l'Etat. Quatre vies de prélats français à la fin du Moyen Âge*, Paris, Gallimard, pp. 7-16.

HALEVY, D.
1948.
Essai sur l'accélération de l'histoire, Paris.

HEMPEL, C. G.
1942.
The Function of General Laws in History.

HEXTER, J. H.
1962.
Reappraisals in History, New York.

1985.
Histoire sociale, sensibilités collectives et mentalités. Mélanges Robert Mandrou, Paris, PUF, 1985.

HOLLINGER, D. A.
1973.
T. S. Kuhn's Theory of Science and Its Implications for History in *American Historical Review*, 78, pp. 370-393.

IGGERS, G. G.
1974.
Die « Annales » und ihre Kritiker. Probleme modernen französischer Sozialgeschichte in *Historische Zeitschrift*, CCXIX, pp. 578-608.

1978.
Neue Geschichtswissenschaft. Vom Historismus zur historischen Sozialwissenschaft, Stuttgart.

1980.
Introduction : The transformation of historical studies in Historical Perspective in Iggers, G. G. et Parker, H. T., éd. *International Handbook of Historical Studies. Contemporary Research and Theory*, pp. 1-14.
Images et Histoire.

1987.
(Actes du Colloque Paris-Censier, 1986). Publisud, sources n° 9-10.

JOCKEL, S.
1985.
« *Nouvelle histoire* » *und Literaturwissenschaft*, 2 vol. Rheinfelden, Schäuble Verlag, 1985.
1983.
« Histoire des Sciences et Mentalités », numéro spécial de la *Revue de Synthèse*, n° 111-112, juillet-décembre.

JOUTARD, Ph.
1983.
Ces voix qui nous viennent du passé, Paris, Hachette.

KEYLOR, W.
1975.
*Academy and community : the foundation of the french histori-
cal profession*, New York.

KOSELLECK, R. et STEMPEL, W. D., éd.
1973.
Geschichte, Ereignis, und Erzählung, Munich.

KULA, W.
1958.
Réflexions sur l'histoire, Varsovie (en polonais). Trad. espagnole *Reflexiones sobre la Historia*, Mexico, Ed. de Cultura
Popolar, 1984.

1985.
L'Acte historique et son sujet, numéro spécial de *Mi-Dit*,
Cahiers méridionaux de psychanalyse, n° 10-11.

LE GOFF, J.
1982.
Intervista sulla storia, Bari, Laterza.

LE ROY LADURIE, E.
1973, 1978.
Le territoire de l'historien, 2 vol. Paris, Gallimard.

LUBBE, H.
1977.
*Geschichtsbegriff und Geschichtsinteresse. Analytik und Prag-
matik der Historie*, Bâle.

McLENNAN, G.
1981.
Marxism and the methodologies of History, Londres, Verso.

MANDELBAUM, M.
1977.
The Anatomy of Historical Knowledge, Baltimore.

MASSICOTTE, G.
1981.
L'histoire problème. La méthode de Lucien Febvre. Ste Hya-
cinthe/Paris, EDISEM/Maloine.

Mélanges René Van Santbergen, numéro spécial des *Cahiers de Clio*.
1984.

MITRE FERNANDEZ, E.
1982.
Historiografía y mentalidades historicas en la Europa medieval, Madrid, Ed. de la Universidad Complutense.

MOMIGLIANO, A.
1986
Problèmes d'historiographie ancienne et moderne, Paris, Gallimard.

MONIOT, H.
1983.
Enseigner l'histoire. Des manuels à la mémoire, Peter Lang.

NAMER, G.
1983.
Batailles pour la mémoire, la commémoration en France, de 1945 à nos jours, Paris, Papyrus.

1987.
Mémoire et Société, Paris, Klincksieck.

NITSCHKE, A.
1981.
Historische Verhaltensforschung, Stuttgart, Eugen Ulmer.

NORA, P. éd.
1984.
Les lieux de mémoire I. La République, Paris, Gallimard.

1986.
Les lieux de mémoire II. La Nation, 3 vol. Paris, Gallimard.

ORSI, P. L.
1983.
La storia delle mentalità in Bloch e Febvre, in *Rivista di storia contemporanea*, 1983, pp. 370-395.

Ouvrage collectif.
1980.
Les philosophies de l'histoire, Ellipses.

Ouvrage collectif.
1984.
Film et Histoire, Paris, éd. EHESS, C.I.D.
1987.

Périodisation en Histoire des Sciences et de la Philosophie,
n° spécial de la *Revue de Synthèse*, 3-4.

Pillorget, R.
1982.
La biographie comme genre historique : sa situation actuelle
en France in *Revue d'histoire diplomatique*, janvier-juin.

Pomian, K.
1984.
L'ordre du temps, Paris, Gallimard.
1985.

Problèmes et méthodes de la biographie (Actes du Colloque
Sorbonne, mai 1985), Sources, Publications de la Sorbonne.

Rabb, T. K. et Rotbarg, R. I.
1982.
The new history, the 1980s and beyond, Princeton University
Press.

Redondi, P., éd.
1987.
Science : The Renaissance of a History (Proceedings of the
International Conference Alexandre Koyré, Paris, Collège
de France, juin 1986), numéro spécial de *History and
Technology*, 4, 1-4.

Revel, J.
1979.
Histoire et sciences sociales : le paradigme des Annales in
Annales, E.S.C., 1979.

Ricœur, P.
1983.
Temps et récit, Paris, Le Seuil.

Rossi, P. éd.
1983.
La Storia della storiografia oggi, Milan. Il saggiatore.

ROY, B. et ZUMTHOR, P.
1985.
Jeux de mémoire. Aspects de la mnémotechnie médiévale, Paris, Montréal, Vrin.

RUSSEN, J. et SUSSMITH, H.
1980.
Theorien in der Geschichtswissenschaft, Düsseldorf.

SCHMID, K. et WOLLASCH, J. éd.
1984.
Memoria. Der geschichtliche Zeugniswert des liturgischen Gedenkens im Mittelalter, Munich, Fink.

SIMMEL, G.
1984.
Les problèmes de la philosophie de l'histoire, (préface de R. Boudon), Paris, P.U.F.

Sous l'histoire la mémoire.
1980.
numéro spécial de *Dialectiques*, n° 30.

STOIANOVICH, T.
1976.
French historical method. The Annales paradigm, Ithaca-Londres.

STONE, L.
1981.
The Past and the Present, Boston-Londres, Routledge et Kegan Paul.

TAGLIACOZZO, G., éd.
1969.
Giambattista Vico. An International Symposium, Baltimore.
1983.

Temps, mémoire, tradition au Moyen Âge (Congrès de la Société des Historiens Médiévistes, Aix-en-Provence, 1982), Publications de l'Université de Provence.

THOMSON, P.
1978.
The voice of the past, oral history, Oxford University Press.

THUILLIER, G. et TULARD, J.
1986.
La méthode en histoire, Paris, P.U.F.

TILLY, Ch.
1984.
The old new social history and the new old social history in *Review*, VII, n° 2, pp. 363-406.

VEYNE, P.
1976.
L'inventaire des différences, Paris, Seuil.

VIDAL-NAQUET, P.
1987.
Les assassins de la mémoire, Paris, La Découverte.

VIERHAUS, R.
1972.
Was ist Geschichte? in Alföldy, G., éd. *Probleme der Geschichtswissenschaft*, Düsseldorf.

VILAR, P.
1982.
Une histoire en construction. Approche marxiste et problématiques conjoncturelles, Paris, Hautes Etudes, Gallimard, Le Seuil.

VIOLANTE, C., éd.
1982.
La storia locale. Temi, fonti e metodi della ricerca, Bologne, Il Mulino.

YERUSHALMI, Y. H.
1982.
Trad. de l'anglais *Zakhor, histoire juive et mémoire juive*, Paris, La Découverte, 1984.

ZONABEND, F.
1980.
La mémoire longue. Temps et histoires au village, Paris, P.U.F.

Nouvelles revues et nouvelles orientations de la recherche historique (la date est celle du n° 1) :

Storia della Storiografia, Milan, Jaca Books.
1981.
History and Technology.
1983.
An International Journal, Harwood Academic Publishers
History and Anthropology.
1984.
Harwood Academic Publishers.
Food and Foodways.
1986.
Explorations in the history and culture of human nourishment, Harwood Academic Publishers.
Histoire et Mesure.
1986.
Paris, Ed. du C.N.R.S.

Revue renouvelée :
Revue de Synthèse.
1986.
(fondée en 1900 par Henri Berr) n° 1-2, janvier-juin, numéro spécial Questions d'*Histoire intellectuelle*.

DU MÊME AUTEUR

Aux Éditions Gallimard

en collaboration avec Pierre Nora

FAIRE DE L'HISTOIRE *(Bibliothèque des Histoires).*
  I. Nouveaux problèmes
 II. Nouvelles approches
III. Nouveaux objets

POUR UN AUTRE MOYEN ÂGE. TEMPS, TRAVAIL ET CULTURE EN OCCIDENT *(Bibliothèque des Histoires).*

LA NAISSANCE DU PURGATOIRE *(Bibliothèque des Histoires).*

L'IMAGINAIRE MÉDIÉVAL *(Bibliothèque des Histoires).*

en collaboration avec David O'Connell

LES PROPOS DE SAINT-LOUIS *(collection Archives).*

Impression Bussière à Saint-Amand (Cher),
le 6 octobre 1988.
Dépôt légal : octobre 1988.
Numéro d'imprimeur : 5212.
ISBN 2-07-032404-4. Imprimé en France.